LÍMITES

Dr. Henry Cloud
Dr. John Townsend

EDITORIAL Vida
DEDICADOS A LA EXCELENCIA

La misión de EDITORIAL VIDA es proporcionar los recursos necesarios a fin de alcanzar a las personas para Jesucristo y ayudarlas a crecer en su fe.

©2000 EDITORIAL VIDA
Miami, Florida 33166

Publicado en inglés con el título:
Boundaries
por *Zondervan Publishing House*
©1992 por *Henry Cloud y John Towsend*

Traducción: *Marcela Robaina*

Edición: *Dámaris Rodríguez*

Diseño de cubierta: *O' Design*

Diseño interior: *Art Services*

Reservados todos los derechos

ISBN 0-8297-2896-1

Categoría: *Vida cristiana / Sicología*

Impreso en Estados Unidos de America
Printed in the United States of America

24 25 26 27 28 LBC 70 69 68 67 66

A Henry y Louise Cloud y
John y Rebecca Townsend,
quienes preparados en los límites
se distinguen en nuestra vida.

Contenido

Reconocimientos

Scott Bolinder y Bruce Ryskamp concibieron este libro desde el mismo inicio. Coordinaron un retiro en el Lago Michigan, donde le trasmitieron esta visión a otros miembros del equipo Zondervan.

Sandy Vander Zicht dirigió el proceso de edición y junto con Lori Walburg afinaron detalles del manuscrito para obtener un libro que fuera más atractivo, preciso y fácil de leer y entender. Dan Runyon lo redujo a un tamaño más manuable.

Dave Anderson lo convirtió en un programa de vídeo.

Sealy Yates nos animó y apoyó durante el transcurso de todo el proyecto, desde la firma del contrato hasta terminar el libro.

¿Qué son los límites?

1

Un día en una vida sin límites

6:00 a.m.

Sonó el timbre del despertador. Con los ojos nublados de dormir poco, Sherrie apagó el ruidoso intruso, encendió su lámpara de noche, y se incorporó en la cama. Con la mirada vacía en la pared, intentó recordar dónde se encontraba.

¿Por qué me aterroriza lo que me deparará este día? Señor, ¿no me prometiste una vida de gozo?

Luego, a medida que su mente se despejaba, Sherrie recordó el motivo de su resquemor: la reunión a las cuatro de la tarde con la maestra de tercer grado de Todd. Hizo memoria de la llamada telefónica: «Sherrie, habla Jean Russell. Me pregunto si podríamos hablar sobre el rendimiento de Todd y sobre su... conducta.»

Todd no podía quedarse quieto y atender en clase. Ni siquiera le prestaba atención a Sherrie y Walt. Todd era un niño muy porfiado, pero ella no quería apagar su espíritu. ¿No era eso lo más importante?

«Bien, no es momento para preocuparme por todo eso ahora», se dijo Sherrie, mientras levantaba su cuerpo de treinta y cinco años fuera de la cama y caminaba con pasos lentos y pesados hacia la ducha. «Tengo suficientes problemas para mantenerme ocupada todo el día.»

En la ducha, los pensamientos de Sherrie comenzaron a rodar y mentalmente fue pasando revista a lo que tenía que hacer durante el día. Todd, de nueve años, y Amy, de seis, de por sí, ya hubieran sido más que suficiente aun si *no fuera* una madre con un trabajo fuera de casa.

«Veamos... hacer el desayuno, preparar dos sándwichs para el almuerzo, terminar de coser el disfraz de Amy para la obra de teatro en la escuela. Eso sí que requeriría algo de magia: terminar de coser el disfraz antes de las ocho menos cuarto cuando recogieran a los niños para llevarlos a la escuela.»

Sherrie se arrepintió de la noche anterior. Había hecho planes para coser el disfraz de Amy en esa ocasión, usando su talento para que su hija disfrutara de un día especial. Pero su madre la había visitado de pasada. Los buenos modales dictaban que tenía que hacer de anfitriona y, por ende, otra tarde perdida. Sus intentos por aprovechar el tiempo no le traían gratos recuerdos.

Con mucha diplomacia, Sherrie intentó ser astuta y le dijo a su madre:

—¡No te imaginas cómo me agrada que me visites de sorpresa, mamá! Pero... no te importaría que le cosiera el disfraz a Amy mientras conversamos ¿verdad? —Sherrie se encogió de miedo por dentro, adivinando la respuesta de su madre.

—Sherrie, tú sabes que yo sería la última persona en importunarte a ti y tu familia.

La madre de Sherrie, viuda desde hacía doce años, había elevado su viudez a la categoría de martirio.

—Pero tú sabes que desde la muerte tu padre el tiempo se me hace eterno. Todavía extraño nuestra familia. ¿Cómo podría privarte de la tuya?

Apuesto a que ya me enteraré cómo, pensó Sherrie.

—Por eso puedo entender porqué no traes a Walt y a los niños a verme más a menudo. ¿Cómo podría ser agradable? Soy solo una señora vieja y sola que dedicó toda su vida a sus hijos. ¿Quién querría pasar aunque fuera un rato conmigo?

—No, mamá. No, no, no —Sherrie no dudó en dar los pasos del minué emocional que juntas bailaron por décadas.

—¡No quise decir eso! Quiero decir, que tenerte de visita es muy especial. Dios sabe cómo nos gustaría visitarte mas seguido; pero, con nuestros horarios, simplemente no hemos podido. Por eso, ¡me alegro tanto que hayas tomado la iniciativa! *Señor, no me mates por esta mentira piadosa*, oró en silencio.

—En realidad, puedo hacer el disfraz en cualquier otro momento —agregó Sherrie.

Perdóname esta mentira también.

—Ahora, ¿por qué no nos hacemos una taza de café?

—Está bien —suspiró su madre—, si insistes... Pero no soportaría saber que molesto.

La visita se prolongó hasta bien entrada la noche. Cuando su madre los dejó, Sherrie sentía que estaba enloqueciendo completamente, pero se justificaba. *Al menos la ayudé a que pasara un día solitario más alegre.* Pero, entonces, una voz chillona le dio la lata: *Si tanto la ayudaste, ¿por qué todavía se quejaba de su soledad cuando se marchó?* Intentó hacer caso omiso del pensamiento y se fue a la cama.

6:45 a.m.

Sherrie volvió al presente. «Supongo que a lo hecho, pecho», se dijo entre dientes, mientras luchaba por cerrar la cremallera de su falda negra de lino. Su traje favorito, como tantos otros, le quedaba demasiado ajustado. *¿Tan pronto se extiende la madurez?*, pensó. *Esta semana, sin falta, tengo que ponerme a dieta y comenzar a hacer ejercicio físico.*

La hora siguiente, como siempre, fue un desastre. Los niños lloriqueaban y no querían levantarse, y Walt se quejaba: «¿No puedes hacer que los niños estén sentado a la mesa a tiempo?»

7:45 a.m.

De milagro, los niños estuvieron a tiempo para la recogida, Walt se fue al trabajo en su automóvil; y Sherrie salió, cerrando con llave la puerta principal de su casa. Respiró profundamente mientras oraba en silencio. *Señor, no espero nada de este día. Dame un motivo de esperanza.* Terminó de maquillarse dentro de su automóvil, en la autopista. *Gracias a Dios por los embotellamientos.*

8:45 a.m.

Mientras entraba corriendo a McAllister Enterprises, donde trabajaba como consultora de modas, Sherrie echó un vistazo a su reloj. Solo unos minutos tarde. Posiblemente, a estas alturas, sus colegas ya comprendían que llegar tarde formaba parte de su manera de ser y no esperaban que llegara a tiempo.

Estaba equivocada. Habían comenzado la reunión ejecutiva semanal sin ella. En puntas de pie, Sherrie intentó entrar inadvertida, pero todas las miradas estaban fijas en ella mientras se acomodaba en su asiento. Mirando a su alrededor, esbozó una sonrisa y masculló algo sobre «ese tránsito de locos».

11:59 a.m.

El resto de la mañana transcurrió bastante bien. Sherrie, una diseñadora de modas de mucho talento, tenía un ojo infalible para la ropa atractiva; era un elemento importante para McAllister. El único contratiempo surgió justo antes de la hora del almuerzo.

Su línea telefónica sonó:

—Sherrie Phillips.

—Sherrie, ¡Gracias a Dios que te encuentro! ¡No sé que hubiera hecho si ya hubieras salido a almorzar!

Esa voz era inconfundible. Sherrie conocía a Lois Thompson desde la escuela primaria. Una mujer muy nerviosa y tensa, Lois siempre estaba atravesando una crisis. Sherrie siempre había tratado de estar a su disposición, «a sus órdenes». Pero Lois nunca le preguntaba a Sherrie para saber cómo le iba, y si Sherrie le comentaba sus dificultades, Lois cambiaba de tema o tenía que irse.

Sherrie amaba a Lois de corazón y se interesaba por sus problemas, pero Lois parecía más una cliente que una amiga. Sherrie estaba molesta por este desequilibro en su amistad. Pero, como siempre, se sentía culpable cuando pensaba en su enfado con Lois. Como cristiana, conocía la importancia que la Biblia asignaba a amar y ayudar a otros. *Ahí voy de nuevo*, se decía para sí. *Pensando en mí antes que en los demás. Por favor, Señor, permíteme brindarme libremente a Lois y no ser tan egocéntrica.*

—¿Qué pasa, Lois? —le preguntó Sherrie.

—¡Es horrible! Sencillamente, ¡es horrible! —dijo Lois—. Hoy mandaron a Anne a casa de la escuela, a Tom le negaron el ascenso en su trabajo, y el automóvil se me quedó en la autopista.

¡Así es mi vida todos los días!, pensó Sherrie, mientras sentía que brotaba el resentimiento. Sin embargo, se limitó a decir:

—Lois, ¡pobrecita! ¿Cómo puedes hacer frente a todo eso?

Lois estaba feliz de poder contestar la pregunta de Sherrie con lujo de detalles: tantos detalles que a Sherrie se le fue la mitad del descanso para almorzar consolando a su amiga. *En fin*, pensó, *más vale comer algo rápido que nada.*

Sentada en su coche, esperando que el restaurante le sirviera una hamburguesa de pollo, Sherrie pensó en Lois. *Si todo lo que la he escuchado, mi consuelo y mis consejos hubiesen significado algo a lo largo de estos años, quizá valdría la pena. Pero Lois sigue cometiendo los mismos errores ahora que hace veinte años. ¿Por qué me hago esto?*

4:00 p.m.

La tarde de Sherrie pasó sin incidentes. Salía de su oficina para ir a la reunión con la maestra cuando su jefe, Jeff Moreland, le hizo señales para que se detuviera.

—Qué suerte que te alcancé, Sherrie —dijo.

Jeff, un individuo de éxito en MacAllister Enterprises, se las arreglaba para salir adelante. El problema era que solía usar a otras personas para «arreglárselas». Sherrie podía sentir resonar las estrofas de la cantilena de siempre:

—Escucha, me quedé corto de tiempo —dijo alcanzándole un enorme fajo de papeles—. Esta es la información para las recomendaciones finales con respecto a la cuenta Kimbrough. Solo hace falta mejorar un poco la redacción y revisarla. Es para mañana. Pero estoy seguro que no tendrás ningún inconveniente.

Sonrió, queriéndose congraciar. Sherrie tuvo un ataque de pánico. Las necesidades de «revisión» de Jeff eran legendarias. Sopesando los papeles en sus manos, Sherrie calculó un mínimo de cinco horas de trabajo. *¡Le entregué esta información hace tres semanas!* pensó furiosa. *¿Por qué este hombre siempre me elige a mí para no quedar mal él por no cumplir con sus plazos?*

Rápidamente se tranquilizó.

—Por supuesto, Jeff. No hay ningún problema. Encantada de ayudarte. ¿Para qué hora lo necesitas?

—Para las nueve estaría bien. Y... gracias, Sherrie. Enseguida pienso en ti siempre que me encuentro en un apuro. Siempre es posible contar contigo —Jeff se alejó.

Es posible contar contigo... fiel, responsable, pensó Sherrie. *Las personas que quieren algo de mí siempre me describen de ese modo. Parece ser una buena definición de una mula de carga.* De pronto, la culpa la sorprendió de nuevo. *Ahí voy, mi resentimiento otra vez. Señor, ayúdame a «florecer donde he sido plantada»* Pero, en su interior, deseaba haber sido trasplantada a otra maceta.

4:30 p.m.

Jean Russell era una maestra competente, una de tantas en esa profesión que entendía la complejidad de los factores implicados en la conducta problemática de los niños. La reunión con la maestra de Todd comenzó como tantas otras antes: sin Walt. El padre de Todd no había podido zafarse de su trabajo, por lo que las dos mujeres conversaban solas.

—No es un chico malo, Sherrie —la animó la Sra. Russell—. Todd es un niño inteligente, lleno de vitalidad. Cuando algo le interesa, es uno de los niños más agradables de la clase.

Sherrie aguardaba el hachazo. *Al grano, Jean. Tengo «un niño con problemas», ¿no? ¿Qué tiene eso de nuevo? Tengo una «vida con problemas», para colmo.* Percibiendo la incomodidad de Sherrie, la maestra prosiguió:

—El problema es que Todd no responde bien a los límites. Por ejemplo, durante el período de la tarea, cuando los niños trabajan en sus ejercicios, a Todd le cuesta mucho. Se levanta de su asiento, molesta a sus compañeros y no deja de hablar. Cuando le digo que su comportamiento no es correcto, se enfurece y se vuelve terco.

Sherrie se puso a la defensiva con respecto a su único varón.

—¿No será que tiene un problema de déficit de atención o es hiperactivo?

La Sra. Russell negó con la cabeza.

—El año pasado, su maestra de segundo grado tuvo esa duda, pero las pruebas sicológicas descartaron esa posibilidad. Todd se concentra muy bien en las tareas cuando el tema le interesa. No soy ninguna terapeuta, pero creo que sencillamente no está acostumbrado a aceptar las reglas.

Ahora Sherrie se puso a la defensiva de sí misma y no de Todd.

—¿Está insinuando que se trata de un problema en el hogar?

La Sra. Russell no se sentía muy cómoda:

—Como le dije, no soy una consejera. Solo sé que en tercer grado la mayoría de los niños se resisten a las reglas. Sin embargo, Todd no está dentro de los parámetros normales. Se desata la Tercer Guerra Mundial siempre que le digo que haga algo que no quiere hacer. Y como todas las pruebas intelectuales y cognoscitivas son normales, tan solo me preguntaba cómo andarían las cosas por casa.

Sherrie dejó de contener las lágrimas. Hundió su cabeza en las manos y lloró desconsoladamente por unos minutos, sintiéndose abrumada por todo.

Finalmente, su llanto se apaciguó.

—Lo siento... creo que hoy no es el mejor de los días para esto —Sherrie hurgó en su bolso en busca de un pañuelo de papel—. No, no. Es más que eso, Jean, necesito ser franca contigo. Los problemas que tienes con él son iguales a los míos. Walt y yo tenemos una verdadera lucha con Todd para lograr que le importe algo en casa. Mientras estamos jugando o conversando, no puedo imaginarme un hijo más maravilloso que Todd. Pero si, llegado el momento, tengo que disciplinarlo, sus rabietas son mayores de lo que puedo soprtar. Supongo, entonces, que no tengo ninguna solución para ofrecerte.

Jean asintió lentamente.

—En realidad, Sherrie, sirve de mucho saber que el comportamiento de Todd también es un problema en casa. Al menos ahora podemos poner nuestras cabezas a trabajar juntas para encontrar una solución.

5:15 p.m.

Sherrie se sintió extrañamente agradecida por el tránsito de la hora pico. *Por lo menos, aquí no hay nadie que tire de mí*, pensó. Aprovechó el tiempo para planificar cómo resolvería las próximas crisis: los niños, la cena, el proyecto de Jeff, la iglesia... y Walt.

6:30 p.m.

«Por cuarta y última vez, ¡la cena está servida!» A Sherrie le molestaba mucho gritar, pero ¿qué otra cosa podía hacer? Los niños y Walt siempre parecían arrastrar los pies hasta la mesa cuando se les antojaba. La mayoría de las veces, la cena ya se había enfriado para cuando todos se hallaban sentados.

Sherrie no tenía ni la más remota idea de cuál sería el problema. Sabía que no podía ser la comida, porque era buena cocinera. Además, una vez sentados a la mesa, se tragaban la comida en un santiamén.

Todos excepto Amy. Sherrie volvió a inquietarse al ver a su hija sentada en silencio que picoteaba distraída su comida. Amy era una niña muy sensible y adorable. ¿Por qué era tan cohibida? Nunca fue extravertida. Prefería pasar el tiempo leyendo, pintando o simplemente jugando en su dormitorio «pensando en cosas».

—Cariño, ¿qué cosas? —le preguntó Sherrie.

—Cosas —era siempre la respuesta.

Sherrie sentía que su hija la dejaba afuera. Soñaba en conversaciones de madre a hija, charlas «solo entre nosotras dos», ir de compras. Pero Amy no invitaba a nadie a su escondite muy celosamente guardado. Sherrie se moría de ganas de acariciar ese lugar inalcanzable del corazón de su hija.

7:00 p.m.

Estaban por la mitad de la cena cuando sonó el teléfono. *Tenemos que conseguirnos un contestador para que se encargue de estas llamadas durante la cena,* pensó Sherrie. *Tenemos tan poco tiempo para pasar juntos en familia.* Luego, justo en el mismo instante, otro pensamiento familiar afloró. *Quizá alguien me necesita.*

Como siempre, Sherrie obedeció a esta segunda voz y saltó de la mesa para atender el teléfono. Se le fue el alma al piso cuando reconoció la voz del otro lado de la línea.

—Espero no interrumpir nada —dijo Phyllis Renfrow, la líder de ministerios femeninos en la iglesia.

—De ningún modo —mintió Sherrie otra vez.

—Sherrie. Estoy en un aprieto —dijo Phyllis—. Margie iba a encargarse de la coordinación de actividades en el retiro espiritual, pero se ha excusado: dijo que «tenía prioridades en su hogar». ¿Podrías darnos una mano?

El retiro espiritual. Sherrie había casi olvidado que este fin de semana era la reunión femenina anual de la iglesia. Había estado previendo poder dejar a los niños y a Walt en casa y pasear dos días entre las hermosas montañas; ella a solas con el Señor. La posibilidad de estar a solas le atraía todavía más que las actividades de grupo planificadas. Tomar el lugar de Margie como coordinadora de actividades significaba que debía renunciar a ese precioso tiempo a solas. No, no resultaría. A Sherrie no le quedaba más remedio que decir que...

Automáticamente, intervino su segundo patrón de pensamiento. *Sherrie, ¡qué privilegio servir a Dios y a esas mujeres! Al dar una pequeña porción de tu vida, dejando de lado tu egoísmo, puedes producir un gran cambio en algunas vidas. Piénsalo dos veces.*

Sherrie no tuvo necesidad de pensarlo dos veces. Había aprendido a responder sin discusión a esta voz conocida, como respondía a la voz de su madre, a la de Phyllis, y posiblemente también a la de Dios. No importaba a quién perteneciera la voz, era demasiado fuerte para pasarla por alto. Ganó la fuerza de la costumbre.

—Encantada de poder ayudarte —le respondió Sherrie a Phyllis—. Hazme llegar lo que sea que ya haya preparado Margie y me pongo a trabajar.

Phyllis suspiró, visiblemente aliviada.

—Sherrie, sé que es un sacrificio. Yo misma lo he tenido que hacer muchas veces, todos los días. Pero en esto consiste la vida abundante del cristiano, ¿no es así? Somos sacrificios vivientes.

Si tú lo dices, pensó Sherrie. Pero no podía dejar de preguntarse cuándo le llegaría el turno a la parte «abundante».

7:45 p.m.

La cena terminó. Sherrie observó cómo Walt se arrellanaba frente al televisor para ver el partido de fútbol americano. Todd levantó el teléfono, preguntando si podía invitar a sus amigos a jugar a casa. Amy se deslizó fuera de la habitación, sin que nadie reparara en ella. Los platos quedaron sobre la mesa. La familia, de algún modo, todavía no entendía que había que lavar los platos. Pero quizá los niños eran todavía demasiado pequeños para eso. Sherrie comenzó a recoger la mesa.

11:30 p.m.

Hace años, Sherrie hubiera podido lavar los platos después de cenar, acostado a los niños en hora, y terminado el proyecto encargado por Jeff sin dificultad. Una taza de café después de la cena y el flujo de adrenalina que acompañan a las crisis y los plazos, la hubiera impulsado a realizar cualquier proeza de productividad. ¡No en vano la llamaban «Súper Sherrie»!

Pero últimamente era evidente que cada vez se le hacía más difícil. El estrés no daba resultados como antes. Cada vez más, tenía dificultad para concentrarse, se olvidaba de las fechas y los plazos, y ni siquiera le preocupaban mucho.

De todos modos, a pura fuerza de voluntad, había terminado la mayoría de sus tareas. Posiblemente la calidad del proyecto de Jeff no tuvo la calidad desada, pero estaba demasiado resentida para sentir remordimiento. *Pero le prometí a Jeff que lo haría*, pensó Sherrie. *No es su culpa, es mía. ¿Por qué no pude decirle lo injusto que era que él me cargara con sus obligaciones?*

No había tiempo para eso ahora. Tenía que seguir con la tarea más importante que se había propuesto para esa noche: su conversación con Walt.

Su noviazgo con Walt y los primeros años del matrimonio fueron gratos. Ella había estado confundida, pero Walt era decidido. Ella se sentía insegura, pero él se sentía firme y seguro. No era que Sherrie no hubiese contribuido nada al matrimonio. Ella había notado que Walt no era capaz de vincularse emocionalmente, por lo que había asumido la responsabilidad de proveer el afecto y el amor del que la relación carecía. *Dios ha armado un buen equipo*, se decía a sí misma. *Walt tiene el liderazgo, y yo tengo el amor.* Esto la ayudaba a soportar sus momentos de soledad cuando él parecía no entender que ella se sintiera herida.

Pero con el transcurso de los años, Sherrie notó un desajuste en la relación. Al principio fue muy sutil, pero luego se volvió más marcado. Lo apreciaba en su tono de voz sarcástico cuando ella tenía alguna queja. Lo observaba en la falta de respeto que sus ojos transmitían cuando ella intentaba explicarle que necesitaba más de su apoyo. Lo sentía en sus exigencias cada vez más insistentes para que hiciera las cosas a su manera.

Y, ¡qué mal genio! Posiblemente, se debiera al estrés laboral, o a tener niños. Sea lo que fuere, Sherrie nunca había soñado que alguna vez tendría que escuchar las palabras hirientes y de enojo que emanaban de labios del hombre con quien se había casado. Si lo contrariaba en lo más mínimo se volvía objeto de su ira: las tostadas quemadas, un cheque sobre girado, el tanque de gasolina vacío; cualquiera de estas cosas era más que suficiente.

Todo apuntaba a una conclusión: su matrimonio ya no era un equipo, si alguna vez lo había sido. Era una relación de padre-hijo, con Sherrie en el papel de hija.

Al principio le pareció que se estaba imaginando cosas. *Ahí voy de nuevo, buscando problemas cuando tengo una vida estupenda*, se dijo para sí. Con esto soportaba la situación por un rato, hasta el siguiente ataque de mal humor de Walt, cuando su dolor y tristeza ponían en evidencia la verdad que su mente rehusaba aceptar.

Por último, cuando tomó plena conciencia de que Walt era una persona controladora, Sherrie aceptó toda la culpa. *Yo también sería así si tuviera que vivir con una chiflada como yo,* pensó. Yo tengo la culpa de que sea tan crítico y frustrado.

Estas conclusiones condujeron a Sherrie a una solución que

había practicado por años: «Amar a Walt para evitar su ira». El remedio consistía fundamentalmente en las siguientes etapas: primero, Sherrie aprendió a leer las emociones de Walt, observando su humor, su lenguaje corporal y su manera de hablar. Se volvió experta en reconocer sus estados de ánimo y especialmente sensible a todo lo que pudiera ofenderlo: llegadas tarde, desacuerdos, y su propia ira. Mientras se mantuviera callada y conforme con todo, no había ningún problema; pero tan pronto como sus preferencias asomaban sus espantosas cabezas, corría el riesgo de ser decapitada.

Sherrie aprendió a leer a Walt muy bien, y rápido. Apenas se daba cuenta que se había pasado de la raya emocional, pasaba a la segunda etapa de «Amar a Walt»: inmediatamente retrocedía; cedía a sus puntos de vista (aunque sin darle de veras la razón); se mordía la lengua; o incluso, le pedía perdón sinceramente por ser alguien «tan difícil para convivir». Todo servía.

La tercera etapa de «Amar a Walt» consistía en hacer cosas especiales para él, para demostrar su sinceridad. Se vestía más atractivamente cuando estaba en casa, o le cocinaba sus comidas favoritas varias veces a la semana. ¿Acaso no era esta la esposa ideal según la Biblia?

Estos tres pasos de «Amar a Walt» le sirvieron por un tiempo. Pero la paz nunca fue duradera. «Amar a Walt para evitar su ira» tenía un inconveniente: Sherrie quedaba agotada después de intentar tranquilizar a Walt para evitar sus rabietas. Así, permanecía enfadado por más tiempo, y su ira los separaba cada vez más.

El amor por su esposo se erosionaba. Ella había creído que, como Dios los había unido, su amor soportaría la prueba, sin importar lo mal que pudieran llegar a estar las cosas entre ellos. Pero en los últimos años, era más compromiso que amor. Para ser del todo franca, tenía que admitir que muchas veces no sentía absolutamente nada hacia Walt excepto resentimiento y temor.

Y de eso quería hablar esta noche. Las cosas tenían que cambiar. De alguna manera, tenían que avivar las brasas de su primer amor.

Sherrie se encaminó a la sala de estar. En la pantalla del televisor, el comediante nocturno acababa de terminar su monólogo.

«Cariño, ¿podríamos hablar?», preguntó con cautela.

No hubo respuesta. Se acercó, y entendió por qué. Walt se había quedado dormido en el sillón. Pensó en despertarlo, pero se acordó de sus reproches mordaces la última vez que había sido tan «insensible». Apagó el televisor y las luces, y se dirigió a su dormitorio vacío.

11:50 p.m.

Recostada en la cama, Sherrie no podía decir cuál era mayor, si su soledad o su agotamiento. Decidió que era su soledad y tomó su Biblia de la mesita de noche y la abrió en el Nuevo Testamento. *Por favor, algo que me brinde esperanza, Señor*, oró en silencio. Sus ojos reposaron sobre las palabras de Cristo en Mateo 5:3-5:

> «Dichosos lo pobres en espíritu porque el reino de los cielos les pertenece. Dichosos lo que lloran, porque serán consolados. Dichosos los humildes, porque recibirán la tierra como herencia.»

Pero, Señor, yo ya me siento así, protestó Sherrie. *Me siento pobre en espíritu. Lloro por mi vida, mi matrimonio, mis hijos. Trato de ser dulce, pero siento que me atropellan todo el tiempo. ¿Dónde está tu promesa? ¿Dónde está tu esperanza? ¿Dónde estás tú?*

Sherrie esperó en la habitación, a oscuras, por una respuesta. No la hubo. El único sonido era el leve golpe de las lágrimas corriendo por sus mejillas y cayendo sobre las páginas de su Biblia.

¿Cuál es el problema?

Sherrie intenta vivir su vida correctamente. Se esfuerza por cumplir con su matrimonio, con sus hijos, con su trabajo, con sus relaciones personales y con su Señor. Sin embargo, es evidente que hay algo mal. Su vida no está marchando bien. Sherrie sufre de un profundo dolor espiritual y emocional.

Hombre o mujer, todos nos podemos identificar con el dilema de Sherrie: su desolación, su desamparo, su confusión, su culpa. Pero, sobre todo, con su sentimiento de que su vida está fuera de control.

Analicen detenidamente las circunstancias de este caso. Hay elementos de la vida de Sherrie que pueden ser muy similares a la de ustedes. Poder comprender su lucha puede esclarecer sus respectivas vidas. Es posible ver de inmediato cuáles soluciones *no* sirven.

En primer lugar, *esforzarse más no resulta*. Sherrie gasta muchas energías tratando de tener una vida de éxito. No es haragana. En segundo lugar, *ser amable por temor no resulta*. Los esfuerzos que Sherrie hace para ser amable con todos no le brindan la intimidad que necesita. En tercer lugar, *aceptar la responsabilidad que le corresponde a los demás tampoco resulta*. Aunque es toda una experta cuando se trata de velar por los sentimientos y problemas ajenos, Sherrie siente que su vida es un lamentable fracaso. Toda esa vitalidad improductiva, esa amabilidad fundada en el temor, y un sinfín de responsabilidades, nos señalan cuál es el meollo del problema: *Sherrie padece de una dificultad severa para hacerse cargo de su vida*.

Allá en el jardín de Edén, Dios les habló a Adán y a Eva sobre el dominio: «Sean fructíferos y multiplíquense; llenen la tierra y sométanla, dominen a los peces del mar y a las aves del cielo, y a todos los reptiles que se arrastran por el suelo» (Génesis 1:28).

Dios nos hizo a su imagen, nos creó para asumir la responsabilidad de determinadas tareas. Asumir la responsabilidad, o hacerse cargo de algo, implica en parte saber discernir cuáles *son* nuestras tareas y cuáles *no son*. Los trabajadores que siempre aceptan obligaciones que no les corresponden terminan consumiéndose. Es necesario tener sabiduría para saber qué cosas deberíamos hacer y cuáles no. No podemos hacer todo.

Sherrie tiene mucha dificultad para discernir entre qué cosas *eran* de su responsabilidad y cuáles *no*. En su afán por hacer lo que debía, o por evitar el conflicto, termina cargando con problemas que nunca Dios nunca pretendió que los cargara: la soledad crónica de su madre, la irresponsabilidad de su jefe, las crisis interminables de su amiga, el mensaje cargado de culpa de la líder de su iglesia con respecto al sacrificio propio, y la inmadurez de su esposo.

Sin embargo, sus problemas no acaban allí. Sherrie es incapaz de decir que no, lo que afectó considerablemente la capacidad de su hijo para demorar la gratificación y comportarse en la escuela; y, de alguna manera, es posible que esa misma incapacidad haga que su hija se aleje cada vez más.

Cualquier confusión que tengamos en nuestras vidas con respecto a nuestra responsabilidad y a nuestro dominio es un problema de *límites*. Así como los dueños de una casa marcan físicamente los límites de propiedad de su terreno, nosotros necesitamos poner límites mentales, físicos, emocionales y espirituales en nuestras vidas para ayudarnos a discernir cuál son nuestras responsabilidades y cuáles no. Como es posible ver en el caso de las muchas dificultades de Sherrie, la incapacidad para poner límites adecuados, en el momento oportuno y a la persona apropiada, puede resultar muy destructiva.

Y este es uno de los problemas más apremiantes que enfrentan los cristianos hoy en día. Hay muchos creyentes, sinceros y consagrados, en extremo confundidos porque no entienden cuándo es apropiado bíblicamente establecer límites. Confrontados con su carencia de límites, plantean buenas preguntas:

1. ¿Puedo poner límites y seguir siendo una persona que ama?
2. ¿Cuáles límites son legítimos?
3. ¿Qué sucede si mis límites provocan angustia o dolor en alguien?
4. ¿Qué le contesto a una persona que demanda mi tiempo, mi amor, mi energía o mi dinero?
5. ¿Por qué me siento culpable o con temor cuando considero la puesta de límites?

6. ¿Cómo se relacionan los límites con la sumisión?

7. ¿No es ser egoísta poner límites?

Hay mucha desinformación sobre las respuestas de la Biblia con respecto a estos temas que se refleja en mucha enseñanza errónea sobre los límites. No solo eso, sino que muchos síntomas sicológicos y clínicos tales como depresión, trastornos de la ansiedad, trastornos de la alimentación, adicciones, trastornos impulsivos, problemas de culpa, vergüenza excesiva, trastornos de pánico, problemas matrimoniales y relacionales, se originan en un conflicto de límites.

Este libro presenta la enseñanza bíblica con respecto a los límites: lo que son, lo que protegen, cómo se desarrollan, cómo se lesionan, cómo se reparan y cómo se utilizan. Este libro contestará estas preguntas y algunas otras más. Nuestra meta es ayudarlos a utilizar los límites bíblicos adecuadamente para cumplir con las relaciones y los propósitos que Dios nos encomendó por ser sus hijos.

El conocimiento que Sherrie tiene de las Escrituras parece sustentar su falta de límites. Este libro pretende ayudarlos a entender la profunda naturaleza bíblica de los límites y cómo se reflejan en el carácter de Dios y operan en su universo y su pueblo.

2

¿Cómo son los límites?

Los padres de un adulto de veinticinco años vinieron a consultarme con un pedido muy corriente: querían que «arreglara» a su hijo, Bill. Cuando les pregunté dónde estaba Bill, me contestaron:

—¡Ah! No quiso venir.

—¿Por qué? —les pregunté.

—Bueno… cree que no tiene ningún problema —contestaron.

—Quizá tenga razón —les dije, para su sorpresa—. Cuéntenme el caso.

Me recitaron un historial de problemas que habían comenzado en sus primeros años de vida. A su entender, Bill nunca había estado «a la altura de las circunstancias». En los últimos años había manifestado problemas con drogas e incapacidad para estudiar y hacer una carrera.

Era evidente que amaban mucho a su hijo y que tenían el corazón destrozado por su manera de vivir. Intentaron todo lo que estaba a su alcance para que cambiara y llevara una vida responsable, pero todo fue inútil. Aún estaba en la droga, eludiendo la responsabilidad y rodeado de amistades dudosas.

Me contaron que siempre le habían dado todo lo que necesitaba. Tenía dinero suficiente en la escuela para que «no tuviera que trabajar y así contar con tiempo suficiente para estudiar y tener una vida social». Cuando debido a sus bajas calificaciones lo expulsaron de una escuela tras otra, o dejó de asistir a clase,

31

estaban más que complacidos de poder ayudarlo para que ingresara a otra escuela «donde pudiera sentirse mejor».

Después de dejarlos hablar por un rato, les respondí:

—Creo que su hijo tiene razón. No tiene ningún problema.

Por un minuto entero me clavaron sus miradas y quedaron inmóviles, como en una fotografía, sin poder creer lo que habían escuchado. Finalmente, el padre dijo:

—¿Escuché bien? ¿Usted no cree que tiene problemas?

—Así es —les dije—. No tiene ningún problema. Ustedes, sí. Él puede hacer casi cualquier cosa que se le antoje, no hay problema. Ustedes pagan, se irritan, se preocupan, planifican, gastan energía para que siga adelante. No tiene ningún problema porque ustedes le solucionan todo. Esos desvelos *deberían* corresponderle a él; pero, tal como están las cosas, el problema es de ustedes. *¿Quisieran valerse de mi ayuda para ayudarlo a tener algún problema?*

Me miraron como si estuviera loco, pero algunas cosas comenzaban a aclararse en sus mentes.

—¿Qué quiere decir con «ayudarlo a tener algún problema»? —preguntó la madre.

—Bueno —les expliqué—, creo que la solución a este problema sería poner algunos límites bien claros para que sus acciones le trajeran inconvenientes *a él* y no a ustedes.

—¿Qué quiere decir «límites»? —preguntó el padre.

—Mirémoslo de esta manera. Podemos compararlo a él con su vecino que nunca riega su césped. Pero siempre que ustedes abren el sistema aspersor, el agua cae sobre el terreno colindante de su vecino. Bill mira su césped bien verde y piensa «Mi jardín está estupendo» pero el de ustedes se vuelve amarillo y seco. Así es la vida de su hijo. No estudia, no hace planes, no trabaja. Sin embargo, tiene una casa donde vivir, suficiente dinero y todos los derechos de un miembro de familia que cumple con sus obligaciones.

»Si pudieran demarcar los linderos un poco más, si pudieran dirigir el aspersor para que el agua cayera en el césped de ustedes, si no riega su propio césped, tendrá que vivir en el polvo. Después de un tiempo eso no le gustaría.

»Tal como están las cosas ahora, mientras él es *irresponsable y feliz*, ustedes son *responsables e infelices*. Establecer límites claros puede ser todo lo que se necesita. Necesitan poner vallas para que los problemas de su hijo queden en su respectivo terreno, donde corresponden, y fuera del jardín de ustedes.

—¿No es un poco cruel dejar de ayudarlo así como así? —preguntó el padre.

—¿Acaso la ayuda sirvió de algo? —les pregunté.

Su mirada me decía que comenzaban a entender.

Linderos invisibles y responsabilidad

En el mundo físico, los límites son fáciles de ver. Ejemplos de límites físicos son las vallas, las señales, los muros, los fosos con cocodrilos, los jardines bien cuidados o los setos. Cualquiera sea su aspecto, el mensaje que transmiten es el mismo: AQUÍ COMIENZA MI PROPIEDAD. El dueño de la propiedad es el responsable legal de lo que acontezca dentro de su propiedad. Los que no son dueños no son responsables de la propiedad.

Los títulos de propiedad de una persona están visiblemente señalados por límites físicos. Es posible ir a la corte del condado y encontrar con exactitud los límites de esa responsabilidad civil y a quién recurrir si tenemos algún interés allí. Hay límites físicos para demarcar visiblemente los linderos correspondientes al título de propiedad de una persona.

En el mundo espiritual, los límites son así de reales, aunque menos visibles. El objetivo de este capítulo es ayudarlos a definir estos límites intangibles y a reconocerlos como una realidad siempre presente que puede aumentar su amor y salvar su vida. En realidad, estos límites definen el alma, y contribuyen a cuidarla y preservarla (Proverbios 4:23).

Lo que soy y lo que no soy

Los límites definen la persona. Definen *lo que soy* y *lo que no soy*. Un límite me muestra dónde termina mi persona y comienza otra persona, me da un sentido de propiedad.

Tengo libertad cuando sé cuál es mi dominio y mi responsabilidad. Si tengo claro dónde comienza mi terreno y dónde termina, tengo libertad para hacer con él lo que quiera. Asumir responsabilidad por mi vida me presenta muchas opciones diferentes. Sin embargo, si no soy «dueño» de mi vida, mis opciones y elecciones se verán muy restringidas.

Piensen qué confuso sería que alguien les dijera: «Cuiden este territorio con diligencia, porque los haré responsables de lo que suceda aquí», y que luego no les dijera cuáles son los límites del territorio. ¿O que no les diera los medios para poder proteger el territorio? No solo sería muy confuso sino hasta potencialmente peligroso.

Ahora bien, esto es exactamente lo que nos sucede emocional y espiritualmente. Dios creó un mundo para que cada uno viva «dentro» de sí mismo; o sea, habitamos nuestra propia alma, y tenemos la responsabilidad de «lo que somos». «Cada corazón conoce sus propias amarguras, y ningún extraño comparte su alegría» (Proverbios 14:10). Tenemos que tratar con lo que hay en nuestras almas, y los límites nos ayudan a definir eso mismo. Si no nos muestran los parámetros, o nos enseñan los parámetros equivocados, nos espera mucho dolor. La Biblia enseña claramente cuáles son nuestros parámetros y cómo protegerlos; pero muchas veces por nuestra familia, o alguna relación pasada, confundimos esos parámetros.

Además de mostrarnos nuestras responsabilidades, los límites nos ayudan a definir con claridad lo que *no* corresponde a nuestra propiedad y de lo que *no* somos responsables. Por ejemplo, no somos responsables por otras personas. Nunca se nos obliga a ejercer el «control sobre otros», aunque, ¡cuánto tiempo y energía gastamos intentándolo!

Hacia los demás y de uno mismo

Cada uno tiene responsabilidad *hacia* los demás y hacia uno mismo. «Ayúdense unos a otros a llevar sus cargas», dice Gálatas 6:2, «y así cumplirán la ley de Cristo». Este versículo aclara nuestra responsabilidad hacia los demás.

Muchas veces los otros tienen «cargas» demasiado agobiantes. No tienen suficiente fuerza, recursos o conocimiento para llevar esa carga y necesitan ayuda. Negarnos a nosotros mismos para hacer por otros lo que *no pueden* hacer por sí solos es una muestra del amor sacrificado de Cristo. Cristo hizo lo mismo por nosotros. Hizo lo que nosotros no podíamos hacer por nosotros mismos: nos salvó. Esto es tener responsabilidad «*hacia* los demás».

En cambio, el versículo 5 expresa que «cada uno cargue con su propia responsabilidad». Todos tenemos responsabilidades que solo podemos asumir personalmente. Día tras día debemos aceptar nuestra responsabilidad y llevar a cabo las cosas que constituyen nuestra propia «carga» personal. Hay algunas cosas que nadie puede hacer *por* nosotros. Tenemos que hacernos cargo de algunos aspectos de nuestra vida que son nuestra propia «carga».

El significado de estos pasajes puede aclararse si tomamos en cuenta que el original griego utiliza dos palabras distintas para *carga*. *Cargas*, en el versículo 2, significa «exceso de carga» en el original griego, o pesos agobiantes que nos inclinan hacia delante. Estas cargas se asemejan a enormes rocas. Nos pueden aplastar. Nadie espera que llevemos una roca enorme sin ayuda. Nos quebraríamos la espalda. Necesitamos ayuda con estas rocas: esos tiempos de crisis y tragedia en nuestras vidas.

Por el contrario, en el versículo 5, la palabra griega *cargar* significa llevar una «carga liviana» o «el trajín del diario vivir». Esta palabra describe los trabajos cotidianos que necesitamos hacer. Estas cargas son como mochilas. Se supone que cada uno cargué su mochila respectiva. Se supone que podemos vivir con nuestros sentimientos, actitudes y conductas, así como con las responsabilidades que Dios nos encomendó a cada uno, aun cuando se requiere esfuerzo.

Los problemas surgen cuando las personas actúan como si sus «excesos de carga» fueran cargas cotidianas y rechazan la ayuda; o cuando creen que sus «cargas livianas» son rocas que no deberían cargar. Cualquiera de estas dos situaciones produce dolor constante e irresponsabilidad.

Para no vivir siempre afligidos o ser irresponsables, es importante determinar lo que «yo» soy: cuáles son los alcances de mi responsabilidad y dónde comienzan los límites de los demás. Más adelante, en este capítulo, definiremos nuestras responsabilidades. Por el momento, consideremos detenidamente la naturaleza de los límites.

Lo bueno, por dentro; lo malo, por fuera

Los límites nos ayudan a demarcar nuestra propiedad para cuidarla. Nos ayudan a «cuidar nuestros corazones con toda diligencia». Necesitamos almacenar los nutrientes dentro de nuestros linderos y mantener fuera lo que nos perjudique. En suma, *los límites nos ayudan a mantener lo bueno, por dentro y lo malo, por fuera*. Protegen nuestros tesoros (Mateo 7:6) para que nadie los robe. Conservan las perlas adentro y los cerdos afuera.

A veces, tenemos lo malo por dentro y lo bueno por fuera. En tales circunstancias, necesitamos ser capaces de abrir nuestros límites para permitir la entrada de lo bueno y la salida de lo malo. En otras palabras, *las cercas necesitan puertas*. Por ejemplo, si encuentro que tengo alguna pena o pecado dentro de mí, necesito confiárselo a Dios y a los demás para ser sanado. Confesar nuestras penas y nuestros pecados nos ayuda a «echarlos afuera» para que dejen de envenenar nuestro interior (1 Juan 1:9; Santiago 5:16; Marcos 7:21-23).

Cuando lo bueno queda por fuera, todo lo que necesitamos es abrir las puertas para «dejarlo entrar». Jesús se refiere a este fenómeno al «recibirlo» a él y su verdad (Apocalipsis 3:20; Juan 1:12). Algunas personas tienen cosas buenas para darnos y necesitamos abrir nuestro corazón «de par en par» para recibirlas (2 Corintios 6:11-13). Con frecuencia, cerramos nuestros límites y nos privamos de las cosas buenas que otros tienen para darnos.

En resumen, *los límites no son murallas*. La Biblia no dice que debemos «amurallarnos» de los demás; más bien dice que seamos «uno» (Juan 17:11). Debemos vivir en comunidad con otros. Pero en cualquier comunidad, los miembros tienen su propio espacio y territorio. Es importante que los linderos sean lo bastante permeables para permitir el flujo y lo bastante resistentes para dejar fuera el peligro.

Muchas veces, los que sufrieron abuso durante su crecimiento, tienen esta corriente invertida: mantienen lo *malo por dentro* y lo *bueno por fuera*. Cuando Mary estaba creciendo, su padre abusó de ella. Nunca la animaron a desarrollar límites buenos. Como resultado, se encerraba en sí misma, reprimiendo todo el dolor que llevaba dentro; no expresaba abiertamente su dolor ni aliviaba su alma. Tampoco permitía la entrada de la ayuda exterior que la sanaría. Además, constantemente permitía que otros «derramaran basura» en su alma provocando más dolor. Como consecuencia, cuando por fin vino en busca ayuda, estaba cargando mucho dolor, todavía la maltrataban y estaba «amurallada» contra cualquier ayuda externa.

Necesitaba invertir el funcionamiento de sus límites. Necesitaba vallas lo bastante resistentes para mantener alejado lo malo, y puertas para deshacerse del mal que ya habitaba en su alma y para permitir la entrada de todo el bien que necesitaba con desesperación.

Dios y los límites

El concepto de límites proviene de la naturaleza misma de Dios. Dios se define como un ser único e independiente, con responsabilidad propia. Define y asume la responsabilidad de su persona al decirnos lo que piensa, siente, planifica, permite y no permite, lo que le agrada y lo que le desagrada.

También se define como diferente de su creación y de nosotros. Se diferencia de los demás. Nos dice lo que es y lo que no es. Por ejemplo, nos dice que es amor y que no es oscuridad (1 Juan 4:16; 1:6).

Además, tiene límites dentro de la Trinidad. Padre, Hijo y Espíritu Santo son uno; pero, al mismo tiempo, cada uno es una persona distinta y tiene sus respectivos límites. Cada uno tiene su propia personalidad y responsabilidades, así como también tienen una conexión y amor entre sí (Juan 17:24).

Dios también pone límites a lo permitido dentro de su jardín. Le hace frente al pecado y permite que las consecuencias por el comportamiento. Cuida de su casa y no permite que la maldad prospere en ella. Invita a entrar a todos lo que le aman, y deja que su amor se derrame en ellos al mismo tiempo. Las «puertas» de sus límites se abren y cierran oportunamente.

De la misma manera que nos entregó su «semejanza» (Génesis 1:26), nos entregó una responsabilidad personal dentro de ciertos límites. Quiere que «gobernemos y subyuguemos» la tierra y que seamos mayordomos responsables de la vida que nos encomendó. Para ello, necesitamos desarrollar límites similares a los de Dios.

Ejemplos de límites

Un límite es cualquier cosa que nos permite diferenciarnos de otra persona o nos muestra dónde comienza y dónde termina nuestro ser. A continuación damos algunos ejemplos de límites.

La piel

La piel es el límite principal que nos define. La gente suele usar este límite metafóricamente para decir que sus límites personales han sido violados: «Tengo que salvar mi pellejo». El cuerpo físico es lo primero que aprendemos a diferenciar de los demás. En la infancia, lentamente aprendemos que somos diferentes de nuestra madre y de nuestro padre que nos acarician.

El límite de la piel mantiene lo bueno por dentro y lo malo por fuera. Protege nuestra sangre y huesos, manteniéndolos ligados en nuestro interior. También nos protege de las infecciones, impidiendo la entrada de gérmenes del exterior. Al mismo tiempo, la piel tiene aberturas para permitir la entrada de lo «bueno», como el alimento, y la salida de lo «malo», como los desechos.

Las víctimas de abuso físico o sexual suelen tener el sentido de los límites empobrecido. En los primeros años de vida aprendieron que su propiedad no comenzaba con la piel. Otras personas podían invadir su propiedad y hacer lo que se les antojara. Como resultado, tienen dificultad para establecer límites cuando llegan a la edad adulta.

Las palabras

En el mundo físico, los límites suelen estar señalados por vallas o alguna estructura. En el mundo espiritual, las vallas son invisibles. De todos modos, es posible crear sólidas vallas protectoras con nuestras palabras.

La palabra más demarcadora de un límite es *no*. Permite que otros entiendan que usted es una persona independiente y que tiene control sobre su ser. Ser claros sobre nuestro no, y nuestro sí, es un tema recurrente en la Biblia (Mateo 5:37; Santiago 5:12).

No es una palabra de enfrentamiento. La Biblia enseña que debemos enfrentarnos con las personas que amamos, diciéndoles: «De ningún modo, ese comportamiento no es aceptable. No participaré.» La palabra *no* también es importante para establecer límites en casos de abuso. Muchos pasajes de la Escritura nos exhortan a rechazar la pecaminosidad de otras personas contra nosotros (Mateo 18:15-20).

La Biblia también nos advierte contra el dar a otros «de mala gana o por obligación» (2 Corintios 9:7). Las personas con límites débiles tienen mucha dificultad para rechazar el control, la presión, las exigencias y a veces las verdaderas necesidades de otros. Sienten que si dicen que no a alguien pondrán en peligro la relación con esa persona; por lo que sumisamente acceden a sus peticiones, aunque en su fuero interno lo resienten. En ocasiones una persona puede obligarlo a hacer algo; en otras, la obligación puede provenir de su propio sentido de lo que usted «debe» hacer. Si no sabe cómo decir que no a esa fuerza externa o interna, perdió el control sobre su propiedad y no puede disfrutar el fruto del «dominio propio».

Las palabras también definen su propiedad para los demás, cuando manifiesta sus sentimientos, intenciones o gustos. Es difícil que alguien conozca su postura si no define su propiedad verbalmente. Dios hace esto mismo cuando dice: «Esto me agrada; esto otro no me agrada.» O «haré esto y no haré esto otro». Sus palabras permiten que la gente conozca sus opiniones y por lo tanto, les hace sentir los «límites» que lo ayudan a identificarse. «¡No me gusta que me grites de ese modo!» transmite un claro mensaje acerca de cómo se relaciona y permite a los demás conocer las «reglas» vigentes en su terreno.

La verdad

Conocer la verdad sobre Dios y su propiedad nos pone limitaciones y nos muestra los límites divinos. Entender la verdad de su realidad inmutable nos ayuda a definir nuestra relación con él. Por ejemplo, cuando leemos que hemos de cosechar lo que sembramos (Gálatas 6:7), podemos definirnos con respecto a esa realidad, o seguirnos lastimando tratando de ir en su contra. Estar en contacto con la verdad de Dios es estar en contacto con la realidad; y vivir de acuerdo con esa realidad posibilitará una vida mejor (Salmo 119:2, 45).

Satanás tergiversa grandemente la realidad. Recuerden cuando tentó a Eva en el paraíso para que pusiera en duda los límites de Dios y su verdad. Las consecuencias fueron desastrosas. Siempre hay seguridad en la verdad, ya sea el conocimiento de la verdad de Dios como el conocimiento de la verdad sobre uno mismo. Las personas que intentan vivir fuera de sus propios límites tienen vidas desordenadas y tumultuosas, no aceptan ni manifiestan su verdadero ser. La franqueza con uno mismo constituye el valor bíblico de la integridad o unidad.

La distancia física

Proverbios 22:3 dice: «El prudente ve el peligro y lo evita.» A veces, alejarse físicamente de una situación puede permitirnos mantener los límites. Pueden hacerlo para reponerse física, emocional y espiritualmente después de haberse entregado hasta el límite, como tantas veces lo hizo Jesús.

Sirve también para guarecerse del peligro y restringir el mal. La Biblia nos exhorta a apartarnos de aquellos que continúan lastimándonos y a crearnos un lugar seguro. Al evitar dicha situación, el que quede atrás extrañará nuestra compañía y esto puede llevarlo a modificar su comportamiento (Mateo 18:17-18; 1 Corintios 5:11-13).

Muchas veces, en una relación abusiva, la única manera para que alguien entienda que nuestros límites son reales es crear una brecha entre ambos hasta que la otra parte se decida a enfrentar el problema. La Biblia apoya la idea de limitar la amistad íntima para «contener el mal».

El tiempo

Librarse por un tiempo de una persona o proyecto, puede ser una manera de tomar nuevamente posesión sobre algún aspecto de la vida que se ha ido de las manos que necesita el establecimiento de límites. Los adultos infantiles que nunca se han desligado espiritual y emocionalmente de sus padres suelen necesitar separarse por un tiempo. Después de una vida de abrazos y protección (Eclesiastés 3:5-6), ahora temen dejar de abrazar y deshacerse de algunas formas inmaduras de relación. Necesitan pasar un tiempo levantando límites contra sus viejos modelos y creando nuevas maneras de relacionarse que pueden resultar por un tiempo alienantes para los padres. Esta separación temporaria de sus padres será beneficiosa para su relación con ellos.

El distanciamiento emocional

El distanciamiento emocional es un límite pasajero que le da al corazón espacio suficiente para estar a salvo; no se trata nunca de una manera permanente de vivir. Las personas involucradas en relaciones abusivas necesitan encontrar un lugar seguro donde «descongelarse» emocionalmente. En ocasiones, en matrimonios abusivos el cónyuge maltratado necesita distanciarse emocionalmente hasta que el compañero abusivo se enfrente a su problema y sea nuevamente digno o digna de confianza.

Evite estar al alcance de quienes lo lastiman y decepcionan. Quien haya vivido una relación abusiva, no debería regresar hasta que haya pasado el peligro y hasta que una verdadera conducta de cambio se haga patente. Muchas personas se apresuran a confiar en una persona en nombre del perdón, sin cerciorarse de que la persona esté produciendo «frutos que demuestren arrepentimiento» (Lucas 3:8). Continuar confiando emocionalmente en una persona abusadora o adicta sin notar un verdadero cambio es una tontería. Perdone, pero proteja su corazón hasta ver un cambio permanente y prolongado.

Otras personas

Es necesario depender de otros para poner y mantener los límites. Las personas sometidas a la adicción de otra persona, a su control o abuso, descubren que tras largos años de «amar demasiado», solo pueden encontrar la energía para crear límites en un grupo de apoyo. El sistema de apoyo les da la fuerza por primera vez en la vida para decir no al abuso y al control.

Para poner límites necesitamos de la ayuda de los demás por dos motivos. En primer lugar, *la relación con otros es una necesidad básica en la vida.* Las personas sufren mucho por mantener relaciones, y muchas toleran el abuso por temor a quedarse solas y al abandono de su pareja. Tienen miedo porque piensan que si ponen límites, no habrá amor en sus vidas.

Cuando aceptan el apoyo de los demás, sin embargo, encuentran que la persona abusadora no es la única fuente de amor en el mundo y que el sistema de apoyo les permite encontrar la fuerza para poner los límites que necesitan establecer. Ya no están solos. La iglesia de Cristo está ahí para fortalecerlos y ayudarlos a esquivar los golpes en su contra.

Necesitamos de otros, además, *porque necesitamos nuevos aportes y enseñanza*. La iglesia y la familia han enseñado a muchos que los límites no son bíblicos sino egoístas y mezquinos. Estas personas necesitan buenos sistemas de apoyo bíblicos para enfrentar la culpa transmitida por viejas «grabaciones» mentales que con engaños las mantienen cautivas. Necesitan del apoyo de los demás para enfrentar los viejos mensajes y la culpa que conlleva el cambio. En la Parte II, analizaremos más exhaustivamente cómo levantar límites en todas las relaciones primarias de nuestra vida. Por el momento, queremos precisar que los límites no se crean en un vacío; *crear límites siempre involucra una red de apoyo.*

Las consecuencias

Invadir la propiedad privada tiene consecuencias. Los carteles que dicen: «Prohibido el paso» suelen prever una sanción para los intrusos. La Biblia enseña este principio vez tras vez, diciendo que si caminamos de determinada manera, esto sucederá; y si caminamos de esta otra manera, esto otro sucederá.

Del mismo modo que la Biblia fija consecuencias para ciertas conductas, necesitamos respaldar nuestros límites con consecuencias. ¿Cuántos matrimonios se habrían salvado si uno de los cónyuges hubiese llevado a cabo su amenaza de «si no dejas de tomar (o «de venir a casa a medianoche»; o «de golpearme»; o «de gritar a los niños»), me voy y ¡no vuelvo hasta que comiences un tratamiento!»? Cuántos adultos jóvenes tendrían una vida distinta si sus padres hubiesen puesto en práctica la amenaza de «no hay más plata si dejas este trabajo antes de conseguirte otro» o «si vas a seguir fumando marihuana en esta casa, búscate otro lugar donde dormir».

Pablo no está bromeando cuando en 1 Tesalonicenses 3:10 dice que si alguien no trabaja, que no coma. Dios no fomenta el comportamiento irresponsable. Pasar hambre es la consecuencia de la haraganería (Proverbios 16:26).

Las consecuencias proporcionan «púas» filosas a los cercos alambrados. Permite que los demás entiendan la gravedad que implica no respetar nuestros límites y cuánto nos respetamos como personas. Les enseña que valoramos nuestro compromiso de vivir acorde con principios beneficiosos y que lucharemos para cuidarlos y protegerlos.

¿Qué incluyen mis límites?

La parábola del buen samaritano es un modelo del comportamiento correcto en muchos aspectos. Es una clara ilustración de los límites: cuando deberían ser a la vez observados y violados. Supongamos por un momento cómo se hubiera desarrollado la historia si el samaritano hubiera sido una persona que no sabía poner límites.

Conocen la historia, ¿no es cierto? Un hombre viajaba de Jerusalén a Jericó cuando fue asaltado. Los ladrones lo despojaron de todo lo que llevaba, lo golpearon y lo dejaron medio muerto. Un sacerdote y un levita se desviaron y siguieron de largo, pasando por alto al hombre herido, pero un samaritano tuvo compasión de él, vendó sus heridas, y lo llevó a un mesón, donde lo cuidó. Al otro día, el samaritano le entregó al mesonero algo de dinero y le dijo: «Cuídemelo, y lo que gaste de más, se lo pagaré cuando yo vuelva.»

Démosle otro giro a esta historia tan conocida. Supongamos que el hombre herido se despierta en ese instante de la historia y dice:

—¿Cómo? ¿Ya se va?

—Sí, ya me voy. Tengo unos negocios en Jericó y debo atenderlos —le responde el samaritano.

—¿No cree que está siendo un poco egoísta? Estoy en muy mal estado. Necesitaré alguien con quien conversar. ¿Cómo podrá Jesús ponerlo como modelo de vida? Ni siquiera está actuando como un cristiano, abandonándome de ese modo cuando más lo necesito! ¿Dónde quedó lo de "Niégate a ti mismo"?

—Supongo que tiene razón —le replicó el samaritano—. ¿Qué sentimientos tendría si lo dejara aquí solo? Debo hacer algo más. Pospondré mi viaje por algunos días.

Por lo tanto, se queda con él por tres días más, conversando y asegurándose de que está feliz y contento. A la tarde del tercer día, golpean a la puerta y entra un mensajero. Le entrega al samaritano un mensaje de sus contactos de negocios en Jericó: «Esperamos todo lo que pudimos. Decidimos vender los camellos a otro comerciante. Nuestro próximo rebaño llegará en seis meses.»

—¿Cómo pudo hacerme esto? —el samaritano recrimina al hombre que se recupera mientras agitan el papel con el mensaje—. ¡Mire lo que hizo! Por su causa perdí los camellos que necesitaba para mi negocio. Ahora no podré entregar mis productos. ¡Puedo quedarme en bancarrota! ¿Cómo pudo hacerme esto?

En algún punto esta historia nos puede resultar conocida. Por compasión, alguna vez ayudamos a una persona necesitada, pero luego esa persona nos manipuló hasta obtener más de lo que estábamos dispuestos a dar. Acabamos resentidos y enfadados por haber perdido algo que necesitábamos en nuestra propia vida. O por querer más de otra persona, la presionamos hasta que accedió. Nos hizo el favor, más por quedar bien que de corazón o por libre voluntad, y luego estaban resentidos con nosotros por lo que habían hecho. Así nadie puede progresar.

Para evitar este tipo de situaciones necesitamos determinar qué cosas están comprendidas dentro de nuestros límites, hasta dónde llega nuestra responsabilidad.

Los sentimientos

Los sentimientos tienen mala fama en el mundo cristiano. Son considerados desde sin importancia hasta carnales. Pero al mismo tiempo, es innegable el protagonismo que los sentimientos tienen en nuestra motivación y conducta. ¿Cuántas veces han observado a una persona realizar acciones no cristianas porque sus sentimientos fueron heridos? ¿O cuántas veces tuvieron que hospitalizar a alguien con un cuadro depresivo porque después de años y años intentando obviar sus sentimientos tuvo un intento de suicidio?

No deberíamos pasar por alto ni dejar que los sentimientos controlen nuestra vida. La Biblia dice que debemos «ser dueños» de nuestros sentimientos y ser conscientes de ellos. Frecuentemente pueden motivarnos a hacer el bien. La compasión del buen samaritano lo llevó al lado del israelita herido (Lucas 10:33). El padre movido a compasión echó sus brazos alrededor de su hijo (Lucas 15:20). Muchas veces Jesús «tuvo compasión» de la gente que lo seguía (Mateo 9:36; 15:32).

Los sentimientos brotan del corazón y pueden señalar el estado de su relación. Pueden decir si las cosas están marchando bien, o si hay algún problema. Si siente intimidad y amor, es posible que las cosas marchen bien. Si siente enojo, hay un problema que encarar. Pero la cuestión es que sus sentimientos son *su* responsabilidad, debe hacerse cargo de ellos y considerarlos como problemas suyos para poder encontrar una solución al asunto de fondo.

Las actitudes y creencias

Las actitudes se refieren a nuestra orientación hacia algo, a nuestra postura ante los demás, Dios, la vida, el trabajo y nuestras relaciones. Las creencias son todo lo que aceptamos como verdad. Nuestras actitudes, o creencias, no suelen ser consideradas fuente de inquietud en nuestras vidas. Culpamos a los demás como lo hicieron nuestros primeros padres Adán y Eva.

Necesitamos *adueñarnos* de nuestras actitudes y convicciones porque están dentro de los límites de nuestra propiedad. Somos los que sentimos sus efectos y somos los únicos que podemos cambiarlas.

El inconveniente de las actitudes es que las aprendemos temprano en la vida. Desempeñan un papel fundamental en relación a lo que somos y nuestra manera de conducirnos. Quienes nunca se han cuestionado sus actitudes y creencias son presa fácil de la dinámica a que hace referencia Jesús cuando describe a la gente que se aferra a «las tradiciones humanas» en lugar de cumplir con los mandamientos divinos (Marcos 7:8; Mateo 15:3).

Las personas con problemas de límites tienen muchas actitudes distorsionadas con respecto a la responsabilidad. Creen que atribuir a las personas la responsabilidad por sus sentimientos, elecciones y conductas, es *ser malo*. Sin embargo, hay varios Proverbios que repiten que fijar límites y asumir responsabilidad salvará vidas (Proverbios 13:18,24).

Las conductas

Las conductas tienen consecuencias. Como lo expresó Pablo: «Cada uno cosecha lo que siembra» (Gálatas 6:7-8). Si estudiamos, cosecharemos buenas calificaciones. Si trabajamos, cobraremos un salario. Si hacemos ejercicio físico, seremos más saludables. Si obramos por amor, tendremos relaciones más íntimas. Por el contrario, si sembramos haraganería, irresponsabilidad, o conductas descontroladas, es de esperar que cosecharemos pobreza, fracasos y los efectos de una vida disoluta. Son las consecuencias naturales de nuestras acciones.

El problema surge cuando alguien interfiere con la ley de la siembra y la cosecha en la vida de otra persona. El alcoholismo y el abuso *deberían* tener consecuencias en la vida del alcohólico o el abusador. «Para el descarriado, disciplina severa» (Proverbios 15:10). Rescatar a las personas de las consecuencias naturales de sus acciones las vuelve impotentes.

Esta situación es muy común entre padres e hijos. Los padres deberían dejar que sus hijos cosecharan las consecuencias naturales de su conducta, en lugar de gritar y fastidiarse. Criarlos con amor y límites, con ternura y consecuencias, produce niños seguros de sí mismos con un sentido de control sobre sus vidas.

Las elecciones

Debemos asumir la responsabilidad de nuestras elecciones. Esto nos conduce al fruto del «dominio propio» (Gálatas 5:23). Un problema de límites muy común es no reconocer nuestras propias elecciones e intentar atribuir la responsabilidad a otro. Piensen por un instante, cuán a menudo usamos las frases «Tuve que hacerlo» o «Me obligaron a hacerlo» para explicar por qué hicimos o dejamos de hacer algo. Estas frases nos traicionan, reflejan una ilusión primitiva de que no somos agentes activos de nuestros asuntos. Creemos que otro tiene el control, librándonos así de nuestra responsabilidad.

Si *ejercemos* control sobre nuestras elecciones, independientemente de cómo nos sintamos, no haremos nada «de mala gana o por obligación», como dice 2 Corintios 9:7. Pablo ni siquiera aceptaba una donación si creía que el dador sentía que «la tenía» que hacer. En una ocasión, rechazó un regalo para que el favor «no sea por obligación sino espontáneo» (Filemón 1:14). En el famoso versículo sobre la «elección», Josué le dijo lo mismo al pueblo: «Pero si a ustedes *les parece mal* servir al SEÑOR, *elijan ustedes mismos* a quiénes van a servir» (Josué 24:15).

Jesús también le dijo algo parecido al trabajador que estaba enojado por el jornal que había acordado: «Amigo, no estoy cometiendo ninguna injusticia contigo. ¿Acaso no aceptaste trabajar por esa paga?» (Mateo 20:13). El hombre había hecho una libre elección de trabajar por un determinado tiempo y estaba enojado porque otro había recibido la misma paga por trabajar menos horas.

Otro ejemplo lo proporciona el hermano del hijo pródigo que eligió permanecer en su hogar y servir a su padre y luego sentía resentimiento. No satisfecho con su elección, fue necesario recordarle que él había optado libremente por quedarse en la casa.

En toda la Escritura se les recuerda a las personas las elecciones que hicieron y se les exhorta a asumir la responsabilidad de sus actos. Pablo nos dice que si elegimos vivir por medio del Espíritu, viviremos; pero, si elegimos vivir conforme a nuestra naturaleza pecaminosa, moriremos (Romanos 8:13). Tomar decisiones basadas en la aprobación de los demás o en sentimientos de culpa origina resentimiento producto de nuestra naturaleza pecaminosa. Tanto nos identificaron con lo que «deberíamos» hacer, que pensamos que manifestamos nuestro amor aun cuando hacemos algo solo por obligación.

Es inevitable, pero esto implica que cuando ponemos límites, asumimos la responsabilidad de las elecciones. Usted elige. Usted es el tiene que vivir con las consecuencias. Usted puede ser el que impida hacer las elecciones que pueden hacerlo feliz.

Los valores

Los valores son las cosas que amamos y que consideramos importantes. Habitualmente eludimos la responsabilidad de lo que valoramos. Caemos en la trampa de asignar más valor a la aprobación de los hombres que a la de Dios (Juan 12:43); y malgastamos la vida por causa de este valor mal asignado. Pensamos que el poder, la riqueza y el placer suplirán nuestra necesidad más anhelada, la necesidad de ser amados.

No podremos recibir la ayuda de Dios y de su pueblo para «crear un nuevo corazón» dentro de nosotros, hasta que no hayamos asumido la responsabilidad de nuestra conducta descontrolada producto de amar las cosas equivocadas o de estimar aquellos valores pasajeros y no hayamos confesado que tenemos un *corazón que valora lo que no satisface*. Los límites no son para obligarnos a negar nuestros valores, sino para que nos adueñemos de los viejos valores perjudiciales y así permitir que Dios los cambie.

Los límites

Cuando se trata de crear mejores límites hay dos aspectos a destacar. El primero es *ponerle límites a los demás*. Este es el aspecto que más se menciona al hablar de los límites. En realidad, «ponerle límites a los demás» es un término equivocado. Es imposible. Lo que sí *podemos* hacer es limitar nuestra exposición a quienes no se comportan correctamente; no podemos cambiar a los demás ni hacer que se comporten bien.

Nuestro modelo es Dios. Él no «pone límites» a su pueblo para «obligarlo» a comportarse. Dios fija el patrón de conducta, pero deja a las personas ser quienes son y luego se aleja de quienes hacen lo malo, diciendo: «Puedes ser así, si lo deseas, pero no puedes entrar a mi casa». El cielo es el hogar para los arrepentidos, y todos son bienvenidos.

Pero Dios limita su exposición a las personas malvadas, no arrepentidas; lo mismo deberíamos hacer nosotros. La Escritura nos exhorta en varias oportunidades a alejarnos de las personas destructivas (Mateo 18:15-17; 1 Corintios 5:9-13). No somos con eso poco amorosos. Al alejarnos protegemos al amor, porque enfrentamos así con firmeza todo lo que destruye el amor.

El segundo aspecto a destacar con respecto a los límites es *ponernos límites interiores propios*. Nuestro ser interior necesita un espacio reservado para cobijar sentimientos, impulsos o deseos y no para demostrarlos en público. *Necesitamos dominio propio sin represión*. Necesitamos aprender a decirnos que no. Esto incluye tanto los deseos destructivos como otros que sin serlo, pueden no ser prudentes u oportunos. La estructura interna del ser es un elemento importante de nuestros límites y nuestra identidad, tanto como de nuestro territorio, responsabilidad y dominio propio.

Los talentos

Comparen estas dos respuestas:

«¡Hiciste bien, siervo bueno y fiel! Has sido fiel en lo poco; te pondré a cargo de mucho más. ¡Ven a compartir la felicidad de tu señor!»

«¡Siervo malo y perezoso! ¿Así que sabías que cosecho donde no he sembrado y recojo donde no he esparcido? Pues debías haber depositado mi dinero en el banco, para que a mi regreso lo hubiera recibido con intereses. Quítenle las mil monedas y dénselas al que tiene las diez mil.» (Mateo 25:23, 26-28)

No hay otro pasaje que ilustre tan bien la responsabilidad ordenada por Dios con respecto a la propiedad y el uso de los talentos. Aunque el ejemplo se refiere al dinero, también se aplica a los talentos internos y los dones. Nuestros talentos están claramente comprendidos dentro de nuestros límites y son nuestra responsabilidad. Ahora bien, hacernos cargo de los talentos quizá nos atemoriza y siempre es un riesgo.

La parábola de los talentos nos enseña que debemos rendir cuentas —y que, por supuesto, seremos mucho más felices— cuando ejercemos nuestros dones y somos productivos. Se requiere trabajo, práctica, aprendizaje, oración, recursos y gracia para sobrellevar el temor al fracaso que hizo sucumbir al «malo y perezoso». No fue reprendido por sentir temor: cuando intentamos algo nuevo y difícil, sentir temor es natural. Fue castigado por no enfrentar su temor y dar lo mejor de sí. No hacer frente a nuestros temores es negar la gracia de Dios e insultar su dádiva y su gracia para apoyarnos en el aprendizaje.

Los pensamientos

Nuestras mentes y pensamientos reflejan esencialmente la imagen de Dios. No hay otra criatura sobre la tierra que tenga nuestra facultad de razonamiento. Somos las únicas criaturas llamadas a amar a Dios con toda nuestra mente (Marcos 12:30). Pablo escribió que «llevamos cautivo todo pensamiento para que se someta a Cristo» (2 Corintios 10:5). La puesta de límites al pensamiento implica tres cosas:

1. *Ser dueños de nuestros propios pensamientos.* Muchas personas no se han adueñado de sus propios procesos mentales.

Piensan como autómatas los pensamientos de otras personas sin siquiera examinarlos. Se tragan las opiniones y los razonamientos ajenos, sin cuestionarlos nunca y sin «analizar su propio pensamiento». Por supuesto que debemos atender y ponderar los planteamientos ajenos, pero nunca deberíamos «entregar nuestras mentes» a nadie. Debemos considerar las cosas por nosotros mismos, en el contexto de una relación, «afilándonos» recíprocamente como al hierro, pero siendo pensadores independientes.

2. *Crecer en conocimiento y ampliar nuestras mentes*. Uno de los ámbitos donde debemos crecer es en el conocimiento de Dios y de su Palabra. David dijo con respecto al conocimiento de la Palabra de Dios: «A toda hora siento un nudo en la garganta por el deseo de conocer tus juicios. Tus estatutos son mi deleite; son también mis consejeros» (Salmo 119:20,24). También aprendemos mucho sobre Dios al estudiar su creación y su obra. Al aprender sobre este mundo obedecemos el mandato de «dominar y subyugar» la tierra y todo lo que sobre ella habita. Debemos aprender acerca del mundo que él nos ha dado para poder ser sabios mayordomos. Ya sea que estemos realizando una cirugía cerebral, o haciendo un balance de nuestro estado de cuenta, o criando a nuestros hijos, hemos de utilizar nuestra mente para vivir mejor y glorificar a Dios.

3. *Rectificar cualquier pensamiento tergiversado*. Todos tenemos cierta tendencia a no ver las cosas con claridad, a tergiversar nuestros pensamientos y percepciones. Posiblemente, las tergiversaciones más fáciles de advertir se presentan en las relaciones personales. Muy rara vez consideramos a las personas tal como son; hasta con las personas que más conocemos, nuestras percepciones son distorsionadas por relaciones anteriores y por las ideas preconcebidas que tenemos de ellas. No vemos con claridad porque tenemos «vigas» en nuestros ojos (Mateo 7:3-5).

Para ser dueños de nuestros pensamientos en una relación, debemos revisar activamente en qué cosas podemos estar equivocados. Al asimilar nueva información, nuestro pensamiento se adapta para interpretar mejor la realidad.

También necesitamos cerciorarnos de que estamos comunicando nuestros pensamientos a los demás. Muchas personas creen que los demás deberían poder leer la mente para saber qué es lo que quieren. Hasta Pablo dice: «¿Quién conoce los pensamientos del ser humano sino su propio espíritu que está en él?» (1 Corintios 2:11). ¡Qué gran afirmación sobre los límites! Cada uno tiene sus propios pensamientos, y si queremos que los demás los conozcan, debemos expresarlos.

Los deseos

Nuestros deseos están comprendidos dentro de nuestros límites. Todos tenemos distintos deseos y necesidades, sueños e ilusiones, metas y planes, ansias y anhelos. Todos buscamos satisfacer nuestro «yo». ¿Por qué entonces tanto «yo» insatisfecho?

Parte del problema radica en personalidades sin una estructura de límites. Nos cuesta definir quién es el auténtico «yo» y lo que verdaderamente deseamos. Muchos deseos se hacen pasar por lo auténtico. Son pasiones codiciosas, resultado de no dominar nuestros propios deseos. Por ejemplo, muchos adictos a la sexualidad buscan tener experiencias sexuales, cuando lo que de veras desean es amor y afecto.

Santiago escribe acerca de esta falta de dominio y sobre el descubrir nuestros deseos con sanas intenciones: «Desean algo y no lo consiguen. Matan y sienten envidia, y no pueden obtener lo que quieren. Riñen y se hacen la guerra. No tienen, porque no piden. Y cuando piden, no reciben porque piden con malas intenciones, para satisfacer sus propias pasiones» (Santiago 4:2-3).

Muchas veces no le buscamos activamente nuestros deseos en Dios, y estos deseos se mezclan con cosas innecesarias. Dios está verdaderamente interesado en nuestros deseos; él los creó. Consideren lo siguiente: «Le has concedido lo que su corazón desea; no le has negado lo que sus labios piden. Has salido a su encuentro con ricas bendiciones; lo has coronado con diadema de oro fino» (Salmo 21:2-3). «Deléitate en el SEÑOR, y él te concederá los deseos de tu corazón» (Salmo 37:4). «Cumple los deseos de quienes le temen; atiende su clamor y los salva» (Salmo 145:19).

A Dios le gusta hacer regalos a sus hijos, pero es un padre sabio. Quiere asegurarse de que los regalos serán lo mejor para nosotros. Para saber qué pedir, tenemos que conocernos y estar al tanto de nuestros verdaderos motivos. Si queremos algo por vanidad o para inflar nuestro ego, dudo mucho que Dios esté interesado en darnos ese regalo. Pero sí que estará muy interesado si es para nuestro bien.

También se nos ordena descubrir activamente nuestros deseos (Filipenses 2:12-13; Eclesiastés 11:9; Mateo 7:7-11). Necesitamos ser dueños de nuestros deseos y procurar satisfacerlos para sentirnos satisfechos en la vida. «El deseo cumplido endulza el alma» (Proverbios 13:19), pero esto es seguro mucho trabajo.

El amor

No hay don mayor que saber cómo brindar y recibir amor. El corazón creado por Dios a su imagen es el centro de nuestro ser. Un corazón capaz de abrirse de par en par para aceptar amor y derramar amor es fundamental para la vida.

Muchas personas, por temor o por dolor, tienen dificultad para brindar y recibir amor. Habiendo cerrado sus corazones a los demás, se sienten vacíos y sin sentido. La Biblia es bien clara al referirse a estas dos funciones del corazón: una corriente hacia dentro para recibir gracia y amor y una corriente que fluye hacia fuera.

Escuchemos cómo la Biblia nos enseña a amar: «Ama al Señor tu Dios con todo tu corazón, con todo tu ser y con toda tu mente... Ama a tu prójimo como a ti mismo» (Mateo 22:37, 39); y cómo debemos aceptar ser amados: «Hermanos corintios, les hemos hablado con toda franqueza; les hemos abierto de par en par nuestro corazón. Nunca les hemos negado nuestro afecto, pero ustedes sí nos niegan el suyo. Para corresponder del mismo modo —les hablo como si fueran mis hijos—, ¡abran también su corazón de par en par!» (2 Corintios 6:11-13).

Un corazón que ama, como el corazón físico, necesita permitir que la sangre que le da vida fluya en ambos sentidos. Es también un músculo, un músculo de confianza. Este músculo de confianza necesita ser ejercitado y utilizado; si se lastima, sus movimientos se harán más lentos y se debilitarán.

Es necesario asumir la responsabilidad de amar y practicarla. El amor oculto, como el amor rechazado, nos puede matar.

Muchas personas no reconocen su resistencia al amor. Están rodeados de amor, pero no se dan cuenta que su soledad se debe a su insensibilidad. Suelen justificarse: «El amor de los demás no puede "entrar".» Con esta afirmación eluden la responsabilidad de responder. Realizamos maniobras sutiles para eludir la responsabilidad en el amor; necesitamos reclamar la propiedad de nuestros corazones como nuestros y trabajar en nuestras debilidades en ese ámbito. La vida se nos abrirá de par en par.

Necesitamos asumir la responsabilidad de todos los factores de nuestras almas anteriormente mencionados. Estos están comprendidos dentro de nuestros límites. Pero no es nada fácil cuidar de ellos; tampoco es fácil dejar que los demás se encarguen de lo que está dentro de sus límites. Poner límites y mantenerlos es tarea ardua. Sin embargo, en el siguiente capítulo verá que los problemas de límites tienen características fáciles de reconocer.

3

Problema de límites

Después de dirigir un seminario de un día sobre los límites bíblicos, una mujer levantó su mano y dijo: «Entiendo que tengo un problema con los límites. Pero mi ex esposo fue el que tuvo un amorío y se llevó todo nuestro dinero. ¿No tiene él un problema con los límites?»

Los límites son fáciles de malinterpretar. A primera vista, parece ser que la persona con dificultad para poner límites es la que tiene problema con los límites; sin embargo, las personas que no respetan los límites ajenos también tienen problemas con los límites. Esta mujer que acabamos de mencionar puede tener dificultad para poner límites; pero su esposo tampoco respetó sus límites.

En este capítulo dividiremos los principales problemas de límites en categorías y daremos unas guías para encaminar el pensamiento. Se verá que los conflictos de límites de ningún modo comprenden únicamente a quienes «no saben decir que no».

Complacientes: Dicen «sí» a lo malo

«¿Puedo contarte algo embarazoso?» Me preguntó Robert. Robert, un nuevo cliente, quería comprender por qué tenía tanta dificultad para rechazar las constantes exigencias de su esposa. Estaba quedándose en bancarrota por mantenerse a la par con los Jones.

57

»Era el único hijo varón en mi familia, el menor de cuatro hermanos. En mi hogar había un estándar doble extraño con respecto a las peleas físicas», Robert carraspeó, haciendo un esfuerzo por continuar. «Mis dos hermanas eran tres y siete años mayores que yo. Hasta que llegué a sexto grado eran bastante mayores y más fuertes. Aprovechándose de su mayor estatura y fuerza me golpeaban hasta producirme magulladuras. Quiero decir que me lastimaban de veras.

»Lo más extraño de todo eso era la actitud de mis padres. Me decían: "Robert, tú eres el varón. Los varones no le pegan a las niñas. Son malos modales." ¡Malos modales! Me agarraban entre tres, y ¿si les devolvía los golpes era mala educación?» Robert hizo una pausa. Su vergüenza no le permitía continuar, pero había dicho suficiente. Había desenterrado parte de la raíz de sus conflictos con su esposa.

Cuando los padres enseñan a sus hijos que es malo fijar límites o decir que no, les están enseñando que los demás pueden hacer con ellos lo que se les antoje. Envían a sus hijos indefensos a un mundo lleno de maldad. Maldad que se manifiesta en personas controladoras, manipuladoras y explotadoras. Maldad que toma la forma de tentaciones.

Para sentirse seguros en este mundo malvado, los niños necesitan fuerza para decir cosas como:

- «No.»
- «No estoy de acuerdo.»
- «No lo haré.»
- «Porque no quiero.»
- «Deja de hacer eso.»
- «Me duele.»
- «Está mal.»
- «Es malo.»
- «No me gusta cuando me acaricias ahí.»

Si se bloquea la facultad de los niños para decir que no, se los discapacita de por vida. Los límites de los adultos discapacitados, como es el caso de Robert, tienen esta primera lesión: dicen que sí a lo malo.

Esta clase de conflicto de límites se conoce como complacencia. Las personas complacientes no tienen límites bien definidos y precisos; se «funden» con las exigencias y necesidades de los demás. No son independientes, distintos de las personas que desean algo de ellos. Las personas complacientes, por ejemplo, hacen creer a todos que les agradan las mismas películas y los mismos restaurantes que a sus amigos para «seguirles la corriente». Minimizan las diferencias con los demás para no causar ningún problema. Las personas complacientes son camaleones. Después de un rato, no es posible diferenciarlas del medio.

La incapacidad de decir «no» a lo malo es invasora. No solamente nos impide rechazar la maldad en nuestras vidas, sino que suele *inhabilitarnos de reconocer la maldad*. Muchas personas complacientes toman conciencia demasiado tarde que tienen una relación peligrosa o abusiva. Su «radar» emocional y espiritual está dañado; no saben cómo cuidar su corazón (Proverbios 4:23).

Esta clase de problema de límites paraliza los músculos del «no». Siempre que tengan que defenderse diciendo que no, la palabra se les atraganta. Hay diversos motivos:

- temor a herir los sentimientos de los demás
- temor al abandono o la separación
- deseo de ser plenamente dependiente de otro
- temor a la ira del otro
- temor al castigo
- temor a pasar vergüenza
- temor a ser considerado malo o egoísta
- temor a no ser espiritual
- temor a una conciencia demasiado estricta o crítica

Este último temor se expresa como culpa. Las personas que tienen una conciencia demasiado estricta o crítica se condenan por cosas que Dios mismo no condena. Como dice Pablo: «Su

conciencia se contamina por ser débil» (1 Corintios 8:7). Por temor a enfrentarse con su padre interno crítico y no bíblico, refuerzan límites inapropiados.

Rendirse a los sentimientos de culpa es obrar de acuerdo con
una conciencia severa. Por temor a desobedecer a una conciencia severa son incapaces de enfrentarse con otros; dicen sí a lo
que es malo, porque si los enfrentaran, su sentimiento de culpa
aumentaría.

Es necesario diferenciar la complacencia bíblica de este tipo
de complacencia. Mateo 9:13 dice que Dios quiere «misericor-
dia y no sacrificio». En otras palabras, Dios quiere que seamos
complacientes por dentro (misericordiosos), y no complacientes por fuera y resentidos por dentro (sacrificados). Las personas
complacientes asumen demasiadas responsabilidades y fijan demasiados pocos límites; no por libre elección, sino por temor.

Evasores: Dicen «no» a lo bueno

De pronto se hizo silencio en la sala de estar. El grupo de estudio
bíblico que desde hacía seis meses se reunía en el hogar de los
Craig, de pronto se había vuelto más íntimo. Esa noche las cinco
parejas reunidas comenzaron a contar las verdaderas luchas que
tenían en sus vidas, no simplemente los acostumbrados pedidos de «por favor oren por la tía Sarah». Se derramaron lágrimas,
pero hubo también apoyo no fingido, y no meros consejos bien
intencionados. Todos se turnaron para hablar excepto Raquel
Henderson, la anfitriona.

Raquel había sido la fuerza impulsora en la formación de este
grupo de estudio bíblico. Ella y su marido, Joe, desarrollaron el
programa, invitado a otras parejas, y abrieron su hogar como lugar de reunión. Atrapada en su papel de liderazgo, sin embargo,
Raquel nunca reveló sus conflictos. Eludía las oportunidades
que tenía para hablar y prefería hacer hablar a otros. Esa noche,
los demás aguardaron.

Raquel carraspeó, echando una mirada a su alrededor, finalmente manifestó: «Después de escuchar todos estos conflictos, creo que el Señor me está hablando. Parece estar diciéndome que comparados con los que ustedes tienen que afrontar, mis problemas no tienen ninguna importancia. Sería egoísta de mi parte que tomara de su tiempo para contarles los pequeños contratiempos que tengo. Pues... ¿quién quiere algo de postre?»

Nadie respondió. Pero las caras de los presentes delataban su desilusión. Una vez más, Raquel había dejado pasar la oportunidad y rehusado ser amada por otros, así como ella los había amado.

Este problema de límites se llama *evasión*: decir no a lo bueno. Es la incapacidad para solicitar ayuda, para reconocer las propias limitaciones, para recibir ayuda. Las personas evasoras se retraen cuando más necesitan algo; no solicitan el apoyo de los demás.

¿Por qué es la evasión un problema de límites? La dificultad radica en confundir los límites con muros. Los límites deberían «respirar», deben ser vallas con puertas que permitan ingresar lo bueno y salir lo malo. Las personas cuyos límites son muros no pueden permitir el ingreso ni del bien ni del mal. Nadie las puede tocar.

Dios diseñó nuestros límites personales con puertas. Deberíamos ser libres para disfrutar relaciones sanas y evitar las destructivas. Dios hasta nos da la libertad de recibirlo o de dejarlo fuera:

> «Mira que estoy a la puerta y llamo. Si alguno oye mi voz y abre la puerta, entraré, y cenaré con él, y él conmigo.» (Apocalipsis 3:20)

A Dios no le interesa violar nuestros límites para relacionarse con nosotros. Entiende que eso sería un abuso de confianza. Nuestra responsabilidad es recibirlo con arrepentimiento y por necesidad. Sin embargo, a los evasores les resulta casi imposible recibir a Dios y a los demás.

Los límites impermeables de los evasores producen una rigidez hacia las necesidades que Dios les ha dado. Experimentan sus problemas y necesidades legítimas como algo malo, destructivo, y vergonzoso.

Algunas personas, como Marti, son complacientes y evasoras al mismo tiempo. En una sesión reciente, Marti se rió arrepentida de sí misma. «Comienzo a ver un patrón de conducta aquí. Cuando alguien me pide que me quede cuatro horas con él, no puedo rehusarme. Cuando necesito que alguien pase diez minutos conmigo, no se lo puedo pedir. ¿No tendré que reponer un fusible en mi cabeza?

El dilema de Marti es común a muchos adultos. Dicen «sí» a lo malo (complacencia), y dicen «no» a lo bueno (evasión). Las personas con ambos tipos de conflicto de límites no solo no pueden rechazar el mal, sino que son incapaces de aceptar el apoyo que con tanta buena disposición ofrecen a otros. Están metidas en un ciclo que las agota pero no tienen con qué reemplazar la energía perdida. Los evasores complacientes sufren de «límites invertidos». No tienen límites donde los necesitan y tienen límites donde no deberían tenerlos.

Controladores: No respetan los límites ajenos

«¿Qué quieres decir con eso de que te vas? ¡No puedes irte justo ahora!» Steve miró por encima de su escritorio a su asistente administrativo. Frank había trabajado para Steve por varios años y finalmente se había hartado. Había dado todo de sí en ese puesto, pero Steve no sabía cuándo parar.

Una vez tras otra, Steve le insistió que trabajara fuera de hora y sin remuneración extra en proyectos importantes. Frank había tenido que cambiar dos veces sus planes para las vacaciones porque Steve había insistido. Pero la última gota fue cuando Steve comenzó a llamarlo a su casa. Frank podría haber entendido una llamada domiciliaria de vez en cuando. Pero todos los días la familia esperaba que Frank terminara de conferenciar con su jefe a la hora de la cena.

En varias ocasiones Frank había intentado decirle a Steve que lo importunaba. Pero Steve nunca entendía realmente lo agotado que estaba Frank. Después de todo, necesitaba a Frank. Gracias a Frank, él parecía un hombre de éxito. Y era tan fácil hacerlo trabajar cada vez más.

Steve tiene un problema para escuchar y aceptar los límites ajenos. Para Steve, un «no» es un desafío para hacer que la otra persona cambie de opinión. Este problema de límites se llama *control*. Los controladores no respetan los límites ajenos. Como se resisten a asumir la responsabilidad de sus propias vidas, necesitan controlar a los demás.

Los controladores creen en los chistes gastados de cómo entrenar buenos vendedores: «no» significa «puede ser», y «puede ser» significa «sí». Si bien esto puede ser un ardid eficaz para vender un producto, puede causar estragos en una relación. Los controladores son considerados abusadores, manipuladores y agresivos.

El problema principal de las personas *sordas al «no»* (lo que es distinto de *no ser capaces de decir «no»*) es que tienden a atribuir la responsabilidad de sus vidas a otros. Utilizan diversos medios de control para motivar a los demás a llevar la carga que Dios pretendió para ellos solos.

¿Recuerdan la ilustración de «la roca y la mochila» del capítulo 2? Los controladores buscan a quien cargarles sus mochilas (las responsabilidades personales) además de sus rocas (las crisis y las cargas agobiantes). Si Steve hubiera arrimado el hombro para contribuir con su parte del trabajo, Frank no hubiera tenido problema en hacer horas extra de vez en cuando. Pero la presión de tener que suplir la irresponsabilidad de Steve, hizo que un profesional con talento buscara trabajo en otra parte.

Hay dos tipos de controladores:

1. *Controladores agresivos*. Estas personas hacen caso omiso de los límites ajenos. Como un tanque, pasan por encima de las barreras de los demás. Pueden ser abusadores verbales, o abusadores físicos. Pero la mayor parte del tiempo ni siquiera se percatan de los límites ajenos. Es como si vivieran en un mundo de

«sí». No hay cabida para el «no» ajeno. Procuran cambiar a los demás, modificar al mundo para que se adapte a su idea de cómo debería ser la vida. Descuidan su propia responsabilidad de aceptar a los demás como son.

Pedro es un ejemplo de un controlador agresivo. Jesús estaba hablándoles a sus discípulos acerca de su próximo sufrimiento, muerte y resurrección. Pedro llevó a Jesús aparte y comenzó a recriminarlo. Pero Jesús reprendió a Pedro, diciéndole: «¡Aléjate de mí, Satanás! Tú no piensas en las cosas de Dios sino en las de los hombres» (Marcos 8:33).

Pedro no quería aceptar los límites del Señor. Jesús encaró a Pedro inmediatamente recriminándolo por la violación que había hecho de sus límites.

2. *Controladores manipuladores.* Menos sinceros que los controladores agresivos, los manipuladores buscan persuadir a las personas para que traspasen sus límites. Les porfían hasta que acceden. Con insinuaciones, manipulan las circunstancias para salirse con la suya. Seducen a otros para que lleven sus cargas. Utilizan mensajes cargados de culpa.

¿Recuerdan cómo Tom Sawyer convenció a sus amigos para que blanquearan el muro? Les hizo creer que era un privilegio tan importante que los niños ¡hacían cola para pintar!

Jacob, el hijo de Isaac, consiguió quitarle la primogenitura a Esaú (Génesis 25:29-34) y con la ayuda de su madre engañó a su padre para recibir la bendición que le correspondía a Esaú (Génesis 27:1-29). Es más, el nombre Jacob significa «engañador». Varias veces Jacob usó su astucia para evitar los límites ajenos.

Jacob solo pudo cambiar su actitud manipuladora y ponerse límites después de su enfrentamiento con Dios en forma humana (Génesis 32:24-32). Luego de «luchar» con él toda la noche, Dios le cambió el nombre por Israel. La palabra Israel significa «él lucha con Dios». Dios dejó a Jacob con una cadera dislocada.

Jacob cambió. Se convirtió en menos engañador y más honesto. Su agresividad fue más transparente, como lo prueba su nuevo nombre. Ahora podía dominar su espíritu combativo. Hasta que el controlador manipulador no se enfrenta con su falta de honradez, no puede aceptar su responsabilidad ni arrepentirse y aceptar los límites propios y ajenos.

Los manipuladores niegan su afán por controlar a los demás; rechazan su egocentrismo. Son como la mujer adúltera en Proverbios: «Come, se limpia la boca, y afirma: "Nada malo he cometido."» (30:20)

Aunque sea difícil de creer, la persona complaciente y evasora también puede ser controladora. Tiende, sin embargo, a ser más manipuladora que agresiva. Por ejemplo, cuando una persona complaciente y evasora necesita apoyo emocional, puede hacerle un favor a un amigo. Y luego espera, previendo que el favor será retribuido. A veces espera durante años. Especialmente si le hizo el favor a alguien que no sabe leer las mentes.

¿Qué está mal en este cuadro? No es un cuadro de amor. El amor de Dios no es la ganancia producto de una inversión: «No es egoísta» (1 Corintios 13:5). Cuidar de otro para que luego nos cuiden a nosotros es simplemente un medio indirecto de controlar a los demás. Si alguna vez usted fue «receptor» de este tipo de maniobra, entenderá lo que hablamos. En cuanto acaba de aceptar el cumplido o el favor, al instante siguiente hiere los sentimientos de la persona por no calcular bien el precio del favor.

Límites lesionados

A esta altura, puede estar preguntándose: «Un momento, ¿cómo pueden los controladores resultar "lesionados"? Ellos lesionan, no resultan lesionados.» Sin duda, los controladores hacen mucho daño, pero también tienen problemas de límites. Veamos el motivo subyacente.

Los controladores no tienen disciplina. Tienen pocas facultades para poner freno a sus impulsos o deseos. Si bien parece que «obtienen cuanto desean de la vida», son todavía esclavos de sus apetitos. Les resulta difícil diferir la gratificación. Por eso no soportan que les digan que no. Necesitan desesperadamente aprender a respetar los límites ajenos si han de respetar los límites propios.

Los controladores tienen escasa capacidad para responder por sus vidas. Tan acostumbrados están a las intimidaciones y las insinuaciones que no pueden arreglárselas por sí mismos en el mundo. El único antídoto para los controladores es dejarlos vivir en carne propia las consecuencias de su irresponsabilidad.

Por último, los controladores están aislados. Las personas permanecen a su lado por temor, por culpa o por dependencia. Si son sinceros, los controladores rara vez se sienten amados. ¿Por qué? Porque, en lo más hondo de su corazón, saben que las personas les dedican tiempo debido a su influencia. Si dejaran de amenazar o manipular, serían abandonados. En lo más hondo de su corazón, saben que están solos. «En el amor no hay temor, sino que el amor perfecto echa fuera el temor» (1 Juan 4:17,18). No podemos atemorizar a la gente o hacerla sentir culpable y luego pretender que nos sigan amando.

Indolentes: Sordos a las necesidades ajenas

La mano de Brenda temblaba mientras hablaba. «Suelo ser bastante fuerte con respecto a Mike. Pero supongo que en las últimas semanas los problemas de los niños y el estrés en el trabajo me tornaron más vulnerable. Esta vez su respuesta no me hizo enojar. Sencillamente, me dolió. Y me dolió mucho.»

Brenda estaba contándome un reciente conflicto matrimonial. En general, creía que tenía un buen matrimonio con Mike. Mike mantenía holgadamente a su familia, era un creyente activo y un buen padre. Sin embargo, en la relación no había lugar para las penas o necesidades de Brenda.

Brenda se refería a un incidente que comenzó de manera relativamente apacible. Estaban conversando en su dormitorio, después de haber acostado a los niños. Brenda comenzó a descargar sus temores con respecto a la crianza de los niños y sus sentimientos de incapacidad en el trabajo.

Sin previo aviso, Mike la miró y le espetó: «Si no te gusta como te sientes, cambia tus sentimientos. La vida es dura. Así que... así que arréglatelas, Brenda.»

Brenda estaba desconsolada. Sentía que debía haber previsto ese desaire. Para empezar, no resultaba nada fácil expresar sus necesidades, y menos a alguien tan frío como Mike. Ahora sentía como si sus necesidades hubieran sido hechas trizas. Él parecía no entender en absoluto sus inquietudes; y tampoco quería tomarse la molestia.

¿Cómo puede ser este un problema de límites? ¿No se trata de mera insensibilidad? En parte sí. Pero no es así de simple. Recordemos que los límites son una manera de describir nuestro campo de responsabilidad: de qué somos responsables, y de qué no. Si bien no deberíamos aceptar la responsabilidad de los sentimientos, actitudes y conductas de los demás, sí tenemos determinadas responsabilidades *hacia* los demás.

Mike tiene la responsabilidad de vincularse con Brenda, no solo de mantener la familia y ser un padre de los hijos, sino también de ser un esposo afectuoso. Establecer lazos emocionales con Brenda es parte de amarla como a sí mismo (Efesios 5:28,33). Él no es responsable *de* su bienestar emocional. *Pero es responsable hacia ella.* Elude su responsabilidad por ser incapaz de responder ante sus necesidades.

Son «indolentes», debido a su falta de atención a la responsabilidad de amar; manifiestan un patrón contrario al exhortado en Proverbios 3:27: «No niegues un favor a quien te lo pida, si en tu mano está el otorgarlo» (la última frase «si en tu mano está el otorgarlo», se refiere a nuestros recursos y disponibilidad). Otra Escritura clave es: «Si es posible, y en cuanto dependa de ustedes, vivan en paz con todos» (Romanos 12:18). Nuevamente, presten atención a la condición «en cuanto dependa de ustedes»: ¡no podemos obligar a nadie a tener paz si no la acepta!

Estos dos versículos confirman la misma idea: nuestra responsabilidad es cuidar y ayudar, *dentro de ciertos límites*, a las personas que Dios ha colocado en nuestras vidas. Rehusarnos a hacerlo cuando contamos con los recursos adecuados, es un problema de límites.

Hay dos grupos de indolentes:

1. Las personas que tienen un espíritu crítico hacia las necesidades ajenas (una proyección en otros del disgusto por sus propias necesidades, problema al que Jesús hizo referencia en Mateo 7:1-5). Odian no ser autosuficientes. Como resultado, hacen caso omiso de las necesidades de los demás.

2. Las personas tan absortas en sus propios deseos y necesidades que excluyen a los demás (una forma de narcisismo).

Este ensimismamiento no debe confundirse con el sentimiento divino de aceptar la responsabilidad de nuestras propias necesidades para así poder amar a los demás. «Cada uno debe velar no solo por sus propios intereses sino también por los intereses de los demás» (Filipenses 2:4). Dios quiere que cuidemos de nosotros para que podamos ayudar a otros sin precipitarnos nosotros mismos en una crisis.

Controladores e indolentes

La persona indolente y controladora tiene una ardua tarea para concentrarse en algo que no sea ella misma. Considera que sus conflictos son responsabilidad de otros y está a la búsqueda de alguien que se encargue de ellos. Siente atracción hacia las personas con límites difusos que con toda naturalidad tomarán demasiada responsabilidad en la relación y nunca se quejarán. Es como aquel viejo chiste sobre las relaciones: ¿Qué pasa cuando una persona rescatadora y permisiva conoce a una persona controladora e insensible? Respuesta: ¡Se casan!

En realidad, tiene sentido. La persona evasora y complaciente busca una persona para reparar. Así puede continuar diciendo que sí y permanecer ajena a sus propias necesidades. ¿Qué mejor que una persona controladora e indolente? Y por su parte, la persona controladora e indolente busca alguien que la aleje de cualquier responsabilidad. ¿Qué mejor que una persona evasora y complaciente?

A continuación presentamos una tabla resumiendo las cuatro categorías de problemas de límites. Esta ayudará a reconocer rápidamente los problemas posibles.

Resumen de problemas de límites

	NO PUEDE DECIR	NO PUEDE ESCUCHAR
NO	*Complaciente*	*Controladora*
	Se siente culpable o controlado por los demás; no puede establecer límites	Agresivamente o por manipulación viola los límites ajenos
SÍ	*Evasora*	*Indolente*
	Pone límites a su responsabilidad de amar	Pone límites al cariño de los demás

Límites funcionales y relacionales

El último problema de límites implica la diferencia entre límites funcionales y relacionales. Los *límites funcionales* se refieren a la capacidad de una persona para terminar una tarea, proyecto o trabajo. Tiene que ver con el desempeño, la disciplina, la iniciativa y la planificación. Los *límites relacionales* se refieren a la capacidad de decir la verdad a las personas con quienes entablamos una relación.

Visto de otro modo, los límites funcionales se refieren a nuestra «Marta», y los relacionales a nuestra «María» (Lucas 10:38-42). María y Marta eran amigas de Jesús. Mientras Marta preparaba la cena, María se sentaba a los pies de Jesús. Cuando Marta se quejó porque María no la ayudaba, Jesús dijo: «María ha escogido la mejor [parte]» (versículo 42). No quiso decir que el atarearse de Marta fuera malo; no era la actividad indicada ni el momento oportuno.

Muchas personas tienen buenos límites funcionales, pero límites relacionales empobrecidos; es decir, son muy competentes para algunas tareas, pero no pueden decirle a un amigo cómo les molesta su impuntualidad crónica. Lo contrario también puede ser cierto. Algunas personas son completamente francas con los demás para manifestar sus críticas y sus gustos, pero ¡son incapaces de levantarse de mañana para ir al trabajo!

Hemos visto las distintas categorías de límites. ¿Pero cómo fomentar los límites? ¿Por qué algunas personas parecen tener límites naturales y otras no tienen ningún tipo de límites? Como con tantas otras cosas, tiene mucho que ver con el entorno familiar en que nos criamos.

El desarrollo de los límites

Jim no sabía decir que no a nadie, especialmente a sus supervisores en su trabajo. Había ascendido hasta el puesto de jefe de operaciones en una gran firma. Era muy cumplidor, lo que le había valido la reputación de «Sr. Puedo».

Sin embargo, sus hijos lo llamaban de otro modo: «Fantasma.» Jim no estaba nunca en casa. Ser el «Sr. Puedo» implicaba largas noches en la oficina. Significaba cenas de negocios varias noches a la semana. Significaba fines de semana en la ruta, sin importar si le había prometido a sus hijos ir de pesca o paseos al zoológico.

A Jim no le agradaba estar tanto tiempo ausente, pero se convencía diciéndose: *«Esta es mi contribución a los niños, mi manera de proporcionarles una buena vida.»* Alice, su esposa, había racionalizado las «cenas sin papá» diciéndoles a los niños (y a ella misma): «Esta es la manera que tiene papá de expresarnos su amor.» Y hasta casi se lo creía.

Finalmente, sin embargo, Alice ya no pudo más. Una noche, sentó a Jim en el sillón de la sala de la casa y le dijo:

—Me siento como una madre soltera, Jim. Por un tiempo te extrañé, pero ahora no siento absolutamente nada.

Jim esquivó su mirada.

—Cielos, lo sé, lo sé —le respondió—, de veras me gustaría decirle que no a la gente, solo que es muy difícil...

—Sé a qué le sabes decir que no —le interrumpió Alice—, a mí y a los niños.

Eso bastó. Algo se quebró en lo más íntimo de Jim. Una sensación de dolor, de culpa y vergüenza, de desamparo y de rabia.

Las palabras salían de su boca a borbotones.

—¿Piensas que a mí me agrada ser así, siempre accediendo a lo que me piden otros? ¿Piensas que disfruto defraudando a mi familia? —Jim hizo una pausa, luchando por calmarse—. Así ha sido toda mi vida, Alice. Siempre con miedo a defraudar a la gente. Detesto ser así. Detesto mi vida. ¿Cómo me convertí en esto?

¿Cómo fue que Jim «se convirtió en eso»? Amaba a su familia. Lo último que deseaba era desatender sus lazos más preciados: su esposa y sus hijos. Los problemas de Jim no comenzaron el día que se casó. Comenzaron a gestarse en las relaciones más significativas de sus primeros años de vida. Hacía tiempo que integraban la estructura de su carácter.

¿Cómo se desarrolla la facultad para los límites? Este es el propósito de este capítulo. Esperamos que le permita entender cuándo sus límites comenzaron a desmoronarse o a solidificarse como hormigón; y cómo repararlos.

Mientras lee esta sección, recuerde la oración que David le hizo a Dios con respecto a su vida y desarrollo:

«Examíname, oh Dios, y sondea mi corazón; ponme a prueba y sondea mis pensamientos.» (Salmo 139:23-24)

El deseo de Dios es que identifique dónde están sus heridas y sus limitaciones, ya sea que hayan sido causadas por usted mismo o por otros. Ore para que vea con lucidez sus relaciones más importantes y las fuerzas que contribuyeron a sus conflictos de límites. El pasado es un aliado para reparar el presente y asegurar un futuro mejor.

Desarrollo de límites

¿Recuerda el viejo dicho: «La locura es congénita. La heredamos de nuestros hijos»? En realidad, los límites no se heredan. Se construyen. Para ser las personas que Dios quiere que seamos (sin engaño, responsables, libres y cariñosas) necesitamos aprender sobre los límites desde la niñez. El desarrollo de los límites es un proceso permanente, pero las etapas más críticas están en los primeros años, cuando se forma nuestro carácter.

Las Escrituras recomiendan a los padres: «Instruye al niño en el camino correcto, y aun en su vejez no lo abandonará» (Proverbios 22:6). Muchos padres interpretan mal este pasaje. Piensan que «el camino correcto» significa «el camino que *nosotros, los padres,* creemos que el niño debe transitar». ¿Pueden entender cómo comienzan ahí los conflictos de límites?

El texto en realidad significa «el camino que Dios pretende que él (o ella) transiten». En otras palabras, ser buenos padres no es intimidarlos emocionalmente a ser algún tipo de clon o ideal del niño perfecto. Ser padres es ser socios en la tarea de ayudar a los más pequeños a descubrir lo que Dios quiere para ellos y ayudarlos a llegar a la meta.

La Biblia enseña que la vida tiene etapas. Juan escribe a los «hijitos», «jóvenes» y «padres» (1 Juan 2:12-13, Reina-Valera).

Los límites también se desarrollan en fases perceptiblemente específicas y diferentes. En realidad, la observación de las primeras interacciones de bebés y niños con los padres ha permitido a los profesionales del desarrollo infantil registrar las fases específicas del desarrollo de los límites.[1]

Apego: Fundamento para construir límites

Wendy no podía comprenderlo. Algo no cuajaba. Todos esos libros sobre la codependencia. Todas esas grabaciones sobre la asertividad. Todo ese decirse a sí misma que debía enfrentar las situaciones. Y, sin embargo, siempre que hablaba con su madre por teléfono, todos los consejos, todas las técnicas de autoayuda se desvanecían en difusos recuerdos.

Una conversación típica sobre los hijos de Wendy siempre terminaba con el análisis de su madre del estilo imperfecto de crianza de Wendy: «Yo he sido madre por más tiempo que tú», le decía su madre. «Haz como te digo.»

Este consejo irritaba a Wendy. No se trataba de que se negara a recibir orientación, Dios sabe cuánta falta le hacía. Era simplemente que su madre pensaba que su manera era la única manera. Wendy deseaba una nueva manera de relacionarse con su madre. Deseaba ser franca con respecto al control ejercido por su madre, a sus amables críticas y a su inflexibilidad. Wendy deseaba mantener una amistad de adulto a adulto con su madre.

Sin embargo, las palabras no salían de sus labios. Escribía cartas explicando sus sentimientos. Ensayaba antes de llamarla por teléfono. Pero, llegado el momento, entraba en pánico y permanecía callada. Sabía muy bien cómo ser complaciente, agradecida e infantil con su madre. Era solo después, cuando se enojaba, que se daba cuenta que nuevamente la habían reprendido. Ya casi había perdido toda esperanza de que esto cambiara algún día.

El caso de Wendy ilustra una necesidad básica que todos tenemos cuando construimos límites. No importa cuánto nos digamos a nosotros mismos, cuánto leamos, estudiemos o practiquemos, *es imposible desarrollar o fijar límites sin relaciones de apoyo de Dios y de otras personas.* Ni siquiera intente comenzar a poner límites hasta que tenga vínculos profundos y duraderos con personas que lo amarán pase lo que pase.

Nuestra necesidad más profunda es la necesidad de pertenecer, de ser parte de una relación, de tener un «hogar» espiritual y emocional. La naturaleza misma de Dios es estar en relación: «Dios es amor», dice 1 Juan 4:16. Amor significa relación: afecto, vínculos de compromiso entre dos individuos.

Al igual que Dios, nuestra necesidad más trascendente es tener vínculos. Cuando Dios dijo que aun en su perfecto nuevo universo, «no es bueno que el hombre esté solo» (Génesis 2:18), no hablaba sobre el matrimonio. Se refería a las relaciones: otras personas con quienes establecer lazos, en quienes confiar y a quienes recurrir en busca de apoyo.

Hemos sido creados para vivir en relación. El vínculo es el fundamento de la existencia del alma. Es imposible desarrollar límites cuando este fundamento está resquebrajado o es imperfecto. ¿Por qué? Porque si nos faltan estas relaciones, *no hay a quién acudir en un conflicto.* Cuando no tenemos la seguridad de ser amados, estamos obligados a optar entre dos malas opciones:

1. *Fijar límites y arriesgarnos a perder una relación.* Este era el temor de Wendy. Temía que su madre la rechazara, y ella se quedara aislada y sola. Todavía dependía del vínculo materno para sentirse segura.

2. *No fijar límites y seguir cautivo de los deseos de otro.* Al no fijar límites a su madre, Wendy era cautiva de los deseos de su madre.

La primera tarea en el desarrollo de los bebés, por lo tanto, es apegarse con la mamá y el papá. Necesitan aprender que son bienvenidos y están seguros en este mundo. Este vínculo con el recién nacido se genera cuando la mamá y el papá le proporcionan al bebé un ambiente emocional coherente, cálido, cariñoso y predecible. Durante esta etapa, la tarea de la madre es estimular al niño para que se relacione con el mundo, a través del vínculo materno. (La mayoría de las veces, esta es tarea de la madre, pero el padre o la persona a cargo también pueden realizarla.)

El apego tiene lugar cuando la madre reacciona a las necesidades del niño, la necesidad de contacto, de ser cargado en brazos, de alimento y ropa limpia. En la medida que el bebé experimenta estas necesidades y la reacción positiva de la madre las satisface, él o ella comienzan a asimilar el marco emocional de una madre cariñosa y estable.

Los bebés, en esta etapa, no tienen sentido de que son distintos de su madre. Piensan: «Mamá y yo somos lo mismo.» Esto se conoce a veces como *simbiosis,* una suerte de «nadar junto a» mamá. Esta unión simbiótica es la razón por la que los bebés entran en pánico cuando su madre no está. Solo su madre puede calmarlos.

Los bebés desarrollan este marco emocional a partir de miles de experiencias en los primeros meses de vida. El objetivo primordial de la madre es «estar ahí», cumplir la función de ser un *objeto emocional estable*. El objeto estable contribuye a desarrollar en el bebé un sentido interno de aceptación y seguridad, aun sin la presencia de su madre. Todas esas muestras de cariño constante traen como resultado el sentido interno de seguridad que el niño desarrolla y que pasa a integrar su ser.

La Biblia se refiere a la constancia como: «arraigados y cimentados en amor» (Efesios 3:17) y «arraigados y edificados en [Cristo]» (Colosenses 2:7). Ilustra el principio de que *el propósito de Dios para nosotros es que seamos suficientemente amados por él y por otros, para no sentirnos aislados, aun cuando estamos solos.*[2]

El apego es el preludio. En la medida que los niños aprenden a sentirse seguros en su hogar con sus relaciones primarias, están levantando buenos fundamentos para soportar la separación y el conflicto aparejados por el desarrollo de los límites.

Separación e Individuación: La construcción del alma

«Es como si se hubiera activado un interruptor», les contó Millie a las amigas del grupo de madres que se reunía en la iglesia. El grupo proporcionaba a las madres un lugar de reunión donde desarrollar actividades y conversar sobre sus bebés y niños. «En su primer cumpleaños, *exactamente el mismo día*, mi Hillary se convirtió en la criatura más difícil que haya conocido. Era la misma bebé que el día anterior se había devorado su espinaca como si fuera su última comida. Al otro día, en cambio, ¡todo el plato terminó en el piso!»

La exasperación de Millie la recibieron con gestos de simpatía y sonrisas. Todas las madres estaban de acuerdo: sus bebés parecían haber cambiado de personalidad más o menos a esa edad. Adiós a los bebés agradables y encantadores. En su lugar, daban sus primeros pasos unos bebés exigentes y refunfuñones.

¿Qué Pasó? Cualquier pediatra competente o terapeuta infantil puede comprobar este cambio que comienza durante el primer año de vida y continúa hasta alrededor de los tres años. Un cambio por lo general es revoltoso y caótico, pero normal por completo y que es parte del plan de Dios para el niño.

A medida que aumenta el sentido de seguridad interna y el apego en los niños pequeños, aparece una segunda necesidad. Comienza a aflorar la necesidad del bebé por autonomía, o independencia. Los expertos infantiles la llaman separación e individuación. La «separación» se refiere a la necesidad del niño de percibirse distinto de la madre, una experiencia de «no yo». La «individuación» describe la identidad que el niño desarrolla al separarse de su madre. Es una experiencia de «yo».

No puede ser «yo» si primero no fue «no yo». Es como tratar de edificar una casa en un terreno lleno de árboles y vegetación silvestre. Antes de comenzar la edificación de la casa es necesario talar algunos árboles para hacer lugar. Primero determina quién *no es*, y luego descubrirá los aspectos verdaderos y auténticos de la identidad que Dios le ha dado.

Este principio está descrito en el único ejemplo registrado de la infancia de Jesús. ¿Recuerda cuando la madre y el padre de Jesús se fueron de Jerusalén sin él? Cuando volvieron y lo encontraron enseñando en el templo la madre lo reprendió. Las palabras de Jesús para su madre fueron: «¿Por qué me buscaban? ¿No sabían que tengo que estar en la casa de mi Padre?» (Lucas 2:49). Léase: Tengo valores, pensamientos y opiniones distintas a las de ustedes, madre. Jesús sabía quién no era, así como también sabía quién era.

El proceso de separación-individuación no es una transición sin problemas en el desarrollo de la persona. Hay tres fases críticas en la niñez para el desarrollo de límites sanos: salida del cascarón, práctica y reunificación.

Salida del cascarón:
«Mamá y yo no somos lo mismo»

«No es justo», se quejaba la madre de un niño de cinco meses. «Tuvimos cuatro meses de dicha y unión. Me gustaba lo indefenso que era Eric, su dependencia. Me necesitaba, y yo le bastaba.»

»De pronto, todo cambió. Se volvió, no sé cómo expresarlo, más inquieto, más escurridizo. No siempre me dejaba tenerlo en brazos. Comenzó a interesarse en otras personas, y ¡hasta en juguetes de colores vivos más que en mí!

»Estoy comenzando a entender lo que sucede», concluyó la mujer. «Me necesitó por cuatro meses. ¡Ahora ser madre consiste en pasarme los siguientes diecisiete años y medio permitiéndole dejarme!»

Esta madre entendió lo que sucedía de varias maneras. Los primeros cinco a diez meses de vida marcan un cambio muy importante en la infancia, de «Mamá y yo somos lo mismo» a «Mamá y yo no somos lo mismo». Durante esta etapa, los bebés comienzan a desligarse de su unión pasiva con su madre y a interesarse activamente en el mundo que los rodea. Toman conciencia de que ahí afuera hay un mundo grande y emocionante y, ¡quieren ser parte de la acción!

Los investigadores de la infancia llaman a esta etapa «salida del cascarón» o «diferenciación». Es un periodo de exploración, de tocar, saborear y sentir nuevas cosas. Si bien los niños en esta etapa todavía dependen de sus madres, el contacto es menos estrecho. Los meses de amamantamiento ven su recompensa: el niño se siente lo suficientemente seguro para arriesgarse. Obsérvenlos andar a gatas a toda velocidad. No se quieren perder nada. Es un límite físico en movimiento: lejos de la madre.

Observen la mirada de un bebé cuando «sale del cascarón». Es posible ver los ojos de Adán, abiertos de par en par ante la maravilla de la flora, la fauna y la majestuosidad de la tierra que el Señor creó para él. Pueden ver el deseo por descubrir, la curiosidad que lo mueve a aprender, a la que alude Job 11:7: «¿Puedes adentrarte en los misterios de Dios o alcanzar la perfección del Todopoderoso?» No, no podemos. Pero fuimos creados para descubrir, para experimentar la creación y conocer al Creador.

Es una etapa difícil para las madres primerizas. Como lo describió la madre al inicio de esta sección, puede ser un chasco. Es especialmente difícil para las mujeres que nunca realmente «salieron del cascarón». Lo único que desean es el contacto, la necesidad y la dependencia de su bebé. Estas mujeres suelen tener muchos hijos, o se las ingenian para pasar mucho tiempo con niños pequeños. No disfrutan la parte de «separación» que implica la maternidad. No les gusta la distancia entre ellas y el bebé. Es un límite doloroso para la madre, pero indispensable para el niño.

Práctica: «¡Puedo hacer cualquier cosa!»

«Pero, ¿qué tiene de malo querer divertirme? La vida no tiene por qué ser aburrida» protestaba Derek. Derek rondaba los cincuenta y se vestía como un estudiante universitario. Su tez bronceada y sin arrugas no parecía natural para un hombre de mediana edad.

Había algo fuera de lugar. Derek le estaba diciendo a su pastor que quería cambiar del grupo de solteros de treinta y pico y pasar al grupo de los veinte y los treinta años. «No tienen mi mismo ritmo. Me gustan las montañas rusas, salir tarde de noche, y cambiar de empleo. Así me mantengo joven, ¿sabe?»

El estilo de Derek describe a alguien que se quedó en la segunda etapa del proceso de separación-individuación: la práctica. Durante este periodo, que dura entre los diez meses y los dieciocho meses (pero se repite más adelante), los bebés aprenden a caminar y hablar.

La diferencia entre la «salida del cascarón» y la práctica es radical. Mientras que el bebé que acaba de «salir del cascarón» está asombrado por todo el mundo nuevo y todavía depende bastante de su madre, ¡el bebé practicante trata de dejarla atrás! Descubrir su nueva habilidad para caminar le da una sensación de omnipotencia. Los primeros pasos lo hacen sentir rebosante de entusiasmo y energía. Quieren probarlo todo: bajar por escaleras empinadas, pinchar enchufes con un tenedor, y tirarle de la cola al gato.

Las personas como Derek, que se quedaron en esta etapa, pueden ser muy divertidas hasta que alguien rompe su burbuja acerca de su falsa grandiosidad y su irresponsabilidad. Uno se convierte en un «aguafiestas». Hablar con una «aguafiestas» casada con un niño practicante resulta muy revelador. No hay tarea más agotadora.

Proverbios 7:7 describe a un joven que se quedó en la etapa de práctica: «Me puse a ver a los inexpertos, y entre los jóvenes observé a uno de ellos falto de juicio.»

Este joven tenía energía, pero no tenía control sobre sus impulsos, ni límites para sus pasiones. Se volvió sexualmente promiscuo, algo común a los adultos atrapados en esta etapa. Y, a la postre, terminó muerto: «Hasta que una flecha le abre las entrañas; como el ave que se lanza contra la red, sin saber que en ello le va la vida» (Proverbios 7:23).

Los practicantes creen que nunca los atraparán. Pero la vida sí los alcanza.

Lo que los niños practicantes (¡aquellos para quienes la omnipotencia *es* correcta!) más necesitan de los padres es que reaccionen a su dicha con dicha; a su entusiasmo con entusiasmo, y que les brinden algunos espacios seguros donde practicar. Los buenos padres disfrutan de sus niños pequeños cuando les saltan en la cama. Los padres malos ahogan el deseo de sus hijos y no permiten nada de saltos o, por el contrario, no ponen ningún límite y les permiten saltar por encima del jugo de naranja y el café de mamá y papá. (Los padres de Derek fueron de este segundo tipo.)

En la etapa de práctica, los niños aprenden que el dinamismo y la iniciativa son buenos. Los padres que durante esta etapa, con firmeza y coherencia, ponen límites realistas a sus hijos sin arruinarles el entusiasmo, los ayudan en esta transición.

¿Han visto esos carteles que describen «los primeros pasos del bebé»? Algunos transmiten una noción errónea. Presentan al niño dando sus primeros pasos tambaleantes hacia una madre que los espera con los brazos abiertos. La realidad es diferente. La mayoría de las madres cuentan: «¡Yo observé cómo daba sus primeros pasos de espaldas a mí!» El pequeño practicante se aleja de la seguridad y la calidez hacia la excitación y el descubrimiento. Los límites físicos y geográficos lo ayudan a aprender cómo ser activo sin peligro.

La etapa de práctica proporciona al niño la energía y el empuje para dar el último paso y convertirse en un individuo, pero tanto entusiasmo enérgico no puede durar para siempre. Los automóviles no pueden circular siempre a máxima velocidad. Los velocistas no pueden mantener el mismo ritmo por millas. Y los pequeños practicantes pasan a la siguiente etapa, la *reunificación*.

La reunificación: «No puedo hacer todo»

La reunificación, que ocurre entre los dieciocho meses y los tres años, se conoce como «rapprochement» en francés y significa «restauración de relaciones armoniosas. En otras palabras, el niño vuelve a la realidad. La grandiosidad de los últimos meses da paso lentamente al reconocimiento de que «No puedo hacer todo lo que quiero». Los niños se tornan ansiosos y conscientes de que el mundo los aterra. Se dan cuenta de que todavía necesitan a la madre

Durante la etapa de reunificación retoman la unión con la madre, pero esta vez es diferente. Esta vez el niño aporta a la relación un ser más individualizado. Hay dos personas ahora, con ideas y sentimientos diferentes. Y el niño está pronto para relacionarse con el mundo exterior sin perder su sentido de sí mismo.

Este período se caracteriza por ser difícil, tanto para los niños como para los padres. En la etapa de reunificación los niños pequeños son detestables, opositores, temperamentales y viven completamente enojados. Les recuerdan a una persona con un dolor de muelas crónico.

Veamos algunas de las herramientas que los pequeños utilizan en esta etapa para construir límites.

Enojo. El enojo es un amigo. Fue creado por Dios con un propósito: para advertirnos de un problema que necesita solución. El enojo es la manera que los niños tienen para saber que su experiencia es distinta a la ajena. La capacidad de usar el enojo para diferenciarse de los demás es un límite. Los niños que saben expresar su enojo debidamente son niños que más adelante en la vida se darán cuenta cuando alguien está tratando de controlarlos o lastimarlos.

Dominio. La reunificación a veces se confunde simplemente con una etapa «egoísta»; se introducen palabras al vocabulario del pequeño, tales como *mío, mi* y *a mí.* Suzy no quiere que nadie sostenga su muñeca. Billy no quiere prestar sus camiones a otro pequeño de visita. Esta parte importante en la conformación del ser suele ser bastante difícil de comprender para los padres cristianos. «En fin. Esa vieja naturaleza pecaminosa está dejándose ver en mi pequeña niña» comentarán los padres mientras sus amistades asienten comprensivos. «Estamos enseñándole a prestar y amar a otros, pero se encuentra atrapada en ese egoísmo que todos tenemos.»

Esto no es ni cierto ni bíblico. El gusto recién descubierto que el niño tiene por lo «mío» sin duda tiene raíces en nuestro egocentrismo innato; parte de nuestra naturaleza pecaminosa y depravada quiere, como lo quiso Satanás, ser «semejante al Altísimo» (Isaías 14:14). Sin embargo, esta manera tan simplista de entender nuestro carácter no toma en consideración todo el espectro de lo que verdaderamente es ser a imagen de Dios.

Haber sido creados a imagen de Dios significa que tenemos dominio, o *mayordomía.* Del mismo modo que se les dio a Adán y Eva el dominio sobre la tierra para someterla y gobernarla, a nosotros se nos ha dado la mayordomía sobre nuestro tiempo, energía, talentos, valores, sentimientos, conducta, dinero y todas las demás cosas mencionadas en el capítulo 2. Sin un «mío» no tenemos sentido de responsabilidad para desarrollar, nutrir, y proteger estos recursos. Sin un «mío» no tenemos un ser para servir a Dios y a su reino.

Los niños necesitan desesperadamente aprender que *mío*, *mi*, y *mí*, no son malas palabras. Con una crianza correcta basada en la Biblia, aprenderán a hacer sacrificios y a desarrollar un corazón bondadoso y cariñoso, pero no antes de que tengan una personalidad que ha sido amada lo suficiente para poder dar amor: «Nosotros amamos a Dios porque él nos amó primero» (1 Juan 4:19).

No: el límite de una sola palabra. Los pequeños en la etapa de reunificación usan con frecuencia una de las palabras más importantes del lenguaje humano: la palabra *no*. Si bien puede aparecer durante la «salida del cascarón», *no* se perfecciona durante la reunificación. Es el primer límite verbal que aprenden los niños.

La palabra *no* ayuda a los niños a alejarse de lo que no les gusta. Les da el poder de elegir. Los protege. Aprender cómo tratar el *no* del niño es crucial para su desarrollo. Una pareja que no contempló el rechazo de su hija a determinadas comidas, luego comprobó que ¡era alérgica a una de ellas!

Muchas veces, los niños de esta edad se convierten en adictos al «no». No solo se negarán a comer la verdura y a dormir la siesta, ¡hasta rechazarán los helados y sus juguetes preferidos! Vale la pena para ellos el «no». Esto les impide sentirse completamente indefensos y sin poder.

Los padres tienen dos tareas asociadas con el no. Primero, necesitan ayudar a sus hijos a sentirse suficientemente seguros para decir no, de esta manera *los estimulan poner sus propios límites*. Aunque es innegable que no siempre pueden hacer todas las elecciones que les gustarían, deberíamos darles a los pequeños la oportunidad de decir un no que sea escuchado. Los padres informados no se sentirán insultados ni enfadados por la resistencia de su hijo. Le ayudarán a sentir que su no es tan apreciado como su sí. No se distanciarán emocionalmente del niño que dice no, seguirán conectados. Uno de los padres muchas veces deberá apoyar al otro que se está cansando con el no del bebé. ¡Este proceso requiere trabajo!

Una pareja tuvo que enfrentarse con una tía cuyos sentimientos estaban heridos porque su hija se negaba a saludarla con un beso y un abrazo cada vez que los visitaba. A veces, la niña quería estar cerca; otras, prefería observar de lejos. La pareja refutó la queja de la tía diciéndole: «No queremos que Carey sienta que le debe afecto a las personas. Queremos que se encargue de su vida.» Estos padres querían que el sí de su hija fuera sí, y que su no fuera no (Mateo 5:37). Querían que aprendiera a decir que no, para que en el futuro fuera capaz de decir que no a la maldad.

La segunda tarea de los padres de niños en la etapa de reunificación es *ayudar al niño a respetar los límites ajenos.* Los niños necesitan ser capaces no solo de decir que no, sino también de aceptar un no.

Los padres deben poner límites apropiados a cada edad. Esto significa mantenerse firmes cuando el niño tiene una pataleta en la juguetería, si bien sería mucho menos humillante tranquilizarlo si le compráramos la mitad de la tienda. Significa ponerlo en penitencia, enfrentamientos debidos y palmadas, cuando sea necesario. «Corrige a tu hijo mientras aún hay esperanza; no te hagas cómplice de su muerte» (Proverbios 19:18). En otras palabras, ayuda a tu hijo a aceptar los límites antes de que sea demasiado tarde.

La construcción de límites es más evidente durante los tres años. A esa edad ya deben dominar las siguientes tareas:

1. Ser capaces de vincularse emocionalmente con los demás, sin dejar de ser ellos mismos y perder su libertad de mantenerse apartados.
2. Ser capaces de decir que no sin temor a perder el amor.

3. Ser capaces de aceptar el no ajeno sin retraerse emocionalmente.

Un amigo dijo medio en broma al fijarse en estas tareas: «¿Necesitan saber esto a los tres años? ¿Y a los cuarenta y tres?» Sí, es mucho pedir; pero el desarrollo de los límites es esencial en los primeros años de vida.

Hay otros dos períodos en la vida centrados en los límites. El primero de ellos es la adolescencia. Los años de adolescencia son una revalidación de los primeros años de vida. Implican temas más maduros: la sexualidad, la identidad sexual, la competencia y la identidad adulta; pero la misma cuestión de saber a quién y cuándo decir que sí y decir que no, son centrales durante esta etapa tan desconcertante.

El segundo período es al comienzo de la edad adulta, cuando los hijos dejan su hogar o sus estudios y comienzan una carrera o se casan. Los adultos jóvenes sufren una pérdida de estructura durante este período. No hay timbres que anuncien el fin de la clase ni horarios impuestos por otros, pero hay mucha libertad y responsabilidad atemorizantes, así como requerimientos de intimidad y compromiso. Puede convertirse en un tiempo intenso de aprender más sobre establecer buenos límites.

Mientras más temprano el niño aprenda buenos límites, menos confusión experimentará más tarde en su vida. Tener éxito en los primeros tres años de vida significará una adolescencia más tranquila (¡pero no sin problemas!) y una mejor transición a la edad adulta. Una niñez problemática puede compensarse con mucho trabajo en la familia durante la adolescencia. Pero los problemas serios de límites en ambos períodos pueden tener efectos devastadores en la edad adulta.

«Sirve saber cómo deberían haber sido las cosas en mi caso», dijo una mujer que vino a una charla sobre desarrollo infantil. «Pero lo que realmente me ayudaría es saber qué anduvo mal en mi caso». Veamos a continuación dónde puede fallar el desarrollo de los límites.

Límites lesionados ¿qué anda mal?

Los problemas de límites se originan en miles de encuentros con los demás, así como también en nuestra propia naturaleza y personalidad. Los conflictos de límites más graves, sin embargo, ocurren en los primeros años críticos de vida. Pueden acontecer en cualquiera de las fases de la separación-individuación: la diferenciación, la práctica o la reunificación. Generalmente, cuánto más grave y temprano fue el daño, mayor será el problema de límites.

Retraimiento de los límites

«No sé por qué sucede, pero sucede» reflexionaba Ingrid mientras tomaba un café con su amiga Alice. «Siempre que no estoy de acuerdo con mi madre, aunque sea en lo mínimo, siento esta terrible sensación de que ya no está ahí. Es como si estuviera muy dolida y se retrae, y no puedo hacerla volver. Realmente es un sentimiento espantoso pensar que uno ha perdido alguien muy querido.»

Seamos sinceros. A nadie le gusta que le digan que no. Es difícil aceptar que un amigo nos niegue su apoyo, su compañía o su perdón. Pero las relaciones sanas se construyen sobre la libertad de rehusar y de enfrentar: «El hierro se afila con el hierro, y el hombre en el trato con el hombre» (Proverbios 27:17).

No solo las relaciones sanas, sino también los caracteres maduros se construyen en bases a los «no» oportunos. Los niños en etapa de desarrollo deben saber que sus límites serán respetados. Es fundamental *no privarlos del amor como respuesta a sus desacuerdos, su práctica y su experimentación.*

Por favor no me entiendan mal. Los límites de los padres son cruciales. Los niños necesitan saber que hay pautas de comportamiento que se deben cumplir. Necesitan sufrir las consecuencias bíblicas de sus acciones de acuerdo con su edad. (En realidad, cuando los padres no ponen y mantienen buenos límites con sus hijos, los límites de sus hijos sufren otro tipo de daño, que luego analizaremos.) Aquí no se trata de dar a nuestros hijos rienda suelta. Los padres necesitan mantener el afecto y el vínculo con sus hijos *incluso cuando no están de acuerdo con ellos*. No implica que no puedan enojarse; significa que no deben retraerse.

¿Cuántas veces escuchamos la afirmación: «Dios ama al pecador, pero odia el pecado»? Es verdad. Su amor es permanente y «nunca se extingue» (1 Corintios 13:8). Cuando los padres se distancian de un pequeño que se está comportando mal, en lugar de seguir conectados y arreglar el problema, el amor permanente de Dios es mal representado. Cuando los padres se alejan dolidos, defraudados y con ira contenida, están transmitiendo el siguiente mensaje a su pequeño: *Puedes ser amado cuando te comportas bien. No puedes ser amado cuando te comportas mal.*

El niño entiende este mensaje más o menos de la siguiente manera: *Cuando soy bueno, me quieren. Cuando soy malo, me excluyen.*

Pónganse en el lugar del niño. ¿Qué harían? No es una decisión difícil. Las personas que Dios creó necesitan afecto y relación. Los padres que se distancian de su hijo están practicando principalmente un *chantaje espiritual y emocional*. El niño puede disimular su desacuerdo y continuar la relación, o puede continuar alejado y perder la relación más importante del mundo. Muy posiblemente permanecerá callado.

Los niños con padres que se retraen cuando ellos comienzan a poner límites aprenden a acentuar y desarrollar su lado complaciente, amoroso y sensible. Al mismo tiempo, aprenden a temer, desconfiar y odiar su lado enérgico, verídico e independiente. Cuando la persona que aman se alejan porque ellos están enojados, ariscos, o experimentales, los niños aprenden a ocultar esos lados.

Los padres que le dicen a sus hijos: «Nos duele cuando te enojas» hacen al niño responsable de la salud emocional del padre. En realidad, *acaban de convertir al hijo en padre del padre*; a veces, cuando tiene dos o tres años. Es mejor, mucho mejor, decirle: «Sé que estás enojado, pero de todos modos no puedes tener ese juguete.»

Luego expresen sus sentimientos heridos a su cónyuge, a un amigo o al Señor.

Los niños son omnipotentes por naturaleza. Viven en un mundo donde el sol brilla porque fueron buenos, y llueve porque fueron malos. Con el tiempo los niños dejarán gradualmente de lado esa omnipotencia al aprender que las necesidades ajenas y las situaciones externas también son importantes. Pero durante los primeros años esa omnipotencia lesiona directamente los límites. Cuando los niños sienten que sus padres se retraen, creen fácilmente que los sentimientos de mamá y papá son su responsabilidad. *Omnipotencia* significa: «Soy lo suficientemente poderoso para hacer que mamá y papá se alejen. Mejor que tenga cuidado.»

Los padres pueden retraerse emocionalmente con mucha sutileza: un tono de voz herido, largos silencios por ningún motivo. O pueden ser explícitos: accesos de llanto, enfermedad, gritos. Los hijos de esos padres se convertirán en adultos temerosos de que la puesta de límites les ocasionará un grave aislamiento y abandono.

Hostilidad hacia los límites

«¿Entiendo yo por qué no puedo decir que no?» Larry se rió entre dientes. «¿Por qué no me pregunta una difícil? Yo me crié en el servicio militar. Lo que mi padre decía era ley. Estar en desacuerdo con él era siempre rebelión. Una vez lo contradije cuando tenía nueve años. Lo único que recuerdo es despertar del otro lado de la habitación con un impresionante dolor de cabeza. Y muchos sentimientos heridos.»

Este segundo daño a los límites, más fácil de reconocer que el primero, es la hostilidad de los padres hacia los límites. El padre se enfada con los intentos de su hijo de separarse de él o de ella. La hostilidad aflora bajo la forma de palabras de enojo, castigo físico, o consecuencias inapropiadas.

Algunos padres le dirán al hijo: «Harás lo que yo diga.» Esto es justo. La intención de Dios es que los padres se hagan cargo de sus hijos. Pero luego dirán: «Y te va a gustar hacerlo.» Esto vuelve loco al niño, porque es una negación del hecho de que el niño es un ser independiente. Hacer que «le guste» es presionar al niño para que se convierta en alguien que «agrada a todo el mundo» y no en alguien que «agrada a Dios» (Gálatas 1:10).

Algunos padres critican los límites de sus hijos:

«Si no estás de acuerdo conmigo, te...»
«Lo harás a mi manera porque si no...»
«No le discutas a tu madre.»
«Necesitas un cambio de actitud.»
«No tienes motivo para sentirte mal.»

Los niños necesitan estar bajo la autoridad y el control de sus padres, pero cuando los padres castigan a su hijo por su creciente independencia, el niño se retraerá en dolor y resentimiento.

La hostilidad es una mala imitación del programa de Dios para aprender disciplina. La disciplina es el arte de enseñar a los niños el dominio propio, utilizando las consecuencias. Las acciones irresponsables deberían molestarnos lo suficiente para motivarnos a ser más responsables.

El enfoque «A mi manera, porque si no...» enseña a los niños a aparentar obediencia, al menos mientras los padres están a la vista. «Tienes una opción» enseña a los niños a aceptar la responsabilidad de sus propias acciones. En lugar de decir: «Harás tu cama o no podrás salir por un mes.», el padre dice: «Tiende tu cama, y te dejaré jugar al Nintendo; no tiendas tu cama y perderás el derecho al Nintendo por el resto del día.» El niño decide cuánto dolor está dispuesto a soportar por ser desobediente.

La disciplina de Dios enseña, no castiga:

«En efecto, nuestros padres nos disciplinaban por un breve tiempo, como mejor les parecía; pero Dios lo hace para nuestro bien, a fin de que participemos de su santidad. Ciertamente, ninguna disciplina, en el momento de recibirla, parece agradable, sino más bien penosa; sin embargo, después produce una cosecha de justicia y paz para quienes han sido entrenados por ella.» (Hebreos 12:10-11)

Los niños pierden el beneficio de ser entrenados cuando los padres reciben con hostilidad el desacuerdo de los hijos, la desobediencia o la práctica. No aprenden que demorar la gratificación y aceptar responsabilidades es beneficioso. Solo aprenden a evitar la ira ajena. ¿Alguna vez se preguntaron por qué algunos cristianos temen tanto la ira de Dios, a pesar de todo lo que leen sobre su amor?

Los resultados de esta hostilidad son difíciles de apreciar porque estos niños aprenden rápidamente a recluirse detrás de una sonrisa complaciente. Cuando sean adultos, sufrirán depresión, ansiedad, conflictos relacionales, y problemas de abuso de sustancias. Por primera vez en la vida, muchas personas con los límites dañados toman conciencia de que tienen un problema.

La hostilidad puede crear problemas tanto para decir que «no» como para escuchar un «no». Algunos niños se amoldan a otros. Pero otros reaccionan externamente y se convierten en personas controladoras: como un padre hostil.

La Biblia menciona dos reacciones distintas a la hostilidad de los padres. A los padres se les dice que no «exasperen a sus hijos, no sea que se desanimen» (Colosenses 3:21). Algunos niños reaccionan a la dureza con complacencia y depresión. Al mismo tiempo, se les dice a los padres que «no hagan enojar a sus hijos, sino críenlos según la disciplina e instrucción del Señor» (Efesios 6:4). Otros niños reaccionan a la hostilidad con ira. Muchos se convierten en réplicas de los padres hostiles que los lastimaron.

Control excesivo

El control excesivo se da cuando los padres cariñosos tratan de proteger a sus hijos de cometer errores por medio de normas y límites demasiado estrictos. Por ejemplo, no dejan que sus hijos jueguen con otros niños para que no se lastimen o aprendan malas costumbres. Pueden estar tan preocupados por evitar que sus hijos se resfríen que los hacen usar botas impermeables en los días nublados.

El control excesivo tiene un problema: si bien los padres tienen una gran responsabilidad de controlar y proteger a sus hijos, también deben permitir que sus hijos cometan errores. Recuerden que la madurez se aprende por los que «han ejercitado su facultad de percepción espiritual» (Hebreos 5:14). Los niños excesivamente controlados serán susceptibles de dependencia, conflictos de arraigo, y dificultad para poner y mantener límites sólidos. También tendrán problemas para arriesgarse y ser creativos.

Carencia de límites

Eileen suspiró. Su esposo, Bruce, estaba pasando por uno de sus modos bisemanales de enfurecerse cada vez que a ella se le olvidaba algo. Esta vez estaba gritando porque habría que fijar una nueva fecha para ir a cenar con los Billings. Hasta las cuatro de esa tarde Eileen no se había acordado de llamar a alguien para que cuidara a los niños.

No podía entender por qué Bruce se exasperaba por tan poca cosa. Quizá él solo necesitaba algún tiempo para libre. *¡Eso era!* Eileen se entusiasmó. *¡Necesitamos tomarnos unas vacaciones!* Se olvidó que se habían tomado unas vacaciones el mes anterior.

Los padres de Eileen habían sido muy cariñosos, pero muy indulgentes. Nunca se ponían firmes para obligarla a hacer algo, para disciplinarla con penitencias, consecuencias o palmadas. Creían que mucho amor y mucho perdón la convertirían en la persona adulta que debía ser.

Cuando Eileen no pagaba sus cuentas su madre le cubría los gastos. Cuando chocó el automóvil de la familia por tercera vez, su padre le compró un auto para ella. Y cuando sobregiró su cuenta corriente, sus padres sin chistar le depositaron más dinero. *Después de cuentas, el amor es paciente ¿no?* se decían.

El hecho de que los padres de Eileen no le hubiesen puesto límites fue perjudicial para el desarrollo de su carácter. Aunque era una esposa, una madre y una trabajadora cariñosa, los demás se sentían permanentemente frustrados por su manera de vivir indisciplinada y despreocupada. A los demás les costaba mucho mantener una relación con ella. Pero como era tan agradable, la mayoría de sus amigos no le decían nada porque no querían herir sus sentimientos. Por lo tanto el problema seguía sin solucionarse.

La falta de límites por parte de los padres es lo contrario a la hostilidad. Nuevamente, la disciplina bíblica hubiera proporcionado la estructura necesaria para ayudar a Eileen a desarrollar su carácter.

En ocasiones, la falta de límites por parte de los padres, acompañada de falta de conexión, puede producir una persona agresivamente controladora. Todos hemos pasado por la experiencia de ir a un supermercado y ver a un niño de cuatro años que controla completamente a su madre. La madre le ruega, le implora y lo amenaza que deje de tener una pataleta. Por último, cuando ya no puede más, le da el caramelo que estaba pidiendo a gritos. «Pero ni uno más», le dice, esforzándose por recuperar algo de control. Pero, a esas alturas, el control es una ilusión.

Imagínense a ese niño de cuatro años cuando sea un adulto de cuarenta. La escena es distinta, pero el guión es el mismo. Cuando alguien lo contraría, o cuando alguien le pone un límite, le da la misma pataleta. Sin embargo, para entonces el mundo le estuvo dando los gustos por treinta y seis años. El programa de recuperación deberá ser muy firme y coherente para poder ayudarlo. A veces la recuperación implica una hospitalización, un divorcio, la cárcel o una enfermedad. Pero nadie puede eludir la disciplina de la vida. Esta siempre saldrá victoriosa. Siempre cosecharemos lo que sembramos. Y cuanto mayor seamos, más triste será el panorama porque lo que está en juego será cada vez mayor.

Sin duda, esta es una descripción de la persona con serias

dificultades para escuchar los límites o necesidades de los demás. La falta de límites ha lesionado a estas personas, del mismo modo que otras lo han sido por límites demasiado rígidos.

Límites contradictorios

A veces, porque están confundidos sobre cómo criar a los hijos o porque sus propios límites están lesionados; algunos padres combinan límites severos con límites poco rígidos, enviando mensajes contradictorios a sus hijos. Los niños no saben cuáles son las normas de la familia y de la vida.

Las familias alcohólicas suelen exhibir límites contradictorios. Un padre puede ser cariñoso y afectuoso un día y, sin ningún motivo, riguroso al siguiente. Esto es especialmente cierto por los cambios de comportamiento producidos por el alcohol.

El alcoholismo produce en el niño una enorme confusión de los límites. Los hijos de alcohólicos cuando son adultos nunca se sienten seguros en las relaciones. Están siempre esperando que la otra persona los decepcione o los ataque de improviso. Están siempre en guardia.

Poner límites es una experiencia traumática para los adultos que fueron hijos de alcohólicos. Decir que no puede imponer respeto, o puede provocar ira. Se asemejan a la persona indecisa e inconstante descrita en Santiago 1:6: «Quien duda es como las olas del mar, agitadas y llevadas de un lado a otro por el viento». No saben a ciencia cierta de qué cosas hacerse responsable y de qué cosas no.

El trauma

Hasta ahora hemos considerado las características de las relaciones familiares. Los padres se distancian, actúan con hostilidad o establecen límites inapropiados. Con el tiempo, estas reacciones se impregnan en el alma del niño.

Pero también existen traumas específicos que lesionan el desarrollo de los límites. Un trauma es una experiencia emocional intensamente dolorosa; a diferencia de un patrón de carácter. El abuso emocional, físico y sexual es traumático. Los accidentes y enfermedades debilitadoras son traumáticos. Perder algo significativo como la muerte de uno de los padres, el divorcio o la pobreza extrema también son traumáticos.

Una manera sencilla de apreciar la diferencia entre el trauma y los patrones de carácter, tales como el retraimiento y la hostilidad, es observar cómo puede dañarse un árbol en un bosque. Puede estar mal fertilizado, el suelo empobrecido, o recibir demasiado sol y agua, o demasiado poco. Podemos comparar este árbol con los problemas de patrones de carácter. El trauma se asemeja a un rayo que cae sobre el árbol.

Un trauma puede afectar el desarrollo de los límites porque sacude dos fundamentos vitales para el crecimiento del niño:

1. El mundo es relativamente seguro.
2. El niño tiene control sobre su vida.

A los niños que sufren un trauma se les sacuden estos fundamentos. No tienen la certeza de estar seguros y protegidos en el mundo, y tienen miedo de no tener ninguna posibilidad ante cualquier peligro inminente.

Ambos padres de Jerry le maltrataron físicamente por años. Se había ido de su casa cuando era muy joven, se había unido a los *marines*, y había tenido varios fracasos matrimoniales. En terapia, ya adulto con treinta años, comenzó a entender por qué bajo su ruda apariencia siempre quería una mujer controladora. Se enamoraba perdidamente con el hecho de que ellas podían «manejarlo». Después aparecía un patrón de complacencia hacia la mujer, con Jerry siempre de perdedor.

Cierto día en una sesión, Jerry recordó a su madre dándole bofetadas por una pequeña infracción. Tenía un vívido recuerdo de sus intentos infructuosos por protegerse, rogándole: «Mamá, por favor. Lo siento. Haré lo que me pidas. Mamá, por favor.» Los golpes se detenían cuando le prometía ciega obediencia. Este recuerdo concordaba con la falta de poder y dominio propio con sus mujeres y sus novias. Siempre aterrado de sus iras, las complacía inmediatamente. El desarrollo de límites de Jerry había sido gravemente lesionado por el abuso de su madre.

Dios se compadece muy especialmente de las víctimas de trauma: «Me ha enviado a sanar los corazones heridos» (Isaías 61:1). El anhelo de Dios es que el amor de las personas cierre las heridas de los traumatizados.

Las víctimas de trauma en la familia son casi siempre personas con patrones de carácter empobrecidos o pecaminosos. Retraernos de nuestros límites u hostilidad hacia nuestros límites son suelo fértil para el trauma.

Nuestros propios rasgos de carácter

¿Alguna vez ha escuchado describir a alguien como «es así desde antes de nacer»? Quizá usted siempre fue activo o emprendedor, siempre en busca de nuevos horizontes. Quizá a usted siempre le gustó ser tranquilo y reflexivo «desde siempre».

Nuestros propios estilos personales de carácter son otro factor que contribuye a los límites. Por ejemplo, algunas personas con un componente constitucional más ejecutivo encaran los problemas de límites más de frente. Y otras, menos ejecutivas, se inhiben más con los límites.

Nuestra pecaminosidad

Nuestra naturaleza depravada también causa problemas en el desarrollo de los límites. Heredamos nuestra naturaleza depravada de Adán y Eva. Es nuestra resistencia a ser criaturas de Dios, nuestra resistencia a la humildad. Rechazamos nuestra posición, nuestra pasión es ser omnipotentes y «estar a cargo», sin necesitar de nadie ni tener que rendir cuentas a nadie. Nuestra naturaleza depravada nos esclaviza a la ley del pecado y la muerte, de la que solo Cristo puede salvarnos (Romanos 8:2).

Ya debe haber captado un panorama más claro de los factores involucrados en los problemas de límites y el desarrollo de límites. Es hora de estudiar lo que la Biblia dice acerca de cómo deberían operar los límites en nuestra vida y como desarrollarlos... durante toda la vida.

5

Las diez leyes de los límites

Imagínese por un momento que vive en otro planeta regido por principios diferentes. Suponga que en ese planeta no existe la gravedad ni se utiliza el dinero para las transacciones. La energía y el combustible se obtienen por ósmosis, y no del alimento y el agua. De pronto, sin previo aviso, usted se encuentra transportado a la Tierra.

Su nave espacial se cierne sobre la superficie; cuando despierta de su viaje, desciende y se da de bruces contra el suelo. «¡Ay!» exclama, sin saber con exactitud por qué se cayó. Cuando logra calmarse, decide pasear un poco por los alrededores, pero no puede volar, debido a este nuevo fenómeno llamado gravedad. Comienza entonces a caminar.

Al cabo de un rato, se siente (¡qué extraño!) hambriento y sediento. Se pregunta por qué. De donde usted viene, el sistema galáctico rejuvenece los cuerpos automáticamente. Por fortuna, se encuentra con un terrícola que le diagnostica su problema y le dice que necesita alimento. Es más, le recomienda un lugar donde comer, el parador de Jack.

Sigue sus indicaciones, entra al restaurante, y se las arregla para pedir algo de la comida de esta Tierra, que contiene todos los nutrientes que usted necesita. Enseguida se siente mejor. Pero entonces, el hombre que le sirvió la comida quiere «siete dólares» por lo que le dio. No tiene idea de lo que está hablando.

Después de una discusión bastante acalorada, llegan unos hombres uniformados y a usted lo detienen y lo encierran en una pequeña habitación con rejas. *¿Qué caramba está sucediendo?*, se pregunta.

No quiso hacerle daño a nadie. Sin embargo, está en «la cárcel» de todas maneras. Perdió su libertad de movimiento y está resentido. Solo intentó dedicarse a lo suyo, pero ahora tiene una pierna entumecida, está fatigado de tanto caminar y tiene dolor de estómago de tanto comer. Lindo lugar esta Tierra.

¿Es esto una exageración? Las personas criadas en familias disfuncionales, o familias donde no se practican los límites ordenados por Dios, tienen experiencias similares a las de este extraterrestre. Se encuentran transportados a la vida adulta donde las relaciones y el bienestar físico y emocional se rigen por principios espirituales que nunca aprendieron. Se lastiman, pasan hambre, y pueden acabar en la cárcel, pero desconocen los principios que los hubieran ayudado a vivir de acuerdo con la realidad y no en su contra. Por lo tanto, están presos de su propia ignorancia.

El mundo que Dios creó está regido por leyes y principios. Las realidades espirituales son tan ciertas como la gravedad, y aunque usted las desconozca, descubrirá sus efectos. Que no nos hayan enseñado estos principios de vida y de relación no significa que no nos gobiernen. Debemos conocer los principios que Dios ha puesto a la vida y vivir en conformidad con ellos. A continuación, damos diez leyes de los límites que usted puede aprender para comenzar a disfrutar la vida de manera diferente.

Primera ley: La siembra y la cosecha

La ley de causa y efecto es una ley básica de la vida. La Biblia la llama la ley de la siembra y la cosecha. «Cada uno cosecha lo que siembra. El que siembra para agradar a su naturaleza pecaminosa, de esa misma naturaleza cosechará destrucción; el que siembra para agradar al Espíritu, del Espíritu cosechará vida eterna» (Gálatas 6:7-8).

Cuando Dios nos dice que cosecharemos lo que sembramos, no nos está castigando; nos está diciendo cómo son las cosas. Si usted fuma, muy posiblemente desarrollará la tos seca del fumador, o incluso un cáncer de pulmón. Si gasta dinero de más, muy probablemente recibirá llamadas de sus acreedores, y hasta puede llegar a pasar hambre por no tener dinero para los alimentos. Por otro lado, si come correctamente y hace ejercicio físico con regularidad, posiblemente no se resfriará muy a menudo ni tendrá muchos ataques de gripe. Si hace su presupuesto con prudencia, tendrá dinero para pagar las cuentas y para los comestibles.

En ocasiones, sin embargo, la gente no cosecha lo que siembra, porque alguien interviene y les cosecha las consecuencias por ellos. Si cada vez que usted gastó de más, su madre le envió dinero para cubrir los sobregiros o los abultados saldos de la tarjeta de crédito, usted nunca cosechará las consecuencias de su despilfarro. Su madre lo estará protegiendo de las consecuencias: el acecho de los acreedores o el pasar hambre.

Como bien lo evidencia la madre en el ejemplo anterior, la ley de la siembra y la cosecha puede ser interrumpida. Y suelen ser las personas carentes de límites las que provocan la interrupción. Así como podemos interferir con la ley de gravedad, atrapando un vaso en el aire, también es posible interferir con la ley de la siembra y la cosecha, interviniendo y socorriendo a los irresponsables. Rescatar a una persona para que no sufra las consecuencias naturales de su conducta, le permitirá continuar con su comportamiento irresponsable. La ley de la siembra y la cosecha no se abolió. Todavía está en vigor. Sin embargo, el irresponsable no sufre las consecuencias; otra persona sí.

Hoy en día llamamos codependiente a la persona que continuamente rescata a otra persona. Así es, las personas codependientes, sin límites, son «signatarios mancomunados de los pagarés» de la vida del irresponsable. Terminan por pagar las cuentas (física, emocional y espiritualmente) y el despilfarro se vuelve incontrolable y sin consecuencias. El irresponsable continúa siendo amado, mimado y tratado con amabilidad.

Establecer límites ayuda a las personas codependientes a dejar de interrumpir la ley de la siembra y la cosecha en la vida de sus seres queridos. Los límites obligan a la persona que siembra a ser también la que cosecha.

No es suficiente enfrentar a la persona irresponsable. Los clientes me suelen decir: «Pero yo sí enfrento a Jack. Muchas veces he intentado hacerle saber lo que pienso sobre su conducta y que precisa cambiar.» En realidad, mi cliente solo está fastidiando a Jack. Este no sentirá la necesidad de cambiar porque su conducta no le causa ninguna molestia. *Una persona irresponsable no siente dolor cuando es confrontada con sus actos; solo las consecuencias son dolorosas.*

Si Jack es sensato, la confrontación pudiera hacerlo cambiar de conducta. Pero las personas atrapadas en patrones destructivos no suelen ser sensatas. Primero tienen que sufrir las consecuencias de sus actos antes de cambiar su comportamiento. La Biblia nos dice que es en vano enfrentar a las personas insensatas: «No reprendas al insolente, no sea que acabe por odiarte; reprende al sabio, y te amará» (Proverbios 9:8).

Las personas codependientes son objeto de insulto y dolor cuando enfrentan al irresponsable. En realidad, sería suficiente con tal que dejaran de interrumpir la ley de la siembra y la cosecha en las vidas ajenas.

Segunda ley: La responsabilidad

En varias oportunidades, cuando la gente escucha una charla sobre los límites y la responsabilidad de sus propias vidas, dicen: «Es tan egocéntrico. Deberíamos amarnos unos a otros y negarnos a nosotros mismos.» O se convierten, efectivamente, en egoístas y egocéntricas. O se sienten «culpables» cuando hacen un favor a alguien. Estas nociones sobre la responsabilidad no son bíblicas.

La ley de la responsabilidad comprende el amarse mutuamente. La ley del cristiano se resume en el mandamiento de amar (Gálatas 5:13-14). Jesús lo llama «mi» mandamiento: «Que se amen los unos a los otros, como yo los he amado» (Juan 15:12). Cada vez que *no* amemos a los demás, no estamos asumiendo la plena responsabilidad por nosotros mismos; hemos negado nuestro corazón.

Los problemas aparecen cuando los límites de responsabilidad son confusos. Debemos *amarnos* unos a otros, no «*ser*» unos por otros. Yo no puedo sentir sus sentimientos por usted. No puedo pensar por usted. No puedo comportarme por usted. No puedo experimentar la decepción que los límites le producen. En resumen, no puedo crecer por usted; solo usted puede hacerlo. Del mismo modo, usted no puede crecer por mí. El mandato bíblico para el crecimiento personal es: «Lleven a cabo su salvación con temor y temblor, pues Dios es quien produce en ustedes tanto el querer como el hacer para que se cumpla su buena voluntad» (Filipenses 2:12-13). Su responsabilidad es *usted* mismo. Mi responsabilidad soy *yo* mismo.

La Biblia, además, nos dice que debemos tratar a los demás como quisiéramos que nos trataran a nosotros. Si estamos marginados, desamparados y sin esperanza, no cabe duda que desearíamos recibir ayuda y amparo. Esto es una parte muy importante de tener responsabilidad «hacia» los demás.

Otro aspecto de la responsabilidad «hacia» los demás se manifiesta no en dar sino en fijar límites a la conducta destructiva e irresponsable de otra persona. No es bueno rescatar a las personas de las consecuencias de su pecado; solo conseguirá tener que volver a hacerlo la próxima vez. Habrá reforzado el patrón (Proverbios 19:19). Es el mismo principio que rige la crianza de los niños; es perjudicial no poner límites a los demás. Los conduce a la destrucción (Proverbios 23:13).

Hay un hilo conductor a través de toda la Biblia que enfatiza que debemos *dar* cuando hay necesidad y poner *límites* al pecado. Los límites nos ayudan precisamente a hacer eso.

Tercera ley: El poder

A medida que el movimiento de los Doce Pasos toma fuerza en las iglesias, los cristianos en terapia y recuperación manifiestan una confusión común. ¿Me es imposible dominar mi conducta? Si no puedo dominarla, ¿cómo se me hace responsable de mis actos? ¿*Qué* cosas *sí* puedo dominar?

Los Doce Pasos y la Biblia enseñan que las personas deben admitir que moralmente son un fracaso. Los alcohólicos admiten que no pueden dominar el alcohol; no tienen el fruto del dominio propio. No pueden controlar su adicción, como lo expresó Pablo: «No entiendo lo que me pasa, pues no hago lo que quiero, sino lo que aborrezco... De hecho, no hago el bien que quiero, sino el mal que no quiero... pero me doy cuenta que en los miembros de mi cuerpo hay otra ley, que es la ley del pecado. Esta ley lucha contra la ley de mi mente, y me tiene cautivo» (Romanos 7:15, 19, 23). Esto es falta de domino. Juan dice que todos estamos en ese estado, y que si alguien afirma lo contrario está mintiendo (1 Juan 1:8)

Si bien usted no tiene poder en sí y de sí mismo para vencer estos patrones de conducta, sí tiene poder para producir los frutos de la victoria en el futuro.

1. *Tiene poder para estar de acuerdo con la verdad acerca de su problema*. La Biblia lo llama «confesión». Confesar significa «estar de acuerdo». Al menos podemos decir: «Esto soy yo.» Quizá todavía no pueda cambiarlo, pero puede confesarlo.

2. *Tiene poder para entregar su incapacidad a Dios*. Siempre podemos solicitar ayuda y entregarnos. Tenemos poder para humillarnos y entregar nuestra vida a Dios. Quizá no podamos sanarnos a nosotros mismos, pero ¡podemos llamar al Doctor! La humildad bíblica está siempre acompañada de grandes promesas. Si hace lo que puede: confesar, creer, y solicitar ayuda, Dios hará lo que usted no puede: producirá el cambio (1 Juan 1:9; Santiago 4:7-10; Mateo 5:3,6).

3. *Tiene poder para buscar a Dios y a otros y pedirles que le*

revelen *cada vez más qué cosas están comprendidas dentro de sus límites*.

4. *Tiene poder para darle la espalda al mal que mora en usted.* Esto se llama *arrepentimiento*. No significa que será perfecto; significa que puede ver que hay partes pecaminosas dentro de usted que desea cambiar.

5. *Tiene poder para humillarse y pedirle a Dios y a otros ayuda para tratar las lesiones sufridas durante su desarrollo y las necesidades pendientes desde la niñez.* Muchas partes problemáticas provienen de vacíos internos, y necesita buscar a Dios y a otros para satisfacer esas necesidades.

6. *Tiene poder para reconciliarse con quienes ha lastimado y reparar el daño.* Es un paso previo para aceptar la responsabilidad de su vida y de su pecado, y responder ante quienes ha lastimado. En Mateo 5:23-24 leemos: «Por lo tanto, si estás presentando tu ofrenda en el altar y allí recuerdas que tu hermano tiene algo contra ti, deja tu ofrenda allí delante del altar. Ve primero y reconcíliate con tu hermano; luego vuelve y presenta tu ofrenda.»

La otra cara de la moneda: los límites contribuyen a definir las cosas sobre las que no tenemos dominio: *¡todo lo que esté fuera de los límites!* Mediten en la oración de la serenidad (posiblemente la mejor oración sobre límites alguna vez escrita):

Dios, dame serenidad para aceptar las cosas que no puedo cambiar, valor para cambiar las cosas que puedo cambiar, y sabiduría para distinguirlas.

En otras palabras: Dios, ¡muéstrame mis límites! Es posible esforzarse para someternos a este proceso y esforzarnos con Dios para que nos cambie. No es posible cambiar ninguna otra cosa: ni el clima, ni el pasado, ni la economía: y mucho menos, a los demás. *No se puede cambiar a otra persona.* Se sufre más por querer cambiar a otros que de ninguna otra enfermedad. Esto es imposible.

Lo que *puede* hacer es *influir en* otros. Pero hay una trampa. Como no puede forzar el cambio, *usted* debe cambiar para que los patrones destructivos de ellos no tengan efecto sobre su persona. Cambie el trato con ellos; quizá los motive a abandonar sus viejos esquemas si ya no les resultan útiles.

Cuando se libera de otra persona, se da otra dinámica: usted recupera su salud y ellos lo pueden notar y envidiar lo saludable que está. Pueden querer algo de lo que usted tiene.

Por último, necesita sabiduría para saber qué usted es y qué no es. Ore pidiendo sabiduría para diferenciar las cosas que sí puede cambiar de lo que no puede cambiar.

Cuarta ley: El respeto

Hay una palabra que se repite cuando la gente describe sus problemas con los límites: *ellos*. «Pero *ellos* no me aceptarán si digo que no.» «Pero *ellos* se enojarán si pongo límites.» «Pero *ellos* no me hablarán por una semana si les digo cómo me siento realmente.»

Nos atemoriza pensar que nuestros límites no serán respetados. Nos enfocamos en los otros y perdemos lucidez sobre nosotros. En ocasiones el problema es que juzgamos los límites ajenos. Decimos o pensamos algo así:

«¿Cómo pudo rehusarse a pasar y recogerme? ¡Si le queda de camino! Podría encontrar "un rato para él" en otro momento.»

«Qué egoísta no haber venido a la comida. Después de todo, todos estamos haciendo un sacrificio.»

«¿Por qué "no"? Solo necesito el dinero por un corto tiempo.»

«Me parece que después de todo lo que hago por ti, lo menos que podrías hacer es hacerme este pequeño favor.»

Juzgamos las decisiones que los demás hacen sobre los límites, creyendo que nosotros sabemos mejor cómo «deberían» dar, lo que suele querer decir: «¡Deberían darme como yo quiero!»

Pero la Biblia nos dice que como juzguemos seremos juzgados (Mateo 7:1-2). Si juzgamos los límites ajenos, los nuestros serán juzgados con la misma vara. Si condenamos los límites ajenos, esperemos que condenen los nuestros. Esto genera un ciclo de temor que nos hace sentir miedo de poner los límites que necesitamos poner. Como resultado, accedemos, luego lo resentimos, y el «amor» que hemos «dado» se torna agrio.

Aquí entra en juego la ley del respeto. Como dijo Jesús: «Así que en todo traten ustedes a los demás tal y como quieren que ellos los traten a ustedes» (Mateo 7:12). Debemos respetar los límites ajenos. Necesitamos amar los límites ajenos para exigir respeto por los propios. Necesitamos tratar los límites ajenos como nos gustaría que los demás trataran a los nuestros.

Si amamos y respetamos a quienes nos dicen que no, ellos amarán y respetarán nuestro no. La libertad engendra libertad. Si caminamos en el Espíritu, les damos a las personas la libertad de hacer sus propias elecciones. «Donde está el Espíritu del Señor, allí hay libertad» (2 Corintios 3:17). Si hemos de juzgar, deberá ser según «la ley perfecta que da libertad» (Santiago 1:25).

Nuestra preocupación con respecto a los demás no debería ser: «¿Hacen lo que yo haría o lo que quiero que hagan?», sino: «¿Hacen una libre elección?» Cuando aceptamos la libertad de los demás, no nos enojamos, ni nos sentimos culpables, ni escatimamos el amor cuando nos ponen límites. Cuando aceptamos la libertad de los demás, nos sentimos mejor con la propia.

Quinta ley: La motivación

Esteban estaba confundido. Leía en la Biblia y así le habían enseñado en la iglesia que más bienaventurado es dar que recibir, pero esto no solía ser cierto. Con mucha frecuencia sentía que nadie apreciaba «todo lo que estaba haciendo». Deseaba que la gente tuviera más consideración de su tiempo y su energía; siempre que alguien le pedía algo, él lo hacía. Pensaba que así expresaba su amor, y él quería ser una persona que amaba.

Finalmente, cuando la fatiga se transformó en depresión, me consultó.

Cuando le pregunté qué le pasaba, Esteban respondió que «amaba demasiado».

—¿Cómo puede "amar demasiado"? —le pregunté—. Nunca oí algo parecido.

—Ah, es muy simple —me contestó—. Hago muchísimo más por los demás que lo que debería. Y eso me hace sentir muy deprimido.

—No sé exactamente lo que está haciendo —le dije—, pero de ningún modo es amar. La Biblia dice que el verdadero amor es bendición y alegría. El amor produce felicidad, no depresión. Si amar le produce depresión, posiblemente no sea amor.

—¿Cómo puede decir eso? Hago tanto por todo el mundo. Doy y doy y doy. ¿Cómo puede decir que no estoy amando?

—Puedo decirlo porque veo el fruto de sus actos. Usted debería sentirse feliz, no deprimido. ¿Por qué no me cuenta alguna de las cosas que hace por los demás?

Con el tiempo, Esteban aprendió que mucho de lo que «hacía» y lo que sacrificaba no era motivado por amor sino por temor. Esteban había aprendido en sus primeros años de vida que si no hacía lo que su madre quería, ella no lo amaría. Como resultado, Esteban aprendió a dar de mala gana. No daba por amor, sino por temor a quedarse sin amor.

Esteban también temía la ira de los demás. Como su padre le gritaba con mucha frecuencia cuando era niño, aprendió a temer los enfrentamientos airados. Este temor le impedía decir que no a los demás. Las personas egocéntricas suelen enojarse cuando alguien les dice que no.

Esteban decía que sí por temor a quedarse sin amor y a que otros se enojaran con él. Estas y otras motivaciones equivocadas nos impiden fijar límites:

1. *Temor a la pérdida del amor o al abandono.* Las personas que dicen que sí y luego se arrepienten de haberlo dicho, temen perder el amor de otra persona. Es la motivación predominante en

los mártires. Dan para recibir amor, y cuando no lo obtienen, se sienten abandonados.

2. *Temor a la ira de los demás.* Debido a viejas heridas y límites débiles, algunas personas no toleran que alguien se enoje con ellos.

3. *Temor a la soledad.* Algunas personas ceden ante los demás porque sienten que así «ganarán» su amor y terminarán con su soledad.

4. *Temor a dejar de «ser bueno».* Hemos sido creados para amar. Como resultado, cuando no amamos, nos sentimos desdichados. Muchas personas no pueden decir: «Te amo y no quiero hacer eso.» Les parece que esta afirmación no tiene sentido. Creen que amar significa decir siempre que sí.

5. *La culpa.* Muchas personas entregan todo de sí porque sienten culpa. Se esfuerzan por hacer bastantes cosas buenas para sobreponerse a la culpa interior y sentirse bien consigo. Como cuando dicen que no, se sienten mal, continúan esforzándose para sentirse bien.

6. *Retribución.* Muchas personas han recibido cosas acompañadas con mensajes de culpa. Por ejemplo, sus padres les han dicho cosas como: «Nunca tuve lo que tú tienes.» «Debería darte vergüenza todo lo que tienes.» Se sienten obligados a retribuir todo lo que han recibido.

7. *Aprobación.* Muchas se sienten todavía como niños que buscan la aprobación de sus padres. Por lo tanto, cuando alguien les pide algo, necesitan dárselo para que este padre simbólico se «quede bien contento».

8. *Identificación extrema con la pérdida de otros.* Muchas veces las personas no se han sobrepuesto plenamente a todas sus decepciones y derrotas, por lo que cuando su «no» priva a otro, «sienten» la tristeza de esa persona elevada a la enésima potencia. Como no soportan lastimar tanto a alguien, acceden.

El asunto es el siguiente: hemos sido llamados a ser libres, y esta libertad produce gratitud, un corazón rebosante, y amor a los demás. Dar abundantemente tiene mucha recompensa. Es verdaderamente más bienaventurado dar que recibir. Pero si dar no le trae alegría, es necesario examinar la ley de la motivación.

La ley de la motivación dice: Primero, libertad; segundo, servicio. Si usted sirve para librarse de su temor, está condenado al fracaso. Permita que Dios se encargue de sus temores, los resuelva y cree límites sanos para proteger la libertad a la que ha sido llamado.

Sexta ley: La evaluación

—Pero si le dijera que quiero hacer eso, ¿no se sentirá mal? —preguntó Jason—. Cuando Jason me contó que deseaba asumir responsabilidad de algunas tareas que su socio de negocios no estaba cumpliendo cabalmente, lo animé a que conversara con su socio.

—Por supuesto. Puede ser que se sienta mal —le dije, respondiendo a su pregunta—. Pero, ¿cuál es el problema?

—Bueno, no me gustaría lastimarlo —dijo Jason, mirándome como si esa razón fuera obvia.

—Estoy seguro que usted no querría lastimarlo —le dije—, pero, ¿qué tiene eso que ver con la decisión que usted debe tomar?

—Bueno, no podría tomar una decisión sin considerar sus sentimientos. Sería cruel.

—Estoy de acuerdo. Sería cruel. Pero, ¿cuándo se lo va a decir?

—Usted acaba de decir que decírselo lo lastimaría y que eso sería cruel —dijo Jason, perplejo.

—No, no dije eso —contesté—. Dije que decírselo *sin considerar sus sentimientos* sería cruel. Eso es muy distinto a no hacer lo que debe hacer.

—No veo cuál es la diferencia. De cualquier modo lo lastimaría.

—Pero no lo *perjudicaría*, y esa es la gran diferencia. Por el contrario, el dolor lo ayudaría.

—Ahora sí que no entiendo. ¿Cómo puede servir lastimarlo?

—Veamos, ¿alguna vez ha ido al dentista? —le pregunté.

—Claro.

—¿Le dolió cuando el dentista utilizó el taladro para arreglarle la caries?

—Sí.

—¿Lo perjudicó?

—No, me hizo sentir mejor.

—*Lastimar* y *perjudicar* son dos cosas distintas —le señalé—. ¿Le dolió comer el azúcar que le produjo la caries?

—No, me supo bien —dijo sonriendo porque ya comenzaba a entender.

—¿Lo perjudicó?

—Sí.

—Esa es la cuestión. Algunas cosas nos pueden lastimar pero no nos perjudican. Es más, hasta pueden hacernos bien. Y hay otras cosas que parecen buenas pero pueden ser muy perjudiciales.

Es necesario estimar las consecuencias de la puesta de límites y asumir la responsabilidad hacia la otra persona, pero esto no implica que evitemos fijar límites porque alguien reaccionará con dolor o enojo. Tener límites —en este caso, que Jason le diga que no a su socio— es darle sentido a la vida.

Jesús se refiere a esto como «la puerta estrecha». Siempre será más fácil pasar por «la puerta ancha que conduce a la destrucción» y seguir sin poner límites donde son necesarios. Pero el resultado será siempre el mismo: la destrucción. Solo una vida honrada y con sentido da buenos frutos. Decidirse a poner límites es difícil porque requiere decisión y enfrentamiento y a su vez, algún ser querido puede sentirse agraviado.

Necesitamos evaluar el dolor causado por nuestras decisiones y sentir empatía. Tomemos el caso de Sandy: esta optó por ir a esquiar con sus amigos en lugar de pasar las fiestas navideñas con su familia. Su madre se entristeció y desilusionó, pero esto no le afectó. La decisión de Sandy le causó tristeza, pero la tristeza no debería hacer cambiar de opinión a Sandy. Esta podría responder cariñosamente al dolor de su madre: «Mamá, yo también siento que no podamos pasar juntas. Ya te visitaré en el verano.»

Si la madre de Sandy respetara su libertad de elección, diría algo así: «Estoy muy desilusionada porque no vendrás para Navidad, pero espero que lo pases en grande.» Se haría cargo de su desilusión y respetaría la decisión de Sandy de pasar un tiempo con sus amigos.

Causamos dolor cuando elegimos lo que a otros no les gusta, pero también causamos dolor cuando enfrentamos a las personas cuando están equivocados. Pero si no manifestamos nuestro enojo con otra persona, el resentimiento y el odio pueden invadirnos. Necesitamos ser sinceros con otros sobre como nos sentimos heridos. «Hable cada uno a su prójimo con la verdad, porque todos somos miembros de un mismo cuerpo» (Efesios 4:25).

Como el hierro afila al hierro, necesitamos enfrentamiento y verdad de otros para crecer. A nadie le gusta oír cosas negativas sobre su persona. Pero, a la larga, pueden ser beneficiosas. La Biblia dice que si somos sabios, aprenderemos de ellas. La amonestación de un amigo puede causarnos dolor, pero también puede ayudarnos.

Necesitamos evaluar el dolor que nuestro enfrentamiento ocasionará en otros. Necesitamos ver cómo ese dolor les ayudará y cómo puede ser lo mejor que podemos hacer por ellos y por la relación. Necesitamos evaluar el dolor positivamente.

Séptima ley: La proactividad

Cada acción provoca una reacción igual y contraria. Pablo dice que la ira y las pasiones pecaminosas son una reacción directa de la severidad de la ley (Romanos 4:15; 5:20; 7:5). En Efesios y

Colosenses nos dice que el enojo y el desánimo pueden ser reacciones a la injusticia de los padres (Efesios 6:4; Colosenses 3:21).

Conocemos a muchos que después de años de ser pasivos y complacientes, de pronto explotan para sorpresa de todos. Culpamos a su consejero o a sus amistades.

En realidad, se han pasado años complaciendo y finalmente les explota toda el enojo acumulado. Esta fase reactiva en la creación de límites es beneficiosa, en especial para las víctimas. Necesitan salir de su estado de víctimas impotentes, resultado del abuso físico o sexual, o por manipulación y extorsión emocional. Deberíamos aplaudir su emancipación.

Pero, ¿cuándo es suficiente? Las fases de reacción son *necesarias pero no suficientes* para el establecimiento de límites. Para un niño de dos años es crucial tirarle guisantes a su madre, pero seguir haciéndolo hasta los cuarenta y tres años es demasiado. También es crucial que las víctimas de abuso sientan la rabia y el odio de ser impotentes, pero gritar por «los derechos de las víctimas» por el resto de sus vidas es quedarse en una «mentalidad de víctima».

Desde el punto de vista de las emociones, la posición reactiva trae ganancias decrecientes. Deben reaccionar para encontrar sus límites, pero una vez que los encuentren, no deben valerse «de esa libertad para dar rienda suelta a sus pasiones... Si siguen mordiéndose y devorándose, tengan cuidado, no sea que acaben por destruirse unos a otros» (Gálatas 5:13,15). En algún momento deberán reconciliarse con el género humano contra la que reaccionaron, y establecer lazos entre iguales, amando al prójimo como a sí mismo.

Es el comienzo del establecimiento de límites *proactivos*, en lugar de reactivos. Podrán ahora utilizar la libertad generada por la reacción para amar, disfrutar y servirse unos a otros. Las personas proactivas manifiestan lo que aman, lo que desean, lo que pretenden, y las opiniones que sustentan. Son muy distintas de las personas que se conocen por lo que odian, lo que no les agrada, por lo que se oponen, y por lo que nunca harán.

Mientras que las víctimas reactivas son conocidas principalmente por sus actitudes «en contra de», las personas proactivas no reclaman sus derechos, *los viven*. El poder no se exige o se merece, se expresa. La máxima expresión del poder es el amor: la facultad de reprimirlo, no de ejercerlo. Las personas proactivas son capaces de «amar al otro como a uno mismo». Se respetan mutuamente. Saben «morir a su yo» y no «devolver mal por mal». Han superado la actitud reactiva de la ley y pueden amar en lugar de reaccionar.

Escuche las palabras de Jesús al comparar la persona reactiva controlada por la ley y por los otros, con la persona libre: «Ustedes han oído que se dijo: "Ojo por ojo y diente por diente." Pero yo les digo: No resistan al que les haga mal. Si alguien te da una bofetada en la mejilla derecha, vuélvele también la otra» (Mateo 5:38-39).

No intente alcanzar la libertad sin vivir el período y los sentimientos reactivos. No es necesario poner esto en práctica, pero sí es necesario poder expresar los sentimientos. Es necesario practicar y ganar agresividad. Es necesario alejarse lo suficiente de las personas abusivas para cercar nuestra propiedad contra futuras invasiones. Luego, es necesario reconocer los tesoros que encontrará en su alma.

Pero no se quede ahí. Ser adultos espirituales es más que «encontrarse a uno mismo». La etapa reactiva es solo una etapa, no una identidad. Es una condición necesaria, pero no suficiente.

Octava ley: La envidia

El Nuevo Testamento tiene palabras duras para el corazón envidioso. Recuerde a Santiago: «Desean algo y no lo consiguen. Matan y sienten envidia, y no pueden obtener lo que quieren. Riñen y se hacen la guerra» (Santiago 4:2).

¿Qué tiene que ver la envidia con los límites? La envidia es posiblemente una de nuestras emociones más viles. Fue el pecado de Satanás, resultado directo de la caída. La Biblia dice que deseó «ser como el Altísimo». Tuvo envidia de Dios. Posteriormente, tentó a Adán y Eva con la misma idea diciéndoles que ellos también serían como Dios. Satanás y nuestros primeros padres, Adán y Eva, no estaban satisfechos con lo que eran y con lo que legítimamente podían ser. Deseaban lo que no tenían, y eso los destruyó.

La envidia define «el bien» como «lo que no poseo», y odia el bien que tiene. ¿Cuántas veces ha escuchado a alguien sutilmente diminuir los logros de los demás, de algún modo despojándolos de lo bueno que han logrado. Todos tenemos un componente de envidia en nuestra personalidad. Pero este pecado tiene un carácter muy destructivo porque garantiza que nunca obtendremos lo que deseamos y perpetúa la insaciabilidad y la insatisfacción.

No quiere decir que esté mal desear cosas que no tenemos. Dios ha dicho que cumplirá los deseos de nuestro corazón. El problema de la envidia es que dirige nuestra mirada a los demás, fuera de nuestros límites. Si nos concentramos en lo que otros tienen o han logrado, estamos descuidando nuestras responsabilidades y acabaremos con un corazón vacío. Aprecie la diferencia en Gálatas 6:4: «Cada cual examine su propia conducta; y si tiene algo de qué presumir, que no se compare con nadie.»

La envidia es un ciclo que se perpetúa automáticamente. Las personas sin límites se siente vacías e insatisfechas. Observan el sentido de satisfacción en otros y sienten envidia. Deberían usar ese tiempo y esa energía en asumir la responsabilidad de sus limitaciones y hacer algo al respecto. La única salida es la acción. «No tienen porque no piden.» Y la Biblia agrega: «Porque no trabajan.» No solo envidiamos las posesiones y los logros. Podemos envidiar el carácter de una persona y su personalidad, en lugar de cultivar los dones que Dios nos ha dado (Romanos 12:6).

Considere las siguientes situaciones:

Una persona solitaria vive aislada y envidia las relaciones íntimas de los demás.

Una mujer soltera rehuye la vida social, y envidia los matrimonios y familias de sus amigas.

Una mujer de mediana edad siente que no progresa en su carrera y quiere dedicarse a algo que disfrute más; sin embargo, siempre tiene un «sí, pero... » para explicar por qué no puede, está resentida y envidia a los que «sí lo hacen».

Una persona elige vivir con rectitud, pero siente resentimiento y envidia hacia «esos que sí se divierten».

Todas estas personas no reconocen sus propias conductas (Gálatas 6:4) y se comparan con los demás, están estancadas y resentidas. Aprecie la diferencia entre esas afirmaciones y las siguientes:

Una persona solitaria reconoce su falta de relaciones y se pregunta a sí mismo y a Dios: «Me pregunto por qué siempre rehuyo la gente. Por lo menos, debería ir y hablar con un consejero sobre esto. Incluso si las situaciones sociales me atemorizan, podría buscar ayuda. Nadie debería vivir así. Llamaré a alguien.»

La mujer soltera se pregunta: «¿Por qué nadie me invita, o porque nadie quiere salir conmigo? ¿Qué estoy haciendo mal, o cómo me comunico, o dónde voy a encontrarme con gente? ¿Cómo puedo ser una persona más interesante? Podría unirme a un grupo de terapia y descubrir el porqué o podría suscribirme a un servicio de citas para encontrar personas con intereses similares a los míos.»

La mujer de mediana edad se pregunta: «¿Por qué soy tan reacia a hacer lo que me interesa? ¿Por qué me siento egoísta cuando quiero dejar mi trabajo para hacer algo que disfrute más? ¿A qué le tengo miedo? Si fuera verdaderamente sincera, debo admitir que quienes hacen lo que les gusta han tenido que arriesgarse y a veces trabajar y estudiar para cambiar de ocupación. Quizá solo es que yo no estoy dispuesta a hacer tanto.»

La persona recta se pregunta: «¿Si realmente "opté" por amar y servir a Dios, por qué me siento como un esclavo? ¿Qué está mal en mi vida espiritual? ¿Qué tengo que envidio a los que viven en los barrios bajos?

Estas personas se cuestionan a sí mismas en vez de envidiar a lo demás. La envidia debería ser siempre una señal para usted de que le falta algo. En ese momento, debería pedirle a Dios que lo ayude a comprender por lo que se resiente, por qué no tiene lo que envidia, y si verdaderamente lo desea. Pídale que le muestre lo que necesita hacer para conseguirlo, o para dejar de desearlo.

Novena ley: La actividad

Los seres humanos responden y son iniciadores. Muchas veces tenemos problemas de límites por falta de iniciativa: la facultad que Dios nos ha dado para impulsarnos en la vida. Respondemos a las invitaciones y nos esforzamos en la vida.

Los mejores límites se forman cuando el niño ejerce presión naturalmente en el mundo y el mundo exterior le fija los límites. De esa manera, el niño agresivo aprende límites sin perder su espíritu. Nuestro bienestar espiritual y emocional dependen de tener este espíritu.

Considere el contraste de la parábola de los talentos. Tuvieron éxito los activos y emprendedores. *Tomaron la iniciativa y se esforzaron*. Perdió el pasivo e inactivo.

Es triste constatar que muchas personas pasivas no son inherentemente maliciosas o malas. Pero el mal es una fuerza activa, y la pasividad puede convertirse en aliada del mal si no ejercemos presión en su contra. La pasividad nunca da resultados positivos. Dios podrá igualar nuestro esfuerzo, pero nunca trabajará por nosotros. Eso sería invadir nuestros límites. Desea que seamos emprendedores y activos, buscando y golpeando la puerta de la vida.

Sabemos que Dios no es malo con las personas que tienen miedo; la Escritura está llena de ejemplos de su compasión. Pero no propicia la pasividad. El siervo «malo y perezoso» fue pasivo;

no lo intentó. La gracia de Dios cubre el fracaso, pero no compensa la pasividad. Debemos cumplir con nuestra parte.

El pecado que Dios castiga no es fracasar en el intento, es no intentar. Para aprender hay que intentar, fracasar e intentar de nuevo. No da buen resultado quedarse sin intentar. Triunfará el mal. En Hebreos 10:38-39, Dios expresa su opinión sobre la pasividad: «Pero mi justo vivirá por la fe. Y si se vuelve atrás, no será de mi agrado. Pero nosotros no somos de los que se vuelven atrás y acaban por perderse, sino de los que tienen fe y preservan su vida.» A Dios le resulta intolerable el «volverse atrás» pasivamente, y si comprendemos lo destructivo que es para el alma, podremos entender por qué Dios no lo tolera. Dios quiere que «preservemos nuestras vidas». Los límites desempeñan ese papel: definen y preservan nuestra propiedad, nuestra vida.

Me han dicho que cuando el pichón está por salir de su cascarón, si alguien rompe el huevo para el pájaro, el pichón se muere. El pichón debe picotear el cascarón para salir al mundo. Este «ejercicio» emprendedor lo fortalece, permitiéndole sobrevivir en el mundo exterior. Si se le quita esa responsabilidad, se muere.

Dios nos ha hecho de la misma manera. Si él nos «rompe el cascarón» (hace nuestro trabajo e invade nuestros límites), moriremos. No debemos volvernos atrás pasivamente. Nuestros límites se crean siendo activos y enérgicos, cuando pedimos, buscamos y golpeamos a la puerta (Mateo 7:7-8).

Décima ley: La exposición

Un límite es un lindero. Define dónde comenzamos y dónde acabamos. Hemos discutido la necesidad de estos linderos. Hay un motivo que se destaca: no existimos en el vacío. Existimos en relación con Dios y con los demás. Los límites nos definen en relación con los demás.

Todo el concepto de límites se basa en el hecho de que existimos en relaciones. Por lo tanto, los límites se refieren a las relaciones y, en última instancia, al amor. De ahí la importancia de la ley de la exposición.

La ley de la exposición dice que en una relación nuestros límites deben ser visibles y deben comunicarse a los demás en la relación. Podemos tener problemas de límites debido a temores relacionales. Estamos acosados por temores: de culpa, de no ser queridos, de perder el amor, de perder los vínculos afectivos, de no ser apreciados, de que se enojen con nosotros, de ser conocidos, y otros más. Son defectos en el amor; el plan de Dios es que aprendamos a amar. Estos problemas relacionales solo pueden solucionarse en una relación, porque ese es el contexto del problema: la existencia espiritual.

Por causa de estos temores intentamos tener límites secretos. Nos distanciamos pasiva y calladamente de un ser querido en vez de expresar un no directo. Secretamente estamos resentidos, pero no le decimos que estamos enojados porque nos ha lastimado. Muchas veces soportaremos el dolor en privado por la falta de responsabilidad de otro, en vez de decirle a esa persona cómo su comportamiento nos afecta a nosotros y a otros seres queridos; el saber esto podría ser positivo para el alma de esas personas.

En otras situaciones, un cónyuge siempre estará de acuerdo con su compañero, sin demostrarle sus sentimientos u opiniones durante veinte años, y luego, de un día para otro, «expresará» sus límites al solicitar el divorcio. O los padres «amarán» a sus hijos al ceder una y otra vez durante años, sin poner límites, y resentidos por el amor que expresan. Los hijos crecerán sin sentirse amados debido a la falta de sinceridad; sus padres confundidos pensarán: «Después de todo lo que hicimos.»

En estas circunstancias, la relación sufre debido a límites no explícitos. Es importante recordar que los límites existen y que nos afectarán, los expresemos o no. De la misma manera que el extraterrestre sufrió por no conocer las leyes de la Tierra, hemos de sufrir por no comunicar la realidad de nuestros límites. Si no verbalizamos nuestros límites y los exponemos directamente, los expresaremos indirectamente o a través de la manipulación.

La Biblia se refiere a este asunto en varias oportunidades. En palabras de Pablo: «Por lo tanto, dejando la mentira, hable cada uno a su prójimo con la verdad, porque todos somos miembros de un mismo cuerpo. "Si se enojan, no pequen." No dejen que el sol se ponga estando aún enojados» (Efesios 4:25-26). El mandamiento bíblico es *a ser sinceros* y *caminar en la luz*. Continúa: «Pero todo lo que la luz pone al descubierto se hace visible, porque la luz es lo que hace que todo sea visible. Por eso se dice: "Despiértate, tú que duermes, levántate de entre los muertos, y te alumbrará Cristo"» (Efesios 5:13-14).

En varias ocasiones la Biblia nos habla de permanecer en la luz y de la luz como el único lugar donde tenemos acceso a Dios y a los demás. Pero por causa de nuestros temores escondemos algunas de nuestras facetas en la oscuridad, dándole oportunidad al maligno. Cuando nuestros límites están en la luz, o sea, son explícitos, nuestras personalidades comienzan a integrarse por primera vez. Se hacen «visibles» según Pablo, y se convierten en luz. Son transformados y cambiados. La sanidad siempre ocurre donde hay luz.

David lo expresa con las siguientes palabras: «Yo sé que tú amas la verdad en lo íntimo; en lo secreto me has enseñado sabiduría» (Salmo 51:6). Dios quiere verdaderas relaciones con nosotros y quiere que tengamos verdaderas relaciones con los demás. Una relación verdadera significa que yo estoy en la luz, así como mis límites y otras facetas difíciles de expresar. El pecado afecta nuestros límites; no «dan en el blanco», y necesitan ser expuestos a la luz para que Dios los pueda sanar y otros puedan beneficiarse. Este es el camino del amor verdadero: comunicar los límites explícitamente.

Recuerde la historia del extraterrestre. Las buenas nuevas son que cuando Dios nos trae a una tierra extraña, no nos deja sin enseñanza. Rescató a su pueblo de los egipcios, pero les enseñó sus principios y sus caminos. Estos probaron ser vida para ellos. Pero tuvieron que aprenderlos, practicarlos y pelear muchas batallas para incorporar estos principios de fe.

Posiblemente Dios también lo haya liberado de la esclavitud: una familia disfuncional, el mundo, su propia justicia religiosa, o hábitos disolutos por estar perdido. Él ha sido su Redentor. Pero es necesario que tome posesión de lo que él ha provisto. Lo ha traído a una tierra con determinadas realidades y principios. Apréndalas de su Palabra y encontrará que su reino es un maravilloso lugar para vivir.

6

Mitos comunes sobre los límites

Un mito puede definirse como una ficción que parece verdad. Puede parecer tan verdadero que los cristianos lo creerán automáticamente. Algunos provienen de nuestras circunstancias familiares. Otros provienen de nuestra iglesia o tradición teológica. Y otros provienen de nuestras propias interpretaciones erróneas. Sea cual fuere su origen, escudriñe en oración estas «seudoverdades».

Mito 1: Si pongo límites, soy egoísta

«Un momento», dijo Teresa, sacudiendo su cabeza, «¿cómo puedo poner límites a quienes me necesitan? ¿Acaso no estaría viviendo para mí y no para Dios?»

Teresa estaba articulando una las objeciones más importantes que los cristianos expresan con respecto a la puesta de límites: un temor muy sentido a ser egocéntricos, interesados únicamente en sus asuntos y no en los de otros.

Es completamente cierto que debemos ser un pueblo que ama: interesados en el bienestar de los demás. Es más, *el amor mutuo es el sello distintivo de los cristianos* (Juan 13:35).

Pero, en lugar de interesarnos por los demás, los límites nos convierten en egocéntricos ¿verdad? En absoluto. *Los límites adecuados en realidad aumentan nuestra capacidad para dedicarnos a otros*. Las personas con límites bien desarrollados son las más solícitas.

Primero, cabe diferenciar *egoísmo* de *mayordomía*. El egoísmo implica una fijación en nuestros deseos y anhelos, en detrimento de nuestra responsabilidad de amar a los demás. Si bien Dios nos ha dado deseos y anhelos (Proverbios 13:4), debemos mantenerlos a raya con responsabilidad y metas sanas.

Para empezar, podría ser que no *deseemos* lo que *necesitamos*. El Sr. Indiferente puede necesitar desesperadamente ayuda para su sordera. Pero puede no desearla. Dios está más interesado en satisfacer nuestras necesidades que en cumplir nuestros deseos. Por ejemplo, no cumplió con el deseo de Pablo de librarlo de la «espina clavada en el cuerpo» (2 Corintios 12:7-10). Pero, al mismo tiempo, satisfizo las necesidades de Pablo hasta el punto que Pablo se sentía contento y satisfecho:

«Sé lo que es vivir en la pobreza, y lo que es vivir en la abundancia. He aprendido a vivir en todas y cada una de las circunstancias, tanto a quedar saciado como a pasar hambre, a tener de sobra como a sufrir escasez. Todo lo puedo en Cristo que me fortalece.» (Filipenses 4:12-13)

El cristiano con miedo a fijar límites puede sentirse fortalecido al saber que Dios proveerá todas las necesidades. «Así que mi Dios les proveerá de todo lo que necesiten, conforme a las gloriosas riquezas que tienen en Cristo Jesús» (Filipenses 4:19). Al mismo tiempo, Dios no convierte todos nuestros deseos y anhelos en «completamente malos», sino que cumplirá muchos de ellos.

Nuestras necesidades son nuestra responsabilidad

Incluso si contamos con la ayuda de Dios, es importante recordar que satisfacer nuestras necesidades es fundamentalmente trabajo *nuestro*. No sirve esperar pasivamente hasta que otro se encargue de nosotros. Jesús nos mandó: «Pidan ... Busquen ... llamen» (Mateo 7:7). «Lleven a cabo su salvación con temor y temblor» (Filipenses 2:12). Aunque sepan que «Dios es quien produce en ustedes ... el hacer» (Filipenses 2:13), somos responsabilidad nuestra.

Este cuadro es muy distinto al que muchos estamos acostumbrados. Algunos individuos consideran que sus necesidades son malas, egoístas y, a lo sumo, un lujo. Otros consideran que son algo que Dios o los demás deben proveer. Pero la imagen bíblica es clara: nuestras vidas son responsabilidad nuestra.

Al final de nuestros días, esta verdad se vuelve cristalina como el agua porque «es necesario que todos comparezcamos ante el tribunal de Cristo, para que cada uno reciba lo que le corresponda, según lo bueno o malo que haya hecho mientras vivió en el cuerpo» (2 Corintios 5:10). Cabe reflexionar sobre este pensamiento.

Mayordomía

En la puesta de límites conviene comprender que nuestras vidas son un regalo divino. Así como el gerente de una tienda la administra bien para el dueño, hemos de hacer lo mismo con nuestras almas. Si debido a la falta de límites administramos mal la tienda, el dueño tiene derecho a no estar conforme.

Debemos desarrollar nuestras vidas, capacidades, sentimientos, pensamientos y conductas. Nuestro crecimiento espiritual y emocional es el «interés ganancial» de Dios en nuestras vidas. Cuando decimos que no a la gente y actividades perjudiciales, estamos protegiendo la inversión de Dios. Resulta evidente que egoísmo y mayordomía son muy diferentes.

Mito 2: Los límites son indicio de desobediencia

Muchos cristianos temen que poner y mantener límites es indicio de rebelión, o desobediencia. En los ámbitos religiosos suelen circular afirmaciones tales como «tu falta de voluntad para apoyar nuestros programas muestra que tienes un corazón insensible.» Este mito atrapa a un sinnúmero de personas en un sinfín de actividades sin auténtico valor espiritual o emocional.

La verdad cambia vidas: una *carencia* de límites suele ser indicio de desobediencia. Las personas con límites precarios suelen ser exteriormente complacientes, pero rebeldes y resentidas por dentro. Les gustaría ser capaces de decir que no, pero tienen miedo; ocultan su miedo con un sí poco entusiasta, como lo hizo Barry.

Barry ya estaba por subir a su auto después del culto, cuando Ken lo alcanzó. *Otra vez*, pensó Barry. *Quizá todavía me puedo librar de esta.*

—¡Barry! —retumbó la voz de Ken—. ¡Me alegra agarrarte!

Ken, encargado de los estudios bíblicos para solteros, era un reclutador comprometido con los estudios que presidía; sin embargo, solía ser insensible al hecho de que no todo el mundo quería asistir a sus reuniones.

—¿Para cuál estudio quieres que te anote, Barry? ¿Profecía, evangelización o Marcos?

Barry pensó desesperadamente. *Le podría decir «Ninguno me interesa. No me llames; yo te llamaré.» Pero es el principal encargado del grupo de solteros. Podría poner en peligro mis relaciones con el resto del grupo. Me pregunto cuál curso será el más corto.*

—¿El de profecía? —adivinó Barry. Adivinó mal.

—¡Sensacional! ¡Vamos a estar estudiando los tiempos postreros durante los próximos dieciocho meses! Te veo el lunes —dijo Ken y se alejó triunfante.

Consideremos lo que acaba de suceder. Barry evitó decirle que no a Ken. A primera vista, parecería que optó por obedecer. Se comprometió con un estudio bíblico. Eso está bien, ¿no es cierto? Por supuesto.

Pero, piénselo dos veces. ¿Por qué no pudo Barry decirle que no a Ken? ¿Cuáles fueron sus «pensamientos e intenciones del corazón» (Hebreos 4:12)? El temor. Barry temía la influencia política de Ken en el grupo de solteros. Temía perder sus amistades si defraudaba a Ken.

¿Por qué es esto importante? Porque ilustra un principio bíblico: *un no interior invalida un sí exterior.* A Dios le interesa más nuestro corazón que nuestra complacencia exterior: «Lo que pido de ustedes es amor y no sacrificios, conocimiento de Dios y no holocaustos» (Oseas 6:6).

En otras palabras, si le decimos a Dios o a quien sea que sí cuando queremos decir no, nos colocamos en un estado de *complacencia*; que es lo mismo que mentir. Nuestros labios dicen que sí, pero nuestro corazón (y nuestro desgano) dice que no. ¿Podrá Barry realmente cumplir un año y medio en el grupo de estudio bíblico de Ken? De seguro que surgirá alguna prioridad que saboteará el compromiso de Barry, y abandonará el grupo; pero no le dirá el verdadero motivo a Ken.

Consideremos este mito de que los límites son indicio de desobediencia con la siguiente pauta: *Si no podemos decir que no, tampoco podemos decir que sí.* ¿Por qué? Debido a nuestras motivaciones para obedecer, para amar y tener responsabilidad. Nuestro sí debe ser de todo corazón. Si obedece al temor, no amamos.

La Biblia nos enseña cómo ser obedientes: «Cada uno debe dar *según lo que haya decidido en su corazón, no de mala gana ni por obligación*, porque Dios ama al que da *con alegría*» (2 Corintios 9:7, subrayado nuestro).

Considere las dos primeras manera de dar: «de mala gana» y «por obligación». Ambas son por temor, a una persona de carne y hueso o a una conciencia culpable. El amor es incompatible con estos motivos, porque «el amor perfecto echa fuera el temor» (1 Juan 4:18). Cada uno debe dar según lo que haya decidido. Cuando tenemos miedo a decir que no, comprometemos nuestro sí.

A Dios no le interesa que le obedezcamos por temor porque «el que teme espera el castigo, así que no ha sido perfeccionado en el amor» (1 Juan 4:18). Dios desea una respuesta de amor.

¿Son los límites indicio de desobediencia? Pudiera ser. Podemos rechazar lo bueno por motivos equivocados. Pero tener un «no» nos ayuda a pensar con más claridad, a ser sinceros, a decir la verdad sobre nuestras motivaciones; para dejar que Dios obre en nosotros. Este proceso no puede cumplirse en un corazón temeroso.

Mito 3: Si comienzo a poner límites, me lastimarán

Debbie, casi siempre la más callada en el grupo femenino de estudio bíblico, hizo oír su voz. El tema de la tarde era «resolución de conflictos según la Biblia», y no pudo permanecer callada un segundo más. «Sé cómo presentar los hechos y dar argumentos para respaldar mi opinión de manera amable. Pero ¡mi esposo me deja plantada si le digo que no estoy de acuerdo con algo! Ahora bien, ¿qué puedo hacer?»

La inquietud de Debbie es común a muchos. Realmente cree en los límites, pero le aterran las consecuencias.

¿Es posible que otra persona se enfade con nosotros debido a nuestros límites y nos ataque o se retraiga? Por supuesto. Dios nunca nos dio el poder o el derecho a controlar cómo los demás reaccionan a nuestro no. Algunos lo aceptarán; otros lo aborrecerán.

Jesús le dijo al joven rico una cruda verdad sobre la vida eterna. Como el hombre adoraba el dinero, Jesús entendió que debía deshacerse de sus riquezas, para que Dios pudiera entrar en su corazón. Los resultados no fueron alentadores: «Cuando el joven oyó esto, se fue triste porque tenía muchas riquezas» (Mateo 19:22).

Jesús podría haber manipulado las circunstancias para que no fueran tan drásticas. Podría haber dicho: «Digamos, ¿qué tal un noventa por ciento?» Después de todo, es Dios: ¡Él pone las reglas! Pero no lo hizo. Sabía que el joven tenía que saber a quién adorar. Lo dejó irse.

Nosotros no podemos hacer menos. No podemos manipular a las personas haciéndoles llevaderos nuestros límites. *Los límites son una «prueba de tornasol» para medir la calidad de nuestras relaciones*. En nuestras vidas, las personas que respeten nuestros límites amarán nuestra voluntad, opiniones e individualidad. Quienes no respetan nuestros límites nos están diciendo que no nos aman. Sólo aman nuestro sí, nuestra complacencia.

Cuando Jesús dijo: «¡Ay de ustedes cuando todos lo elogien! Dense cuenta de que los antepasados de esta gente trataron así a los falsos profetas» (Lucas 6:26), estaba diciendo: «No sean aduladores. No sean pacificadores crónicos.» Si todos están encantados con lo que usted dice, lo más probable es que está falseando la verdad.

Poner límites implica decir la verdad. La Biblia hace una clara diferencia entre los que aman la verdad y los que no. Por un lado tenemos la persona que de buen grado recibe nuestros límites: los acepta, los escucha, dice: «Me alegra que no pienses lo mismo. Me hace sentir mejor.» Esta persona es *recta*, es *justa*.

La otra clase de persona detesta los límites: resiente su diferencia, intenta manipularlo para que le entregue sus tesoros. Haga la «prueba de tornasol» con sus relaciones más allegadas. Dígales que no en algo. La unión se estrechará, o se dará cuenta que no había mucho desde un principio.

¿Qué debe hacer Debbie, cuyo esposo es un «rompe límites» confeso? ¿Cumplirá la amenaza de irse y dejarla? Pudiera ser. No podemos controlar al otro. Pero si lo único que conserva al esposo de Debbie en casa es la complacencia de ella, ¿es esto un matrimonio? ¿Cuándo enfrentarán alguna vez los problemas si tanto ella como él los evaden?

¿Acaso los límites de Debbie la condenan a una vida aislada? Por supuesto que no. Si por decir la verdad alguien nos deja, es una oportunidad para que la iglesia provea el apoyo y sirva de «hogar» emocional y espiritual para la persona abandonada.

De ninguna manera estamos defendiendo el divorcio. La cuestión es que no podemos obligar a nadie a quedarse a nuestro lado y amarnos. En última instancia, es una decisión de su compañero o compañera. En ocasiones, el fijar límites sirve para dejar claramente en evidencia que lo dejaron hace mucho tiempo, posiblemente, en todo sentido excepto físicamente. Una crisis de este tipo suele ayudar a la pareja en dificultades a reconciliarse y rehacer su relación conyugal más bíblicamente. Una vez planteado el problema es posible solucionarlo.

Advertencia: al desarrollar los límites, el cónyuge sin límites inicia un cambio en la relación matrimonial. Habrá más desavenencias. Habrá más conflictos sobre los valores, los horarios, el dinero, los hijos y el sexo. La mayoría de las veces, sin embargo, los límites ayudarán al cónyuge descontrolado a sentir suficiente dolor para motivarlo o motivarla a aceptar más responsabilidad en la pareja. Muchos matrimonios salen fortalecidos después de la puesta de límites porque la otra parte comienza a extrañar la relación.

¿Seremos abandonados o atacados por tener límites? Sí. Es mejor conocer su carácter y tomar medidas para arreglar el problema que vivir desconociéndolo.

Primero: los vínculos afectivos; segundo: los límites

Gina escuchó atentamente a su orientador planteándole sus problemas de límites: «Todo parece tener sentido ahora», dijo mientras terminaba la consulta. «Puedo ver los cambios que voy a tener que hacer.»

La siguiente sesión fue muy distinta. Entró en la oficina derrotada y dolida. «Estos límites no son lo que creí», dijo apesadumbrada. «Esta semana me enfrenté a mi marido, a mis hijos, a mis padres y a mis amigos y les dije que no respetaban mis límites. Solo he conseguido que ahora nadie me dirija la palabra.»

¿Cuál es el problema? Gina se metió de cabeza en la tarea de poner límites, pero se olvidó de encontrar un lugar seguro para esa tarea. No tiene sentido ganarse la antipatía de todas las personas importantes para usted. Recuerde que hemos sido creados para relacionarnos. Necesitamos a las personas. Necesitamos contar con espacios donde vincularnos afectivamente, donde seremos amados incondicionalmente. Solo desde un lugar donde estemos «arraigados y cimentados en amor» (Efesios 3:17) podremos comenzar con paso seguro a aprender a decir la verdad.

Así estará preparado para la resistencia que los demás opondrán a la puesta de límites bíblicos.

Mito 4: Si pongo límites, lastimaré a otros

«Lo peor de decirle que no a mi madre es su "dolor silencioso"», dijo Bárbara. «Dura unos cuarenta y cinco segundos, y se da siempre que le digo que no la puedo ir a visitar. Lo quiebro cuando le pido perdón por ser tan egoísta y fijo una fecha para ir a verla. Entonces, se siente bien. Haría *cualquier cosa* por evitar ese silencio.»

Si pone límites, teme que sus límites lastimen a otro: alguien al que verdaderamente les gustaría ver feliz y realizado:

- el amigo que les pide el auto prestado cuando usted lo necesita
- el pariente en aprietos financieros crónicos que le pide desesperadamente un préstamo
- la persona que le pide apoyo cuando usted mismo no está bien

El asunto es que a veces usted *toma los límites por un arma ofensiva*. No hay nada más alejado de la verdad. *Los límites son un arma defensiva*. Los límites apropiados no controlan, ni atacan ni lastiman a nadie. Solo protegen los tesoros de ser robados. Decirle que no a un adulto, con responsabilidad para satisfacer sus propias necesidades, puede causarle alguna molestia. Tendrá que buscar en otro sitio. Pero nadie saldrá herido.

Este principio no se aplica solamente a quienes les gustaría manipularnos y controlarnos. También se aplica a las necesidades legítimas de los demás. Incluso cuando alguien tiene una dificultad valedera, hay momentos cuando no podemos sacrificarnos por uno u otro motivo. Jesús se alejó de las multitudes, por ejemplo, para estar a solas con su Padre (Mateo 14:22-23). En dichas situaciones, debemos permitir que cada uno asuma su responsabilidad y cargue su «mochila» (Gálatas 6:5) o que busque en otro lado donde satisfacer sus necesidades.

Este es un punto crucial. Todos necesitamos algo más que a Dios y a un mejor amigo. Necesitamos un conjunto de relaciones de apoyo. Por una sencilla razón: tener más de una persona en nuestra vida permite que nuestros amigos sean humanos, que estén ocupados, que no siempre estén disponibles, que sufran y tengan problemas propios, que dispongan de tiempo para estar a solas.

De ese modo, cuando no podemos contar con una persona, tendremos otro número telefónico para llamar, otra persona que nos pueda dar algo; y no quedaremos cautivos de los conflictos de horario de una sola persona.

Esta es la belleza de la enseñanza bíblica sobre la iglesia, el cuerpo de Cristo. Somos unos pecadores irregulares, con baches, incompletos, que pedimos ayuda y brindamos ayuda, que volvemos a pedir ayuda y la volvemos a brindar. Cuando nuestra red de apoyo es suficientemente fuerte, nos ayudamos mutuamente a madurar como Dios quiere: «Tolerantes unos con otros en amor, [esforzándonos] por mantener la unidad del Espíritu mediante el vínculo de la paz» (Efesios 4:2-3).

Cuando hemos asumido la responsabilidad de cultivar varias relaciones de apoyo, de esta manera bíblica, podemos aceptar que nos digan que no. ¿Por qué? Porque tenemos donde acudir.

Recuerden que Dios no tuvo ningún problema en hacerle saber a Pablo que no lo libraría de su espina. ¡Nos dice que no bastante a menudo! A Dios no le preocupa que sus límites nos lastimen. Sabe que debemos asumir la responsabilidad de nuestras vidas, cuando nos dice no, nos ayuda precisamente a asumirla.

Mito 5: Poner límites significa que estoy enojado

Brenda por fin había juntado el coraje para decirle a su jefe que si no le pagaba horas extra, no iba a trabajar más los fines de semana. Había solicitado una reunión, y le había ido bien. Su jefe había sido comprensivo, y la situación estaba siendo solucionada. Todo había salido bien, excepto por dentro.

Comenzó de manera bastante inocua. Brenda había listado los puntos con respecto a su situación laboral y había presentado sus puntos de vista y sugerencias. Pero por la mitad de su presentación, había sido sorprendida por una sensación de rabia gestándose por dentro. Sus sentimientos de ira e injusticia habían sido difíciles de disimular. Se le habían colado en un par de comentarios sarcásticos sobre «el golf de los viernes» de su jefe; comentarios que Brenda no había tenido la más mínima intención de hacer.

Sentada en su escritorio, Brenda estaba confundida. ¿De dónde había salido tanta ira? ¿Era ella «esa clase de persona»? Posiblemente la culpa fuera de esos límites que había estado poniendo.

Es un secreto a voces que muchas veces cuando las personas comienzan a decir la verdad, a poner límites, a asumir responsabilidad, un «nubarrón de enojo» se cierne sobre ellas por un tiempo. Se vuelven muy susceptibles y fácilmente se ofenden; descubren que pierden los estribos con tanta facilidad que las asusta. Sus amistades comentan: «Ya no eres la persona amable y agradable que conocíamos.» La culpa y la vergüenza que estos comentarios generan los pueden confundir aún más.

¿Acaso los límites generan ira? De ningún modo. Este mito es una interpretación equivocada de las emociones en general, y de la ira en particular. Las emociones, o los sentimientos, cumplen una función. Nos dicen algo. Son una señal.

Nuestras emociones «negativas» nos dicen cosas: el temor nos advierte del peligro, nos dice que debemos tener cuidado; la tristeza nos dice que hemos perdido algo, una relación, una oportunidad, una idea. La ira también es una señal. Como el temor, la ira nos advierte del peligro. Sin embargo, en lugar de estimularnos a retirarnos, la ira nos indica que debemos avanzar para enfrentar la amenaza. La rabia de Jesús cuando el templo fue profanado es un ejemplo de cómo opera este sentimiento (Juan 2:13-17).

La ira nos advierte que se han violado nuestros límites. Funciona como los radares del sistema de defensa de una nación: son un «sistema de alerta temprana», que nos advierte del peligro de ser heridos o controlados.

«¡Por eso es que siento tanta hostilidad hacia los vendedores insistentes!» exclamó Carl. No podía entender por qué le costaba tanto amar a los vendedores que no aceptaban que les dijera que no. Querían invadir sus límites financieros, y la ira de Carl sencillamente estaba cumpliendo su tarea.

La ira también nos da un sentido de poder para solucionar los problemas. Nos proporciona la energía para proteger nuestra persona, a nuestros seres queridos y a nuestros principios. De hecho, una ilustración muy común del Antiguo Testamento es comparar una persona con ira a alguien que «resopla por la nariz».[1] Imagínese un toro en el ruedo, resoplando y dando patadas, acumulando fuerzas para atacar, y lo entenderá.

Sin embargo, al igual que con todas las emociones, la ira no tiene sentido de la oportunidad. La ira no se desvanece automáticamente si el peligro pasó hace dos minutos, ¡o hace veinte años! Debe ser procesada debidamente. De lo contrario, la ira seguirá latente.

Eso explica por qué las personas cuyos límites han sido lesionados se sienten espantadas de la rabia que sienten en su fuero interno cuando comienzan a poner límites. No se trata de «ira nueva», más bien es «ira vieja». Son años de «no» nunca articulados, nunca respetados, nunca atendidos. La protesta contra toda la maldad y violación de nuestras almas está latente dentro de nosotros, esperando poder decir su verdad.

La Escritura nos dice que la tierra tiembla cuando «el siervo llega a ser rey» (Proverbios 30:22). La única diferencia entre el siervo y el rey es que uno no tiene *ninguna opción* y el otro tiene disponibles *todas las opciones*. Cuando se le entrega de pronto mucho poder a una persona que estuvo toda su vida cautiva, se convierte en un tirano furioso. Años de violaciones continuas a los límites generan mucha ira.

Es muy común que las personas cuyos límites han sido lastimados se «pongan al día» con su ira. Necesitan tiempo para examinar pasadas violaciones a sus límites de las que nunca se habían dado cuenta.

La familia de Nathan era la familia perfecta del pequeño pueblo. Sus compañeros lo envidiaban, y le decían: «Tienes suerte de tener padres tan cariñosos —a los míos poco les importa lo que hago.» Sintiendo una gratitud enorme por su familia tan unida, Nathan nunca notó que su familia controlaba muy cuidadosamente las diferencias y desavenencias. Nunca nadie realmente estaba en desacuerdo o defendía sus valores o sentimientos. «Siempre pensé que el conflicto era una pérdida del amor» decía.

No fue hasta que el matrimonio de Nathan comenzó a deteriorarse, que él comenzó a cuestionarse su pasado. Bastante ingenuo, se había casado con una mujer que lo manipulaba y lo controlaba. Después de varios años de casado, se dio cuenta que tenía serios problemas. Pero para su sorpresa, no estaba solo enojado consigo mismo por haberse metido en ese lío, sino que también estaba enojado con sus padres por no darle los instrumentos que le hubieran servido para vivir mejor.

Como verdaderamente amaba la calidez de su familia, donde se crió, Nathan se sentía culpable y desleal cuando recordaba cómo sus intentos por separarse de sus padres y fijar sus propios límites fueron constantes y cariñosamente frustrados. Mamá lloraba porque discutía todo. Papá le decía a Nathan que no le causara disgustos a su madre. Y los límites de Nathan permanecieron inmaduros e inútiles. Cuanto más apreciaba el precio que ahora debía pagar, más rabia sentía. «Hice mis propias opciones en la vida» dijo. «Pero mi vida hubiera sido mucho mejor si me hubiesen enseñado a decir que no a la gente».

¿Nathan se enojó con sus padres para siempre? No, y tampoco debiera usted. A medida que afloren los sentimientos hostiles, tráigalos a la relación. Confiéselos. La Biblia nos dice que, para ser sanados, debemos admitir nuestras limitaciones (Santiago 5:16). Experimente la gracia de Dios a través de quienes lo aman durante su ira. Es el primer paso para superar la ira pasada.

El segundo paso es reparar el alma. Asuma la responsabilidad de sanar los «tesoros» que pueden haber sido violados. En el caso de Nathan, su sentido de autonomía y seguridad personal habían sido muy lesionados. Tuvo que practicar por mucho tiempo para recuperar esos sentidos en sus relaciones primarias. Pero a medida que se iba sanando, menos ira sentía.

Por último, el desarrollo de un sentido de límites bíblicos, aumentará su seguridad presente; aumentará su confianza. El temor a otras personas lo esclavizará menos. En el caso de Nathan: puso mejores límites con su esposa, y su matrimonio mejoró. En la medida que desarrolle mejores límites, tendrá menos necesidad de ira. Se debe a que, en muchos casos, la ira era el único límite que tenía. Una vez que cuenta con su «no» intacto, no tiene más necesidad de esta «alerta de ira». Puede ver cuando se aproxima el mal y sus límites le permiten evitarlo.

No tema la ira que descubre al comenzar el desarrollo de sus límites. Son los antecedentes del alma protestando. Estos antecedentes deben ser revelados, comprendidos y amados por Dios y los demás. Después, asuma la responsabilidad de sanarlos y desarrollar mejores límites.

Los límites disminuyen la ira

Un importante corolario sobre la ira: cuanto más bíblicos sean nuestros límites, ¡menos ira experimentaremos! Los individuos con límites maduros son las personas menos enojadas del mundo. Mientras que los que recién comienzan a trabajar con los límites ven aumentar su ira, esta desaparece cuando los límites crecen y se desarrollan.

¿Cuál es el motivo? Recuerden que la ira funciona como un «sistema de alerta temprana». La sentimos cuando nuestros límites son violados. Si podemos evitar la violación de los límites, la ira es innecesaria. Usted tendrá más control sobre su vida y sus valores.

Tina estaba resentida porque su esposo llegaba todas las noches cuarenta y cinco minutos tarde para la cena. Le daba mucho trabajo mantener la comida caliente, los niños estaban irritables y con hambre, y el horario para el estudio se desbarataba. Las cosas cambiaron, sin embargo, cuando comenzó a servir la cena a su hora, estuviera o no su esposo. Cuando él llegaba a casa tenía que recalentarse las sobras congeladas y comerlas solo. Tres o cuatro de estas «sesiones» fueron suficientes para que el marido de Tina saliera del trabajo más temprano.

Los límites de Tina (comer con los niños a su hora) la ayudaron a no sentirse violada ni víctima. Satisfizo sus necesidades, las necesidades de sus hijos, y dejó de enojarse. El viejo dicho: «No se enfaden. Hagan un ajuste de cuentas» no es correcto. Es mejor decir: «No se enfaden. ¡Pongan un límite!»

Mito 6: Cuando otros ponen límites, me lastiman

«Lo siento, Randy, pero no puedo prestarte ese dinero», dijo Pete. «Es un mal momento para mí.»

Mi mejor amigo, pensó Randy para sí. *Vengo porque tengo necesidad y me rechaza. ¡Qué golpe! Supongo que me sirve para saber qué clase de amistad tenemos en realidad.*

Randy está preparándose para embarcarse en una vida que no acepta los límites de los demás. ¿Por qué? Porque le lastima estar como «receptor». Hasta hizo un voto emocional de que nunca permitiría que otra persona tuviera esa experiencia.

Muchos nos parecemos a Randy. Que alguien responda que no a nuestro pedido de apoyo nos deja un sabor amargo en la boca. Nos sentimos lastimados, rechazados o helados. Nos cuesta concebir que los límites sean útiles y buenos.

No es nada agradable tener que aceptar los límites de los demás. A nadie le agrada escuchar la palabra «no». Veamos por qué es tan difícil aceptar los límites ajenos.

En primer término, *poner límites no apropiados puede ser lesivo, especialmente en la niñez.* Un padre puede lastimar a un hijo por no proporcionarle la cantidad correcta de vínculo emocional en el momento oportuno. Las necesidades emocionales y sicológicas de los niños son responsabilidad de los padres. Cuanto menor sea el niño, menos lugares tiene donde recurrir para satisfacer dichas necesidades. Un padre egocéntrico, inmaduro o dependiente puede lastimar a su hijo por decirle que no cuando no es oportuno.

Los primeros recuerdos de Robert se remontaban a su cuna, solo en su habitación, por horas y horas. Sus padres sencillamente lo dejaban ahí, creyendo que todo estaba bien porque no lloraba. En realidad, ya había pasado la etapa del llanto y tenía una depresión infantil. El no de sus padres le creó un sentido de no ser deseado que lo persiguió hasta la edad adulta.

En segundo término, *proyectamos nuestras lesiones en los demás.* Cuando sentimos dolor, una reacción es «no reconocer» nuestro dolor y volcárselo a otro. Esto se conoce como *proyección*. Con bastante frecuencia, las personas que fueron lastimadas por límites no apropiados en su infancia, volcarán su fragilidad en otros. Sienten el dolor ajeno como propio; por lo tanto, evitan poner límites a los demás porque se imaginan lo doloroso que les resultará a esas personas.

Robert tenía una enorme dificultad para poner límites con respecto a la hora de acostarse de su hija Abby, de tres años. Si ella se ponía a llorar porque no quería ir a la cama, Robert entraba en pánico, pensando: *estoy abandonando a mi hija: me necesita y yo no puedo estar con ella.* En realidad, era un padre maravilloso, que le leía cuentos antes de dormirse, oraban y cantaban canciones juntos. Pero él sentía su propio dolor en las lágrimas de su hija. Las heridas de Robert le impedían poner los límites correctos al deseo de Abby de que se quedara cantando y jugando: hasta el amanecer.

En tercer lugar, *la incapacidad para aceptar los límites ajenos puede reflejar una idolatría*. Kathy se sentía dolida y aislada cuando su esposo no quería conversar de noche. Su silencio le producía un intenso sentimiento de alienación. Comenzó a preguntarse si los límites de su marido la estaban lastimando.

El problema de fondo, más bien, radicaba en la dependencia de Kathy hacia su esposo. Su bienestar emocional dependía de que él estuviera a su lado todo el tiempo. Él tenía que proporcionarle todo lo que sus padres alcohólicos no le habían dado. Cuando él había pasado un mal día y no le quería hablar, el día de Karen se convertía en un desastre.

Si bien nos necesitamos mutuamente, solo Dios es indispensable. Cuando un conflicto con una persona importante en nuestras vidas nos lleva al borde de la desesperación, es posible que estemos colocando a esa persona en el trono que solo le corresponde a Dios. Nunca deberíamos considerar a una persona como la fuente exclusiva del bien. Eso dañará nuestra libertad emocional y espiritual y nuestro desarrollo.

Pregúntense: «Si la persona que no puedo aceptar que me diga que no muriera esta noche, ¿a quién recurriría?» Es fundamental que desarrollemos varias relaciones profundas e íntimas. Esto permitirá que los que nos rodean tengan libertad para decirnos que no sin sentirse culpables, porque tenemos algún otro lugar donde acudir.

Cuando somos incapaces de aceptar que una persona nos diga que no, le hemos transferido el control de nuestra vida. Solo tienen que amenazarnos con distanciarse, y haremos lo que nos pide. Es bastante común en los matrimonios, donde uno de los cónyuges chantajea al otro con la amenaza de abandonarlo. No se puede vivir así, y tampoco resulta. El controlador seguirá alejándose cuando no se le contente. Y la persona sin límites continuará frenéticamente esforzándose para contentarlo. La obra del Dr. James Dobson, *El amor debe ser firme*, es un clásico que trata este problema de límites.[2]

En cuarto lugar, *la incapacidad para aceptar los límites ajenos puede indicar que existe un problema para asumir la responsabilidad*. Randy, que necesitaba un préstamo de su mejor amigo, ejemplifica este problema. Responsabilizaba a Pete de sus propios aprietos financieros. Algunas personas se acostumbran tanto a ser socorridas que comienzan a creer que su bienestar es problema de otro. Se sienten defraudados y no queridos cuando nadie los libera de sus contratiempos. No aceptan la responsabilidad de sus propias vidas.

Pablo les habló con firmeza a los corintios en una carta que se perdió. Les puso límite a su rebeldía. Gracias a Dios, reaccionaron bien:

> Si bien los entristecí con mi carta, no me pesa. Es verdad que antes me pesó, porque me di cuenta de que por un tiempo mi carta los había entristecido. Sin embargo, ahora me alegro, no porque se hayan entristecido sino porque su tristeza los llevó al arrepentimiento. Ustedes se entristecieron tal como Dios lo quiere, de modo que nosotros de ninguna manera los hemos perjudicado. (2 Corintios 7:8-9)

Los corintios respetaron, aceptaron y reaccionaron bien a los límites de Pablo, cualesquiera que hayan sido. Evidentemente asumieron la responsabilidad.

Conviene recordar la Regla de Oro de Jesús: «Así que en todo traten ustedes a los demás tal y como quieren que ellos los traten a ustedes» (Mateo 7:12). Ponga en práctica esta regla cuando fije límites. ¿Quiere que sus límites sean respetados? Respete, pues, los límites de los demás.

Mito 7: Los límites provocan sentimientos de culpa

Edward sacudió su cabeza: «Hay algo en todo esto que no está bien para mí» dijo. «Mis viejos fueron siempre tan cariñosos y se preocuparon tanto por mí. Nos llevamos de maravilla. Y después...». Hizo una pausa, buscando las palabras.

«Después conocí a Judy y nos casamos. Fue estupendo. Veíamos a mis viejos todas las semanas, y a veces más a menudo. Luego llegaron los hijos. Todo estaba bien. Hasta que tuve un ofrecimiento de trabajo en el otro extremo del país. Era el sueño de mi vida; Judy también estaba entusiasmada.

»Sin embargo, fue a contarle a mis padres acerca del ofrecimiento y todo cambió. Comenzaron a hablar de la salud de papá; nunca me había dado cuenta que estuviera tan mal. Y de la soledad de mamá: que éramos la alegría de su vida... Y de todos los sacrificios que habían hecho por mí.

»¿Qué hago? Es cierto... me dedicaron sus vidas. ¿Cómo puedo dejarlos a fin de cuentas?»

Edward no es el único con este dilema. Uno de los obstáculos mayores para poner límites a los demás son nuestros sentimientos de obligación. ¿Cuánto les debemos a nuestros padres y a tantas personas que nos han tratado con amor? ¿Qué es lo correcto y lo bíblico? ¿Qué no lo es?

Muchas personas resuelven el dilema evitando poner límites a las personas hacia quienes sienten una obligación. De ese modo, evitan los sentimientos de culpa que conlleva decirle que no a alguien que ha sido bueno con ellos. Nunca dejan su casa, nunca cambian de escuela ni de iglesia; tampoco cambian de ocupación ni de amistades. Ni siquiera cuando sería una medida madura.

La idea es que *como hemos recibido algo, debemos algo*. El problema está en que se trata de una deuda inexistente. El amor que recibimos, o el dinero, o el tiempo, o cualquier cosa que nos haga sentir una obligación hacia alguien, debería aceptarse como un regalo.

«Regalo» es algo sin ningún compromiso. Solo requiere gratitud. El que hizo el regalo no lo hizo pensando en recibir algo a cambio. Fue solo una expresión de amor, quería hacer algo por la persona... y punto.

Así considera Dios su regalo de salvación. Le costó la vida de su Hijo. Fue movido por amor hacia nosotros. Nuestra respuesta debe ser aceptarlo, y ser agradecidos. ¿Por qué es tan importante la gratitud? Porque Dios sabe que nuestra gratitud por lo que ha hecho nos hará amar a otros: «Arraigados y edificados en él, confirmados en la fe como se les enseñó, y llenos de gratitud» (Colosenses 2:7).

¿Qué le debemos a los que han sido amables con nosotros, que nos han cuidado de todo corazón? Les debemos las gracias. Y con corazón agradecido, deberíamos salir y ayudar a otros.

Debemos distinguir entre los que «dan para recibir» y los que dan desinteresadamente. Por lo general, es fácil ver la diferencia. Si el dador está dolido o enojado luego de un sincero agradecimiento, el regalo posiblemente fue un préstamo. Si la gratitud es suficiente, usted posiblemente recibió un legítimo regalo sin sentimientos de culpa adjuntos.

Dios nos instruye sobre la separación del agradecimiento y los límites. En Apocalipsis, en las cartas a las siete iglesias, selecciona a tres (Éfeso, Pérgamo y Tiatira):

1. Elogia sus logros (gratitud).
2. Les dice que, a pesar de eso, tiene «algo contra ellas» (2:4,14,20).
3. Las enfrenta con su irresponsabilidad (los límites).

No permite la confusión entre ambas cuestiones. Tampoco nosotros deberíamos permitirlo.

Mito 8: Los límites son permanentes, y tengo temor de quemar mis naves

«Pero, ¿y si cambio de parecer?» preguntó Carla. «Estoy segura que le pondré un límite a mi mejor amiga, y luego me dejará y se olvidará de mí.»

Es importante comprender que su no le pertenece. Usted es dueño de sus límites. Los límites no son su dueño. Si pone límites a alguien, y la persona reacciona con madurez y comprensión, es posible negociar nuevamente el límite. Además, puede modificar el límite cuando se sienta más seguro.

Cambiar y negociar nuevamente los límites tiene varios precedentes bíblicos: Dios decidió no destruir a Nínive, por ejemplo, cuando la ciudad se arrepintió (Jonás 3:10). Además, Pablo rechazó a Juan Marcos para un viaje misionero porque el joven lo había abandonado (Hechos 15:37-39). Sin embargo, años más tarde, Pablo solicitó la compañía de Juan Marcos (2 Timoteo 4:11). El tiempo estaba maduro para cambiar su límite.

Como posiblemente habrá notado, algunos de estos mitos son evidentemente ideas falsas que usted puede haber aprendido a partir de enseñanzas erróneas. Otros, sin embargo, son simple resultado del temor a decidirse y decir que no a la responsabilidad no bíblica. Medite en oración en qué mitos está enredado y atrapado. Escudriñe la Escritura mencionada en este capítulo. Y pídale a Dios que le dé la certeza de que él cree más que usted en buenos límites.

Segunda parte

Conflictos de límites

7

Los límites y la familia

El problema de Susie ya lo había visto un sinnúmero de veces. Esta mujer, de treinta años, siempre regresaba de la casa de sus padres con una profunda depresión.

Cuando me describió sus problemas, le pregunté si se había dado cuenta que siempre que visitaba a sus padres regresaba tremendamente deprimida.

—Pero eso es absurdo —dijo—. Ya no vivo allá. ¿Cómo puede ser que el viaje me afecte de esta manera?

Cuando le pedí que me describiera el viaje, Susie me contó sobre reuniones sociales con viejos amigos y tiempo pasado con la familia alrededor de la mesa del comedor. Dijo que era divertido, especialmente cuando solo estaba la familia.

—¿Qué quiere decir «solo la familia»? —le pregunté.

—Bueno, en algunas ocasiones mis padres invitan a algunos de mis amigos y esas cenas no me gustan mucho.

—¿Por qué? —le pregunté.

Susie lo pensó por un minuto y luego replicó:

—Supongo que comienzo a sentirme culpable —comenzó a revelarme cómo sus padres deslizaban comentarios sutiles comparando su vida con la de sus amigos. Hablaban de lo maravilloso que era que los abuelos desempeñaran un papel activo, «metiendo las manos hasta los codos», en la crianza de los nietos. Hablaban de las actividades que sus amigos desarrollaban en la comunidad y cómo ella se desenvolvería de maravillas si viviera allí. Y la lista seguía y seguía.

Susie pronto descubrió que cuando regresaba a casa se sentía como si fuera mala por vivir donde vivía. La molestaba un sentimiento de que debería hacer lo que sus padres querían que hiciera.

El problema de Susie es muy común. Había hecho elecciones *por fuera*. Había dejado el hogar donde creció para dedicarse a una carrera. Había pagado sus cuentas. Hasta se había casado y tenido un hijo. Pero *por dentro*, era otra historia. No tenía el permiso emocional para ser una persona independiente, para elegir libremente su vida y no sentirse culpable cuando no hacía lo que sus padres querían. Todavía cedía a la presión.

El problema radica dentro. Recuerde, los límites deslindan nuestra propiedad. Susie, y cualquiera que se le parezca, no son «dueños» de su persona. Las personas dueñas de su vida no sienten culpa cuando deciden qué rumbo tomar. Toman a los demás en consideración, pero cuando hacen decisiones según los deseos de otro, lo hacen por amor, no por culpa; para ser mejores, no para evitar ser malas.

Señales de una carencia de límites

Veamos algunos de las señales que indican una carencia de límites en el hogar donde nos criamos.

El virus infeccioso

Una escena común: uno de los cónyuges no tiene buenos límites emocionales con la familia que lo crió (su familia de origen). Siempre que habla con ellos por teléfono o en persona se deprime, se vuelve discutidor, autocrítico, perfeccionista, enojado, combativo, o retraído. Es como si su familia de origen le «contagiara» un virus que infecta a su familia inmediata.

Su familia de origen tiene el poder de afectar poco a poco a su nueva familia. Si la relación con una persona en particular afecta sus relaciones con otras personas, es un claro indicio de que existe un problema de límites. Le está dando a una persona demasiado poder sobre su vida.

Recuerdo una mujer que hacía grandes progresos en terapia hasta que hablaba con su madre; luego, se retraía por tres semanas. Decía: «No estoy cambiando nada. No estoy mejor.» Las ideas que su madre tenía de ella se compenetraban con las suyas y no tenía autonomía. Esta identificación con su madre también afectaba sus relaciones con los demás. Después de un intercambio con su madre, virtualmente se encerraba en sí misma y se apartaba de todo el mundo. Su vida pertenecía a su madre; ella no se pertenecía a sí misma.

Relegado a un segundo lugar

«Es increíble cómo se comporta con él», dijo Dan. «Se esmera por darle todos los gustos. Cuando él la critica, ella se esfuerza más. Y prácticamente me pasa por alto. Estoy cansado de ser "un segundo hombre" en su vida.»

Dan no hablaba del amante de Jane. Estaba refiriéndose a su padre. Dan estaba cansado de sentir que a Jane le preocupaban más de los deseos de su padre que los suyos.

Es un indicio común de la carencia de límites con la familia de origen: el cónyuge siente que lo dejan con las sobras. Siente que la verdadera lealtad de su pareja es hacia sus padres. Su pareja no ha completado el proceso de «dejar antes de unirse»; tiene un problema de límites. Dios ha establecido el proceso por el cual «dejará el hombre a su padre y a su madre, y se unirá a su mujer, y serán una sola carne» (Génesis 2:24, Reina Valera). La palabra hebrea «dejar» proviene de una raíz que significa «aflojar» o abandonar o renunciar. Para que un matrimonio resulte, la esposa necesita aflojar los lazos que la unían a la familia de origen, y fabricar nuevos vínculos con la nueva familia creada mediante el matrimonio.

Esto no significa que los maridos y las mujeres no deben tener relaciones con sus respectivas familias. Sino que necesitan establecer límites claros con su familia de origen. Muchos matrimonios fracasan porque uno de los cónyuges no puso límites

claros con la familia de origen, y su pareja e hijos recibieron todas las sobras.

¿Puedo tener mi paga, por favor?

Terry y Sherry hacían una hermosa pareja. Eran dueños de
una casa grande y disfrutaban de espléndidas vacaciones; los niños iban a clases de piano y de ballet, tenían sus propios esquís,
patines en línea, patines de hielo y tablas de surf. Terry y Sherry
tenían todos los atributos del éxito. Pero había un problema: el
salario de Terry no era suficiente para solventar este estilo de
vida. Terry y Sherry recibían mucha ayuda financiera de la familia de él.

La familia de Terry siempre había querido lo mejor para él, y
siempre lo habían ayudado a conseguirlo. Habían contribuido
para la casa, para las vacaciones, y para los pasatiempos de los niños. Terry y Sherry contaban con cosas que, de lo contrario, les
hubiera sido imposible tener, pero a un alto precio.

La autoestima de Terry estaba erosionada porque sus padres,
periódicamente, tenían que ayudarlo. Y Sherry sentía que no podía gastar nada sin consultar a sus suegros, porque eran quienes
proveían los fondos.

Terry refleja un problema de límites bastante común en los
adultos de hoy en día, tanto casados como solteros: desde un
punto de vista financiero, todavía no es un adulto. No podía poner límites al deseo de sus padres para que él y Sherry «tuvieran
todo lo que tenemos nosotros». También era consciente de que
estaba tan compenetrado con la idea de éxito de sus padres que
se le hacía muy difícil no tener los mismos deseos. No estaba seguro de querer dejar de recibir los regalos y las donaciones a cambio de una mayor autonomía.

La historia de Terry es la cara «positiva» del problema de límites financiero. «Estoy en problemas» es la otra cara. Muchos
adultos infantiles atraviesan problemas financieros crónicos debido a su irresponsabilidad, por la adicción a las drogas o el alcohol, por el derroche del dinero, o el síndrome actual de que

«todavía no encontré mi lugar en el mundo». Sus padres continúan financiando este camino de fracaso y la irresponsabilidad, pensando que «esta vez les va a ir mejor». En realidad, lo que están haciendo es incapacitar a sus hijos de por vida, impidiéndoles alcanzar la autonomía.

Un adulto que no se puede mantenerse financieramente a sí mismo todavía es un niño. Para ser adulto, se debe vivir con los recursos disponibles y pagar por sus propios fracasos.

Mamá, ¿dónde están mis medias?

El *síndrome del niño crónico* consiste en una persona financieramente independiente, pero que permite que su familia de origen le dirija parte de su vida.

Este hijo adulto suele pasar mucho tiempo en casa de mamá y papá, se toma las vacaciones con ellos, les deja la ropa para lavar, y come en su casa muy a menudo. Es el confidente más íntimo de mamá y papá, les cuenta «todo». Tiene treinta y pico, pero todavía no sabe a qué dedicarse, no tiene ahorros ni plan de pensión, ni seguro de salud. Aparentemente, esto no representa ningún problema grave. Pero, por lo general, mamá y papá están simbólicamente reteniendo a su hijo adulto en el hogar.

Este caso es frecuente en familias cariñosas, afables, donde todo es tan lindo que es difícil dejarlas. (Los sicólogos la llaman la «familia en la red», donde el papel de los hijos no está claramente delimitado.) No parece ser un problema, porque todos se llevan muy bien. La familia se siente bien entre sí.

Sin embargo, estos adultos infantiles pueden tener las *otras* relaciones adultas disfuncionales. Pueden elegir una «oveja negra» como su amigo o pareja. Pueden ser incapaces de comprometerse con alguien del otro sexo o con una carrera.

Sus finanzas suelen ser un problema. Tienen varios saldos abultados en sus tarjetas de crédito y están atrasados con el pago de los impuestos. Aunque pueden estar cubriendo sus gastos diarios, nunca piensan en el futuro. Esto es, en esencia, una adolescencia financiera. Los adolescentes ganan suficiente dinero para comprarse una tabla de surf, un equipo de audio o la vestimenta, pero no piensan en el futuro, más allá del presente inmediato. ¿Tengo dinero suficiente para darme los gustos este fin de semana? Los adolescentes, y los adultos infantiles que no dejaron a sus padres, están bajo la protección de sus padres, y pensar sobre el futuro es tarea de los padres.

Tres es una multitud

Las familias disfuncionales manifiestan un determinado tipo de problema de límites conocido como *triangulación*. A grandes rasgos opera de la siguiente manera: A se enoja con B. A no se lo dice a B. A llama a C y habla mal de B. C disfruta de la confianza de A y siempre la escucha cada vez que A quiere jugar el juego del triángulo.

B, sintiéndose solo, llama a C y le menciona, de pasada, el conflicto que tiene con A. C se convierte así en el confidente de B y A. A y B no han resuelto su conflicto, y C tiene dos «amigos».

La triangulación ocurre cuando por no poder resolver un conflicto, dos personas llaman a un tercero a tomar partido. Es un problema de límites porque el tercero no tiene nada que ver en el conflicto, pero *es utilizado como consuelo y para validar las posiciones de los que temen el enfrentamiento*. De esa manera, los conflictos persisten, las personas no cambian, y se crean enemigos innecesariamente.

En el triángulo las personas hablan falsedades, cubriendo su odio con zalamerías y adulación. A suele ser muy agradable, amable y hasta hacerle cumplidos a B cuando están frente a frente, pero cuando A habla con C, aflora su rabia.

La carencia de límites es evidente porque A no se «adueñó» de su ira. B tiene derecho a escuchar de boca de A que se enojó con él. ¿Cuántas veces lo han herido por un: «¿Sabes lo que John dice de ti?» Pero, ¿cómo?, la última vez que usted habló con John todo estaba bien.

Además, al entrar C en el conflicto, su conocimiento del mismo interferirá con su relación con B. Los chismes separan a las personas. Afectan las opiniones que tenemos fo.madas sobre las personas involucradas en el conflicto, sin darles el derecho de réplica. Muchas veces lo que escuchamos de un tercero no es del todo cierto. Por eso, la Biblia nos exhorta a escuchar a por lo menos dos o tres testigos, no únicamente a uno.

La triangulación es un problema de límites común con la familia de origen. La resolución de conflictos entre uno de los padres y un hijo, o entre ambos padres, llamando a otro pariente para hablar del tercero, crean patrones tan destructivos que mantienen a las personas disfuncionales.

La Escritura asigna mucha importancia a cómo los conflictos deben ser tratados *directamente* entre las personas involucradas:

> «A fin de cuentas, más se aprecia al que reprende que al que adula.» (Proverbios 28:23)

> «No alimentes odios secretos contra tu hermano, sino reprende con franqueza a tu prójimo para que no sufras las consecuencias de su pecado.» (Levítico 19:17)

> «Por lo tanto, si estás presentando tu ofrenda en el altar y allí recuerdas que tu hermano tiene algo contra ti, deja tu ofrenda allí delante del altar. Ve primero y reconcíliate con tu hermano; luego vuelve y presenta tu ofrenda.» (Mateo 5:23-24)

> «Si tu hermano peca contra ti, ve a solas con él y hazle ver su falta. Si te hace caso, has ganado a tu hermano.» (Mateo 18:15)

Estos pasajes de las Escrituras nos muestran que una manera sencilla de evitar la triangulación es hablar siempre con la persona involucrada en el conflicto. Arréglense con ella, y solo si niega el problema, hablen con otra persona para ver cómo es posible resolverlo; sin chismes ni escupiendo rabia. Luego, *ambos* hablen con esa persona e intenten resolver el conflicto.

Nunca cuenten a un tercero algo sobre otra persona que no se lo dirían a esa persona de frente.

¿Quién es el niño aquí?

«Después de todo, no son los hijos los que deben ahorrar para los padres, sino los padres para los hijos.» (2 Corintios 12:14)

Algunas personas nacieron para cuidar de sus padres. No se inscribieron para esa función; la heredaron. Se llaman «codependientes». Precozmente, aprendieron que tenían la responsabilidad de sus padres, que estaban inmersos en patrones infantiles de irresponsabilidad. Cuando se convirtieron en adultos, le fue muy difícil fijar límites entre ellos y sus padres irresponsables. Siempre que quisieron llevar una vida independiente, se sintieron egoístas.

Ahora bien, la Biblia nos enseña que los hijos adultos deberían cuidar de sus padres ancianos: «Reconoce debidamente a las viudas que de veras están desamparadas. Pero si una viuda tiene hijos o nietos, que éstos aprendan primero a cumplir sus obligaciones con su propia familia y correspondan así a sus padres y abuelos, porque eso agrada a Dios» (1 Timoteo 5:3-4). Es bueno ser agradecidos hacia nuestros padres y retribuirles lo que han hecho por nosotros.

Pero generalmente surgen dos problemas. En primer lugar, los padres quizá no «tienen necesidad» de verdad. Quizá son irresponsables, exigentes, o se hacen los mártires. Quizá debieran hacerse cargo de sus mochilas correspondientes.

En segundo lugar, cuando sí «tienen necesidad», usted puede no tener límites claros para determinar qué puede dar y qué no. Puede no ser capaz de poner límites a su entrega; y la incapacidad de sus padres para adaptarse a la ancianidad, por ejemplo, dominará a su familia. Esta dominación puede arruinar matrimonios y perjudicar a los hijos. La familia debe decidir qué quiere dar y qué no quiere dar, para continuar amando y apreciando a sus padres, y no caer en el resentimiento.

Los buenos límites previenen el resentimiento. *Dar es bueno.*

Asegúrese, sin embargo, que da la cantidad justa conforme a su situación y sus recursos.

Pero, si soy tu hermano

Otra dinámica muy frecuente es la relación entre hermanos adultos. Un adulto infantil e irresponsable depende de su hermano adulto responsable para nunca madurar y dejar su familia. (No estamos refiriéndonos a ningún hermano realmente necesitado, con un trastorno mental o físico.) El hijo irresponsable continúa jugando los viejos juegos familiares hasta bien entrada la edad adulta.

Lo difícil en este caso es la culpa y la presión que usted puede sentir porque se trata de un hermano o de una hermana. He visto personas hacer cosas absolutamente insólitas y en vano por un hermano o hermana —cosas que nunca harían ni por su amigo más íntimo. Nuestras familias pueden derribar hasta las vallas mejor construidas, por el simple hecho de que son nuestra «familia».

Pero, ¿por qué hacemos todo esto?

¿Por qué elegimos seguir estos patrones? ¿Qué está mal?

Uno de los motivos es que no aprendimos las leyes de los límites en nuestra familia de origen, y nuestros problemas de límites como adultos son en realidad viejos problemas de límites que tenemos desde la niñez.

Otro motivo puede ser que no hemos hecho la transición bíblica a la edad adulta y la adopción espiritual a la familia de Dios. Analicemos estos motivos.

Continuación de viejos problemas de límites

¿Recuerda la historia del extraterrestre? Se había criado en otro planeta y no conocía las leyes de la Tierra, como la gravedad y el dinero para las transacciones.

Los patrones aprendidos en el hogar donde nos criamos continúan en la edad adulta con los mismos actores: no hay consecuencias para el comportamiento irresponsable, no hay enfrentamientos, no hay límites, aceptamos responsabilidades que le corresponden a otros, damos por obligación y con resentimiento, hay envidia, pasividad y secretos. Estos patrones no son nuevos, nunca les hemos hecho frente y nunca nos hemos arrepentido de ellos.

Estos patrones están grabados con fuego. Hemos aprendido a organizar nuestra vida alrededor de los miembros de nuestra familia; su mera presencia puede remontarnos a nuestros viejos patrones. Comenzamos a actuar automáticamente, de *memoria*, sin madurez.

Para cambiar, debemos identificar y abandonar estos «pecados de familia». Debemos confesarlos, arrepentirnos y cambiar la forma como los tratamos. El primer paso para establecer límites es darse cuenta de la existencia de estos viejos patrones de familia que todavía continúan en el presente.

Mire los problemas que tiene con los límites en su familia de origen, identifique qué leyes se han violado, y señale el fruto negativo resultante en su vida.

Adopción

Este no es un libro sobre crecimiento espiritual, pero los límites son esenciales para crecer en la fe. Un primer paso es dejar la autoridad paterna para ponernos bajo la autoridad divina.

La Biblia nos dice que los niños están *bajo* la autoridad de sus padres hasta que son adultos (Gálatas 4:1-7). Los padres son efectivamente responsables de ellos. Pero cuando somos adultos con «edad para rendir cuentas», dejamos de quedar bajo la tutela de tutores y encargados y cada uno es responsable de sí mismo. Los cristianos entran en otra relación filial con Dios como el Padre. Dios no nos deja huérfanos, nos recoge en su familia.

Hay numerosos pasajes en el Nuevo Testamento que enseñan que debemos abandonar nuestra alianza con la familia original y ser adoptados por Dios (Mateo 23:9). Dios nos ordena que lo consideremos nuestro padre, sin padres intermediarios. Los adultos que conservan su alianza con los padres terrenales todavía no se han dado cuenta de su nuevo estado de adopción.

Muchas veces no obedecemos la palabra de Dios porque espiritualmente no hemos dejado nuestro hogar. Sentimos que todavía debemos contentar a nuestros padres y a sus tradiciones en lugar de obedecer a nuestro nuevo Padre (Mateo 15:1-6).

Cuando pasamos a formar parte de la familia de Dios, obedecer sus preceptos podrá causar conflictos en nuestras familias y a veces separarnos (Mateo 10:35-37). Jesús nos dice que nuestros vínculos espirituales son primarios y más importantes (Mateo 12:46-50). Nuestra verdadera familia es la familia de Dios.

En esta familia, que debiera ser nuestro vínculo más fuerte, las cosas se hacen de determinada manera. Debemos decir la verdad, poner límites, asumir y pedir responsabilidad, enfrentarnos mutuamente, perdonarnos unos a otros, y así sucesivamente. Esta familia se desenvuelve sobre la base de normas y valores firmes. Dios no permitiría que su familia fuese de otro modo.

Esto no significa, de ninguna manera, que debemos cortar los demás vínculos. Debemos tener amigos fuera de la familia de Dios y vínculos fuertes con nuestra familia de origen. Sin embargo, conviene que nos hagamos dos preguntas: ¿impiden estos vínculos que en algunas situaciones haga lo correcto?; ¿me comporto como adulto con mi familia de origen?

Si nuestros vínculos son verdaderamente amables, seremos independientes y libres y nos entregaremos por amor y con corazón «con propósito». Permaneceremos alejados del resentimiento, amaremos con límites, y no permitiremos las conductas malvadas.

Si no somos adultos «bajo tutores o administradores», podemos tomar decisiones *adultas*, tener control sobre nuestra voluntad (1 Corintios 7:37), sujetos a nuestro verdadero Padre.

Solución de problemas de límites con la familia

Establecer límites con la familia de origen es una ardua tarea, pero grandemente recompensada. Es un proceso donde se distinguen ciertos pasos:

Identifique el síntoma

Analice la situación de su vida y detecte dónde existen problemas de límites con sus padres o sus hermanos. La pregunta que debe hacerse es: *¿En qué esferas ha perdido el control de su propiedad?* Identifique esas esferas y detecte cómo están conectadas con la familia donde se crió: ya está en camino.

Identifique el conflicto

Descubra la dinámica en juego. Por ejemplo, ¿qué «ley de límites» está violando? ¿Forma parte de una triangulación? ¿Se ha hecho responsable *de* un hermano o un pariente en lugar de ser responsable *hacia* ellos? ¿Interfiere con las consecuencias y acaba pagando usted por el comportamiento de otros? ¿Es pasivo y reactivo hacia ellos y el conflicto?

Es imposible dejar de participar en una dinámica hasta tanto no comprenda lo que está haciendo. «Sáquese la viga» del ojo para ver con claridad cómo tratar a sus parientes. Piense que usted es el problema y descubra las violaciones a sus límites.

Identifique la necesidad latente que mueve el conflicto

Usted tiene algún motivo que lo lleva a actuar de manera incorrecta. Suele querer satisfacer una suerte de necesidad latente que su familia de origen no satisfizo. Podemos quedar atrapados por la necesidad de ser amados, de aprobación, o de ser aceptados. Enfrente este déficit y reconozca que solo podrá satisfacerlo dentro de la familia de Dios, con quienes ahora constituyen sus verdaderos «madre, padre, hermanos y hermanas»: quienes hacen la voluntad de Dios y lo aman como él mandó.

Acepte y reciba lo bueno

No es suficiente comprender su necesidad. *Debe satisfacerla*. Dios está dispuesto a satisfacer sus necesidades a través de su pueblo, pero usted debe humildemente buscar un buen sistema de apoyo, y aceptar lo bueno. No continúe ocultando su talento en la tierra y esperando sentirse mejor. Aprenda a responder y a recibir amor, aun si se siente torpe al principio.

Practique sus habilidades con los límites

Sus habilidades con los límites son frágiles y nuevas. No puede ponerse inmediatamente en una situación difícil. Practique en situaciones donde sabe que sus límites serán aceptados y respetados. Comience diciendo que no a la gente de su grupo de apoyo, quienes amarán y respetarán sus límites.

Cuando uno se está recuperando de una lesión física, no comienza levantando mucho peso; va incrementando el peso lentamente. Considérelo como si fuera una terapia física.

Diga que no a lo malo

Además de practicar nuevas habilidades en situaciones seguras, evite las situaciones que puedan hacerle daño. En las primeras etapas de la recuperación, necesita evitar aquellas personas que lo maltrataron y controlaron en el pasado.

Cuando crea que está listo para restablecer una relación con una persona que ha sido abusiva y controladora en el pasado, pídale a un compañero del grupo de apoyo o a un amigo que lo acompañe. Sea consciente de su tendencia hacia las situaciones y relaciones negativas. Se está recuperando de una lesión de gravedad, y no puede restablecer una relación hasta que no cuente con las herramientas adecuadas. Tenga cuidado de no volver a caer en una situación controladora porque anhela fervientemente la reconciliación.

Perdone al agresor

No hay nada que aclare mejor los límites como el perdón. Perdonar a alguien es librarlo del arpón, o saldar una deuda que tiene pendiente con usted. Si se rehusa a perdonar es porque todavía quiere algo de esa persona, aunque sea venganza lo que desea; *usted permanecerá siempre atado a esa persona.*

Algunas personas permanecen inmovilizadas por años, sin poder separarse de sus familias disfuncionales, porque se rehusan a perdonar a un pariente. Todavía quieren algo de él. Mucho mejor sería aceptar la gracia de Dios que tiene algo para darnos, y perdonar a los que no tienen con qué pagar su deuda. Así pondrá fin a su sufrimiento, porque acabará con su deseo de retribución que nunca se hará realidad y que lo aflige porque su esperanza es frustrada (Proverbios 13:12).

Si usted no perdona, está exigiendo algo que quien lo ofendió no está dispuesto a dar, aunque sea la simple confesión de lo que hizo. Usted permanece «atado» a esa persona y arruina sus límites. Deje que la familia disfuncional que lo crió se vaya. Suéltese, y será libre.

Responda, no reaccione

Reaccionar a lo que alguien dice o hace, puede reflejar un problema con los límites. Si lo que alguien dice o hace le provoca un alboroto, esa persona en alguna medida lo controla, y sus límites se pierden. Si *responde*, usted todavía tiene el control, tiene opciones y puede elegir.

Cuando sienta que está reaccionando, dé un paso atrás para retomar el control de sí mismo para que sus parientes no puedan provocarlo a hacer o decir algo que usted no quiere hacer ni decir, ni nada que viole su autonomía. Una vez que haya defendido sus límites, elija la mejor opción. La diferencia entre responder y reaccionar está en la elección. Si usted reacciona, *ellos* tienen el control. Si usted responde, *usted* lo tiene.

Aprenda a amar con libertad y responsabilidad, sin culpa

Los mejores límites son límites de amor. La persona siempre a la defensiva se está perdiendo el amor y la libertad. Los límites no implican de ninguna manera que hay que dejar de amar. Todo lo contrario: nos dan la libertad para amar. Es bueno sacrificarse y negarse a sí mismo por amor a los demás. Pero se necesitan límites para hacer esa opción.

Aumente su libertad practicando dar de manera resuelta. A veces, las personas que están construyendo sus límites sienten que hacerle un favor a otro es ser codependiente. Nada más alejado de la verdad. Hacer el bien a una persona, cuando hemos optado libremente hacerlo, refuerza los límites. Los codependientes no hacen el bien; permiten la maldad porque tienen miedo.

8

Los límites y la amistad

Marsha encendió el televisor, sin reparar en el programa. Estaba pensando en su conversación telefónica con Tammy, su mejor amiga. Le había pedido a Tammy que la acompañara a ver una película. Tammy tenía otros planes para la noche. Una vez más, Marsha había tomado la iniciativa; una vez más, estaba decepcionada. Tammy nunca la llamaba. ¿Era esto la amistad?

La amistad. La palabra evoca imágenes de intimidad, cariño, y atracción afectiva recíproca entre dos personas. Los amigos son símbolos de cuánto sentido ha tenido nuestra vida. No hay persona más triste sobre la tierra que aquella que acaba sus días sin relaciones que la conocen y aman de verdad.

La amistad es una categoría amplia. La mayoría de las relaciones mencionadas en este libro tienen elementos de amistad. Pero para nuestros efectos, definamos la amistad como *una relación no romántica basada más en la afinidad que en la función*. En otras palabras, excluyamos las relaciones basadas en una tarea en común, las del trabajo o el ministerio. Consideremos la amistad como comprendiendo las personas con quienes nos agrada pasar el rato porque sí.

Conflicto de límites con las amistades hay de toda forma y tamaño. Para entender los diversos factores involucrados, consideremos algunos conflictos y veamos cómo pueden ser resueltos con límites.

Conflicto 1: Complaciente/Complaciente

En ciertos aspectos se trataba de una gran amistad; en otros, era espantosa. Sean y Tim disfrutaban de los mismos deportes, actividades y pasatiempos. Asistían a la misma iglesia y les gustaban los mismos restaurantes. Pero eran demasiado buenos entre ellos. Ambos tenían la misma dificultad para decirle que no al otro.

El problema se hizo evidente un fin de semana cuando había dos actividades programadas para el mismo día: navegar en balsa por los rápidos y un concierto de los sesenta. A Sean y Tim les gustaba tanto una actividad como la otra, pero no podrían hacer las dos a la vez. Sean llamó a Tim y le sugirió que fueran a navegar.

—Por supuesto —contestó su amigo.

Sin embargo, sin que ninguno de los dos lo supiera, ni Sean ni Tim quería ir a navegar. Si algo querían, era ir al concierto.

Por la mitad del torrente, Sean y Tim se sinceraron. Cansados y empapados, Tim dijo de repente:

—Fue idea tuya venir aquí.

—Tim —le dijo Sean con sorpresa—, pensé que *tú* querías venir navegar.

—¡No! Como me llamaste, ¡creí que era lo que *tú* querías! Hombre —continuó entre dientes—, creo que ya es hora que nos dejemos de tratar como si fuésemos dos muñecas de porcelana.

Típica interacción entre dos personas complacientes: ninguna hace realmente lo que desea. Ambos temen decirle al otro la verdad; por ende, nunca nadie la dice.

Analicemos este conflicto con la siguiente lista de preguntas sobre los límites. Estas preguntas no solo le ayudarán a comprender su estado con respecto a la puesta de límites, sino que también lo orientarán.

1. *¿Cuáles son los síntomas?* Un síntoma en una relación complaciente/complaciente es la insatisfacción: la sensación que permitió que sucediera algo que no debería haber permitido.

2. *¿Cuáles son los orígenes?* Los complacientes provienen de hogares donde tuvieron que evitar decir que no para mantener a todos contentos. Como los orígenes son similares, suele ser difícil que dos personas complacientes se ayuden mutuamente.

3. *¿Cuál es el conflicto de límites?* Las personas complacientes amablemente niegan sus respectivos límites para mantener la paz.

4. *¿Quién precisa reconocer su situación?* Cada uno de los complacientes necesita hacerse responsable de sus propios intentos de apaciguar o contentar al otro. Sean y Tim necesitan admitir que controlan al otro siendo agradables.

5. *¿Qué necesitan?* Las personas complacientes necesitan incorporarse a una relación de apoyo, ya sea un grupo de apoyo, estudios bíblicos en los hogares de familia, o con orientadores. Su temor a lastimar a la otra persona les hace muy difícil poner límites por sí solos.

6. *¿Por dónde se comienza?* Ambos deberán practicar poniendo límites a cosas triviales. Podrían comenzar hablando con franqueza de sus gustos con respecto a los restaurantes, la liturgia y la música.

7. *¿Cómo se pondrán límites unos a otros?* Sean y Tim deberán hablar frente a frente, por primera vez, diciéndose la verdad y revelando los límites que les gustaría comenzar a poner. Se comprometerán a mejorar los límites que tienen entre sí.

8. *¿Qué sucederá luego?* Sean y Tim tal vez deban admitir que sus intereses no son tan similares como habían supuesto. Podría ser conveniente que se separaran un poco. Tener diferentes amistades para diferentes actividades no es una mancha en una relación; con el tiempo, la amistad puede verse fortalecida.

Conflicto 2: Complaciente/Controlador agresivo

El conflicto complaciente/controlador agresivo, el conflicto más fácil de identificar en una amistad, presenta síntomas clásicos.

El complaciente se siente intimidado e inferior en la relación; el controlador agresivo se irrita porque el complaciente lo fastidia.

«Bueno, está bien, ya que insistes» es la muletilla del complaciente. Reiteradamente, el controlador agresivo insiste para que el complaciente le dé algo de su tiempo, sus talentos, o sus tesoros. El controlador agresivo no tiene problema alguno en exigir lo que quiere. A veces, sencillamente toma lo que desea sin pedir permiso. «Lo necesitaba» es razón suficiente para que el controlador agresivo se apodere de cualquier cosa perteneciente al complaciente, ya sean las llaves del auto, una taza de azúcar, o tres horas de su tiempo.

Como el complaciente no suele ser feliz en este tipo de relación, él es quien debe tomar la iniciativa. Hagámosle a esta relación las preguntas sobre los límites:

1. *¿Cuáles son los síntomas?* El complaciente se siente controlado y resentido; el controlador agresivo se siente bien, aunque no le gusta que lo fastidien.

2. *¿Cuáles son los orígenes?* El complaciente posiblemente se crió en un hogar donde le enseñaron a evitar conflictos, no a enfrentarlos. El controlador agresivo nunca fue adiestrado para diferir la gratificación y hacerse responsable de su persona.

3. *¿Cuál es el conflicto de límites?* Hay dos conflictos de límites bien específicos: la incapacidad del complaciente de poner límites claros a su amigo, y la incapacidad del controlador agresivo de respetar los límites del complaciente.

4. *¿Quién precisa reconocer su situación?* El complaciente necesita entender que no es víctima del controlador agresivo; le está entregando el poder a su amigo en bandeja de plata. Controla a su amigo entregándole el poder. El complaciente controla a la persona controladora agresiva tratando de agradarla, esperando apaciguarla y procurando hacerla modificar su conducta. La persona controladora agresiva necesita reconocer su dificultad para escuchar que alguien le diga que no y aceptar los límites ajenos. Necesita hacerse cargo de su necesidad de controlar a su amigo.

5. *¿Qué se requiere?* El más infeliz en esta relación, el

complaciente, necesita incorporarse a un grupo de apoyo, personas que lo ayudarán a resolver su conflicto de límites.

6. *¿Por dónde se comienza?* Antes de enfrentarse con su amigo, el complaciente deberá prepararse, practicando la puesta de límites en su grupo de apoyo. El controlador agresivo realmente podría beneficiarse si alguno de sus amigos le dijera francamente cómo atropella a las personas y cómo podría aprender a respetar los límites ajenos.

7. *¿Cómo se pondrán límites?* El complaciente deberá aplicar principios bíblicos en su amistad (lea Mateo 18). Enfrentará a su amigo y le hará ver cómo controla e intimida a los demás. Deberá decirle que la próxima vez que intente controlarlo, él se marchará.

No procurará controlar a la persona. El enfrentamiento no es un ultimátum para despojarla de sus opciones. Le pondrá límites para que se dé cuenta que su control lo lastima y perjudica la amistad. Estos límites protegerán al complaciente de futuras aflicciones. El controlador agresivo puede enojarse e intimidar tanto como le dé la gana, pero el complaciente no va a estar cerca para resultar lastimado. Se habrá marchado fuera del cuarto, de la casa o de la amistad: hasta que pueda volver sin riesgo.

El controlador agresivo padecerá las consecuencias de sus actos. El no contar con sus amistades puede hacer que la persona extrañe el compañerismo, y pueda así comenzar a asumir la responsabilidad del control que ahuyentó a su amigo.

8. *¿Ahora qué?* Llegado este punto, si ninguno tiene prejuicios, entre ellos pueden negociar la relación. Pueden establecer nuevas reglas de juego, tales como: «No te fastidiaré más si dejas de ser tan crítico» y comenzar a construir una nueva amistad.

Conflicto 3: Complaciente/Controlador manipulador

«Cathy, estoy en un verdadero apuro, y tú eres la única que me puede ayudar. No consigo alguien que me cuide a los niños, y tengo esta reunión en la iglesia...»

Cathy escuchó a su amiga, Sharon, y la grave situación que tenía. Era la historia de siempre. Sharon no planificaba sus compromisos, ni coordinaba con alguien para que cuidara a los niños. Varias veces llamaba a Cathy para que la ayudara a salir de estas emergencias autoinducidas.

Cathy odiaba estar siempre atascada en esa situación. Sharon no lo hacía a propósito, y la necesitaba por un motivo valedero, pero Cathy, de todos modos, se sentía utilizada y explotada. ¿Qué tenía que hacer?

Muchas amistades terminan empantanadas en esta clase de interacción entre complacientes y controladores manipuladores. ¿Por qué decimos que Sharon es controladora? No está conscientemente tratando de manipular a su amiga; sin embargo, a pesar de sus buenas intenciones, cuando está en un apuro, Sharon utiliza a sus amistades. Las da por sentado, creyendo que no les importará hacerle un favor a una amiga. Sus amistades le siguen la corriente, diciendo: «Bueno, así es Sharon.» Neutralizan su resentimiento.

Analicemos este conflicto de límites pasando lista a las preguntas:

1. *¿Cuáles son los síntomas?* La complaciente (Cathy) está resentida por los favores urgentes que le pide la controladora manipuladora (Sharon). Cathy siente que su amistad está dada por sentado. Comienza a evitar a su amiga.

2. *¿Cuáles son los orígenes?* Los padres de Sharon la ayudaban a salir de todos los líos, desde terminar los trabajos para el colegio a las tres de la mañana, hasta prestarle dinero cuando tenía más de treinta años. Vivía en un universo que siempre la perdonaba, donde las personas amables siempre la rescataban. Nunca

tenía que enfrentar su irresponsabilidad, indisciplina y falta de planificación.

Cuando niña, a Cathy no le gustaba la expresión de dolor en el rostro de su madre cuando ella decía que no. Creció con miedo de lastimar a otros si ponía límites. Cathy haría cualquier cosa para evitar el conflicto con sus amigas —especialmente con Sharon.

3. *¿Cuál es el conflicto de límites?* Sharon no planifica con antelación ni acepta ninguna responsabilidad de su agenda. Cuando las responsabilidades «se le escapan de las manos» llama a la persona complaciente más cercana para que la ayude. Cathy acude corriendo.

4. *¿Quién precisa reconocer su situación?* Cathy, la parte más motivada en este conflicto, se da cuenta como su sempiterno «sí» contribuye a la ilusión de Sharon de que no necesita planificar. Cathy debe dejar de sentirse víctima y asumir la responsabilidad de decir que no.

5. *¿Qué necesita?* Cathy necesita tomar contacto con otras personas para que le brinden apoyo mientras se concentra en los límites que debe fijar entre ella y su amiga.

6. *¿Por dónde se comienza?* Cathy deberá practicar decir que no con los amigos que la apoyen. En un ambiente de apoyo aprenderá a no estar de acuerdo, a expresar su opinión, y a enfrentarse. Orarán por fuerza y guía para esta relación.

7. *¿Cómo pone límites?* La próxima vez que coman juntas, Cathy le comunicará a Sharon que se siente utilizada y que se aprovecha de ella. Le explicará que le gustaría tener una relación más igualitaria. Luego le hará saber a su amiga que a partir de ese momento no estará dispuesta a cuidar de sus niños en una «emergencia».

Sharon, que nunca se había dado cuenta cómo estaba lastimando a su amiga, realmente sentirá que tiene un problema. Se tornará más responsable de sus horarios. Después de algunos inútiles intentos por llamar a último minuto a Cathy para pedirle que cuide de sus niños y haber tenido que faltar a algunas reuniones importantes, comenzará a planificar sus compromisos con dos o tres semanas de antelación.

8. *¿Qué sucederá luego?* La amistad crecerá y se hará más estrecha. Pasado el tiempo, Cathy y Sharon se reirán del conflicto que las hizo más unidas.

Conflicto 4: Complaciente/Indolente

¿Recuerdan la amistad entre Marsha y Tammy, al principio de este capítulo? Ilustra el conflicto complaciente/indolente: una de las amigas hace todo el trabajo mientras la otra vive de lo más campante. Una de las partes se siente frustrada y resentida; la otra no puede entender cuál es el problema. Marsha tenía la sensación de que la amistad que tenían no era demasiado importante para Tammy.

Analicemos la situación:

1. *¿Cuáles son los síntomas?* Marsha se siente deprimida, resentida y desvalorizada. Tammy, en cambio, puede sentirse culpable, o abrumada por las necesidades y exigencias de su amiga.

2. *¿Cuáles son los orígenes?* Marsha siempre tuvo miedo de ser abandonada si no controlaba sus relaciones importantes haciendo todo el trabajo. Se convirtió en la Marta del resto de las Marías, una trabajadora en vez de una adoradora (Lucas 10:38-42).

Tammy nunca había tenido que esforzarse mucho por conseguir amistades. Siempre fue popular y todos querían tenerla como amiga; pasivamente siempre ha usado a sus amistades importantes. Nunca perdió una amistad por su indolencia. Por el contrario, se esforzaban más para tenerla cerca.

3. *¿Cuál es el conflicto de límites?* Pueden haber dos conflictos de límites en este caso. En primer lugar, Marsha toma demasiada responsabilidad de la amistad. No deja que su amiga lleve su propia carga (Gálatas 6:5). En segundo lugar, Tammy no asume suficiente responsabilidad de la amistad. Sabe que Marsha siempre

aparecerá con varias actividades para elegir a su antojo. ¿Por qué habría de trabajar si otro lo hará?

4. *¿Quién precisa reconocer su situación?* Marsha debe reconocer su cuota de responsabilidad; por facilitarle tanto las cosas, Tammy no tiene que hacer nada. Debe comprender que sus planes, llamadas y todo el trabajo que se toma son intentos disimulados para controlar el amor.

5. *¿Qué necesitan?* Ambas necesitan el apoyo de otras amistades. No son capaces de entender objetivamente este problema sin rodearse de otras relaciones que les brinden amor incondicional.

6. *¿Por dónde se comienza?* Marsha deberá practicar poner límites con amigos que la apoyen. Se dará cuenta que, si su amistad con Tammy se termina, igual puede tener amistades donde cada uno lleva su respectiva carga.

7. *¿Cómo pondrán límites?* Marsha le hará saber a Tammy sus sentimientos y le dirá que ella también deberá asumir su cuota de responsabilidad de la amistad en el futuro. En otras palabras, después de la primera llamada, Marsha, no llamará nuevamente hasta que Tammy la llame. Marsha espera que Tammy la extrañe y comience a llamarla.

8. *¿Qué sucederá luego?* En el peor de los casos, la amistad se enfriará por causa de la indolencia de Tammy. Marsha habrá ganado algo: habrá aprendido que no era un afecto recíproco en primer lugar. Ahora podrá lamentarse, superar el trance y buscar verdaderas amistades.

Preguntas pertinentes a los conflictos de límites en las amistades

Los conflictos de límites en las amistades son difíciles de tratar porque el único lazo que las une es la relación afectiva existente. No hay anillo de bodas. No hay vínculo laboral. Solo está la amistad; y suele parecer demasiado frágil y con riesgo de romperse.

Las personas involucradas en los conflictos anteriormente mencionados plantean las siguientes preguntas cuando consideran la puesta de límites con sus amistades.

Primera pregunta: ¿No se rompen muy fácilmente las amistades?

La mayoría de las amistades no tienen ningún compromiso externo, como un matrimonio, un trabajo, o una iglesia, para mantener unidos a los amigos. El teléfono bien podría dejar de sonar y la relación se apagaría sin dejar rastro en la vida de los participantes. ¿No tienen, pues, las amistades, mayor riesgo de romperse cuando surgen conflictos de límites?

Este razonamiento tiene dos problemas. En primer lugar, supone que las instituciones externas tales como el matrimonio, el trabajo, o la iglesia son el adhesivo que une estas relaciones. Supone que nuestros compromisos nos mantienen unidos, no nuestros afectos. Nada puede estar más alejado de la verdad, ni bíblicamente ni en la práctica.

Escuchamos estas afirmaciones en muchos ámbitos cristianos: «Si no te gusta alguien, disimúlalo»; u, «oblígate a amarlo»; o, «comprométete a amar a alguien»; o, «si te propones amar a alguien, los sentimientos vendrán después».

La elección y el compromiso *son* elementos de una buena amistad. Necesitamos amigos para los días nublados también. Sin embargo, la Escritura nos enseña que no podemos depender solo del compromiso o de la fuerza de voluntad, porque siempre nos defraudarán. Pablo se lamentaba que hacía lo que no quería hacer, y que no hacía lo que quería hacer (Romanos 7:19). Estaba estancado. Todos experimentamos el mismo conflicto. Incluso cuando nos comprometemos en una amistad verdadera, suceden cosas malas. Los defraudamos. Los sentimientos se entibian. La relación no se restablecerá simplemente golpeándose el pecho.

Podemos resolver nuestro dilema de la misma manera que Pablo resolvió el suyo: «Por lo tanto, ya no hay ninguna condenación para los que están unidos a Cristo Jesús» (Romanos 8:1).

La respuesta es estar «unidos a Cristo Jesús». En otras palabras, en relación con Cristo, vertical y horizontalmente. En cuanto permanezcamos conectados con Dios, con nuestros amigos y con nuestro grupo de apoyo, estaremos llenos de la gracia para permanecer firmes y luchar por vencer los conflictos de límites que surjan. Sin esta fuente externa de conexión, estamos condenados a una fuerza de voluntad débil que resultará inútil o nos hará sentir omnipotentes.

Nuevamente, la Biblia nos enseña que todo compromiso se basa en una relación de amor. Ser amados genera compromiso y toma espontánea de decisiones, no a la inversa.

¿Cómo se aplica esto a las amistades? Mirémoslo de la siguiente manera. ¿Cómo se sentiría si su mejor amigo se le acerca y le dice: «Sólo quería decirte que somos amigos únicamente porque tengo un compromiso con esta amistad. No tengo ningún afecto hacia ti. No disfruto de tu compañía en especial. Pero seguiré siendo tu amigo»?

Usted posiblemente no se sentirá muy seguro o estimado en esta relación. Sospechará que quiere su amistad por obligación, no por amor. No se deje burlar. Todas las amistades se basan en afectos, o tienen bases precarias.

El segundo problema que surge de considerar las amistades como relaciones más débiles que las institucionalizadas como el matrimonio, la iglesia o el trabajo, es suponer que estas tres no tienen una base afectiva. Esto, simplemente, no es cierto. Si así fuera, los votos matrimoniales asegurarían una tasa de divorcio del cero por ciento. Las confesiones de fe asegurarían una asistencia fiel a la iglesia. Una contratación laboral aseguraría cien por ciento de asistencia al trabajo. Estas tres importantes instituciones, tan vitales en nuestra vida, en gran medida, son afectivas.

Es inquietante darse cuenta que lo único que nos mantiene unidos a nuestros amigos no es nuestro desempeño, o nuestro encanto, o su culpa, o su obligación. Lo único que hace que nos sigan llamando, pasando el tiempo con nosotros, y soportándonos, es el amor. Y es lo único que no podemos controlar.

En cualquier momento, cualquiera puede alejarse de una amistad. Sin embargo, a medida que nos integramos más y más a una vida basada en los afectos, aprendemos a confiar en el amor. Aprendemos que los lazos de una verdadera amistad no se rompen fácilmente. Aprendemos también que, en una buena relación, podemos poner límites que en vez de lesionar, fortalecerán el vínculo.

Segunda pregunta: ¿Cómo puedo poner límites en una amistad romántica?

Los cristianos solteros tienen tremendas luchas para aprender a ser sinceros y poner límites en amistades románticas, con la pareja con quien salen. La mayoría de los conflictos giran en torno al temor de perder la relación. Un cliente puede decirme: «Hay alguien que me gusta mucho, pero tengo miedo de que si le digo que no nunca más lo vuelva a ver.»

Hay un par de principios exclusivos para este tipo de relación romántica:

1. *Las relaciones románticas son, por naturaleza, un riesgo.* Hay muchos solteros que, no habiendo desarrollado buenos vínculos con otras personas y cuyos límites no han sido respetados, intentan aprender las reglas bíblicas de la amistad saliendo en pareja. Creen que la seguridad de estas relaciones les ayudará a aprender a amar, a ser amados y a poner límites.

Por lo general, estas personas, después de unos meses de estar saliendo con alguien, terminan más lastimadas que cuando comenzaron a salir. Pueden sentirse decepcionadas, criticadas, o utilizadas. Salir en pareja no es el problema. El problema está en entender cuál es el propósito de las salidas en pareja.

Se sale en pareja para practicar y experimentar. El objetivo de salir en pareja generalmente es decidir, en algún momento, si se casarán o no. Salir en pareja es una manera de descubrir con qué clase de persona nos complementamos y con quién somos espiritual y emocionalmente compatibles. Es el campo de entrenamiento para el matrimonio.

Este hecho ya de por sí es conflictivo. Cuando salimos con alguien, tenemos la libertad de decir, en cualquier momento: «Esto no está resultando», y terminar la relación. La otra persona tiene la misma libertad.

¿Qué implica esto para la persona con límites lesionados? En una situación romántica adulta, esta persona suele aportar componentes inmaduros, no desarrollados, de su carácter. En un espacio de poco compromiso y alto riesgo, busca encontrar la seguridad, el compromiso y la coherencia que sus lesiones requieren. Como sus necesidades son tan imperiosas, confía su persona demasiado rápido a su pareja. Quedará destrozada cuando luego las cosas «no resulten».

Es como mandar a un niño de tres años al frente de batalla. Salir en pareja es la manera que tienen los adultos para descubrir con quién casarse; no es lugar para sanar almas jóvenes y lesionadas. La sanidad es mejor encontrarla en espacios no románticos, tal como un grupo de apoyo, grupos en la iglesia, terapia, o amistades del mismo sexo. Hay que distinguir los propósitos de las amistades románticas de las no románticas.

Será mucho mejor aprender el arte de la puesta de límites en los espacios no románticos donde los afectos y los compromisos son mayores. Una vez que sepamos reconocer, fijar y mantener nuestros límites bíblicos, podremos utilizarlos en el ámbito de recreación adulto que son las salidas en pareja.

2. *Es necesario poner límites al romance.* En las etapas iniciales de una relación en pareja, en ocasiones, las personas con límites maduros los suspenden para agradar a su compañero o compañera. Sin embargo, decir la verdad en un romance permite definir la relación. Ayuda a cada persona a conocer dónde comienza y dónde termina la otra persona.

El desconocimiento mutuo de los límites del compañero es una bandera roja de alerta que a las claras señala que la relación no es saludable. En la orientación prematrimonial, preguntamos a las parejas: «¿En qué cosas no están de acuerdo? ¿Por qué cosas discuten?» Cuando la respuesta es: «Es increíble, somos tan compatibles, tenemos tan pocas diferencias» les mandamos unos deberes a la pareja: Averigüen sobre qué cosas se han estado mintiendo. Si hay alguna esperanza para la relación, esta tarea casi siempre ayudará.

Tercera pregunta: ¿Qué pasa si mis mejores amigos son mis parientes?

Las personas con sus límites en desarrollo a veces dicen: «Pero mi madre (o padre, o hermana, o hermano) es mi mejor amiga.» Sienten que, en estos tiempos de estrés familiar, tienen suerte porque sus mejores amigos son la familia que los crió. No creen que necesitan un círculo íntimo de amigos aparte de sus propios padres y hermanos.

No han comprendido bien la función bíblica de la familia. Dios pretende que la familia sea una incubadora donde crecer en madurez, y desarrollar las herramientas y las facultades que necesitamos. Una vez que la incubadora ha cumplido su tarea, debe animar al pequeño adulto a abandonar el nido y vincularse con el mundo exterior (Génesis 2:24), para establecer su propio sistema familiar espiritual y emocional. El adulto es libre para hacer cualquier cosa que Dios le haya encomendado.

Con el transcurso del tiempo, debemos lograr el propósito de Dios de extender su amor al mundo, para hacer discípulos de todas las naciones (Mateo 28:19-20). Quedarse emocionalmente encerrados dentro de la familia de origen frustra este propósito. Difícilmente podremos cambiar el mundo cuando tenemos que vivir en la misma calle.

Nadie puede convertirse bíblicamente en un adulto de verdad sin fijar algunos límites, dejando su hogar y afincándose en otro lado. De lo contrario, nunca sabremos si forjamos nuestros valores, creencias y convicciones, nuestra identidad, o si imitamos las ideas de nuestra familia.

¿Pueden los parientes ser amigos? Por supuesto. No obstante, si nunca los ha cuestionado, ha fijado límites, o experimentado el conflicto con los miembros de su familia, quizá no tenga una relación de adulto a adulto en su familia. Si sus «mejores amigos» solo los tiene en su familia, necesita examinar en detalle esas relaciones. Quizá teme separarse e individuarse, convertirse en un adulto autónomo.

Cuarta pregunta: *¿Cómo puedo ponerle límites a los amigos necesitados?*

Estaba hablando un día en una sesión con una mujer que se sentía enormemente aislada y descontrolada. Ponerle límites a sus amigos le resultaba imposible; siempre estaban en crisis.

Le pedí que me describiera el carácter de sus relaciones.

—Tengo muchos amigos. Soy voluntaria en la iglesia dos noches a la semana. Tengo un estudio bíblico una vez a la semana. Integro una o dos comisiones de la iglesia, y canto en el coro.

—De solo escucharla describir lo que hace en la semana, ya me siento agotado —le dije—. Pero, ¿cuál es el carácter de esas relaciones?

—Son fantásticas. Ayudo a la gente. Crecen en la fe, y los matrimonios con problemas subsanan sus conflictos.

—Sabe —le dije—, yo le pregunto por las amistades, y usted me habla de ministerios. No es lo mismo.

Nunca se había puesto a pensar en la diferencia. Su idea de la amistad era encontrar personas necesitadas y relacionarse con ellas. No sabía cómo pedir cosas ella misma.

Sus conflictos de límites tenían esa raíz. Sin esas «relaciones de ministerio», esta mujer se quedaba sin nada. No sabía decir que no. Decir que no la hubiera hundido en el aislamiento total, lo que le hubiera resultado insoportable.

Sin embargo, hubiera ocurrido de todos modos: buscó ayuda porque estaba exhausta.

Cuando la Biblia nos dice que debemos consolar con el consuelo con que somos consolados (2 Corintios 1:4), nos advierte algo. Necesitamos ser consolados antes de poder consolar. Esto puede implicar fijar límites a nuestros ministerios para que nuestros amigos nos alimenten. Debemos diferenciarlos.

Meditar en oración sobre sus amistades le permitirá determinar si necesita comenzar a construir límites con alguno de sus amigos. Fijar límites, le permitirá rescatar algunas amistades que flaquean. Y si las relaciones románticas, las salidas en pareja, conducen al matrimonio, deberá recordar también cómo construir y mantener límites en la más íntima de las relaciones humanas.

9

Los límites y su cónyuge

Si existe una relación donde es fácil confundir los límites, es en el matrimonio, donde por su propia voluntad, el hombre y la mujer llegan a «ser un solo cuerpo» (Efesios 5:31). Los límites fomentan la separación. El matrimonio tiene como uno de sus objetivos dejar la separación y convertirse en uno, en vez de dos. ¡Qué estado de confusión en potencia, especialmente para quienes no tienen límites claros para comenzar!

Los matrimonios fracasan más por límites frágiles que por ningún otro motivo. Este capítulo aplicará las leyes de los límites, así como también los mitos, a las relaciones matrimoniales.

¿Esto es tuyo, mío o nuestro?

El matrimonio refleja la relación que Cristo tiene con su novia, la iglesia. Hay algunas cosas que solo Cristo puede hacer, hay otras que solo la iglesia puede hacer, y hay otras que hacen juntos. Solo Cristo pudo morir. Solo la iglesia puede representarlo en la tierra durante su ausencia y obedecer sus mandamientos. Juntos, trabajan en varias cosas, como es la salvación de los perdidos. De manera similar en el matrimonio, un cónyuge tiene determinadas obligaciones, el otro tiene otras, y juntos cumplen otras. Cuando en el día de la boda se convirtieron en uno, los cónyuges no perdieron sus respectivas identidades. Cada uno participa en la relación y cada uno tiene su propia vida.

Nadie tendrá problema para decidir quién usa el vestido y quién la corbata. Es un poco más delicado decidir quién lleva las cuentas y quién corta el césped. Sin embargo, es posible ponerse de acuerdo con estas obligaciones según las aptitudes e intereses de los cónyuges. Los límites pueden ser confusos en lo que atañe a la personalidad, los elementos del alma que cada persona posee y puede compartir, si lo desea, con el otro.

El problema surge cuando uno invade la personalidad del otro, cuando traspasa una línea e intenta controlar los sentimientos, las actitudes, las conductas, las opciones, y los valores del otro. Solo la propia persona puede controlar estas cosas. Intentar controlarlas es violar los límites ajenos, y a la larga, fracasará. Nuestra relación con Cristo, y cualquier otra relación de éxito, se basa en la libertad.

Veamos algunos ejemplos comunes:

Sentimientos

Uno de los elementos más importantes para desarrollar la intimidad entre dos personas es la capacidad de cada una de aceptar la responsabilidad de sus respectivos sentimientos.

Estaba aconsejando a una pareja que tenían problemas maritales causados por el consumo de alcohol del esposo. Le pedí a la mujer que le dijera a su marido cómo se sentía cuando él tomaba.

—Siento que no está pensando en lo que está haciendo. Siento como si él...

—No. Usted está evaluando su alcoholismo. ¿Qué siente al respecto?

—Siento como si a él no le importara...

—No —le dije—. Me está diciendo lo que usted *piensa* de él. ¿Cómo se *siente* cuando él toma?

Comenzó a llorar.

—Me siento sola y con miedo —dijo al expresar, por fin, cómo se sentía.

Entonces su esposo estiró el brazo y apoyó la mano en su brazo.

—No sabía que tenías miedo —dijo—. Nunca querría hacerte sentir miedo.

Esta conversación fue decisiva en su relación. Durante años la mujer lo había estado fastidiando diciéndole cómo era y cómo debía ser. Él le respondía culpándola y justificando su conducta. A pesar de horas y horas de conversación, habían estado hablándole a las paredes. Ninguno se hacía cargo de sus propios sentimientos y los comunicaba.

No comunicamos nuestros sentimientos diciendo: «Siento que tú...» Para comunicarlos, debemos decir: «Me siento triste, dolida, sola, asustada, o...» Esta vulnerabilidad es el comienzo de la intimidad y el cariño.

Los sentimientos también sirven para alertarnos de que debemos hacer algo. Por ejemplo, si uno está enojado con alguien por algo que hizo esa persona, su responsabilidad es decirle a esa persona que usted está enojado con ella y explicarle el porqué. Si piensa que su enojo es problema de la otra persona, y que ella debiera repararlo, puede esperar por años. Su enojo puede convertirse en amargura. Si está enojado, aunque el otro haya pecado contra usted, es su responsabilidad hacer algo al respecto.

Susan tuvo que aprender esta lección. Cuando su esposo, Jim, no regresaba a casa lo suficientemente temprano para que pudieran pasar un rato juntos, Susan se enojaba. En lugar de enfrentar a su marido, permanecía callada el resto de la noche. Jim se enfadaba tratando de que ella le dijera qué pasaba. Finalmente, cansado de sus pucheros, la dejó sola.

No enfrentarse al dolor o al enojo puede matar una relación. Susan hubiera tenido que hablar con Jim para contarle cómo se sentía, en lugar de esperar que él le preguntara. Aunque sentía que él la había lastimado, ella debería haberse hecho cargo de su propio dolor y enojo.

Jim y Susan no hubieran resuelto el problema si ella solo le hubiera expresado su enojo. Necesitaba dar otro paso. Necesitaba aclarar cuáles eran sus deseos en este conflicto.

Deseos

Cada cónyuge debe asumir la responsabilidad por este otro elemento de la persona: los deseos. Susan estaba enojada porque quería que Jim estuviera en casa. Lo culpaba por llegar tarde. Cuando vinieron a la consulta, nuestra conversación se desarrolló según estas líneas:

—Susan, ¿por qué está enojada con Jim? —le pregunté.

—Porque llega tarde —contestó.

—Ese no puede ser el motivo —le dije—. Nadie puede hacer que otro se enoje. Su enojo debe venir de algo dentro de usted.

—¿Qué quiere decir? Él es quien llega tarde a casa.

—Digamos, si hubiera hecho planes para salir con sus amigas esa noche, ¿todavía estaría enojada con él por llegar tarde?

—Pues, no. Eso sería diferente.

—¿Por qué sería diferente? Usted dijo que estaba enojada porque él llegaba tarde; él aún llegaría tarde, pero usted no se enojaría.

—Pues, en esa situación, él no estaría haciendo nada que me lastimara.

—No exactamente —le señalé—. La diferencia es que usted no estaría deseando nada que él no quisiera darle. Su deseo insatisfecho es lo que la lastima, no sus llegadas tarde. El problema radica en saber de quién es la responsabilidad del deseo. Es su deseo, no el de él. Es responsabilidad suya satisfacerlos. Es una norma de vida. No obtenemos todo lo que deseamos, y todos nos afligimos por nuestras desilusiones; no castigamos a los demás por ellas.

—¿Qué del respeto mutuo? Quedarse en la oficina es egoísta —dijo ella.

—Bueno, él quiere quedarse a trabajar algunas noches y usted quiere que esté en casa. Ambos desean algo para cada uno.

Podríamos decir que usted es tan egoísta como él. La verdad es que ninguno de ustedes es egoísta. Solo tienen deseos conflictivos. El matrimonio consiste en eso: en solucionar los deseos conflictivos.

No hay ningún «villano» en esta situación. Tanto Jim como Susan tenían necesidades. Jim necesitaba trabajar hasta tarde, y Susan lo necesitaba en casa. Los problemas surgen cuando hacemos a otra persona responsable de nuestras necesidades y deseos, y cuando la culpamos de nuestras desilusiones.

Límites a lo que puedo dar

Somos criaturas finitas y cada uno debe dar como haya «decidido en su corazón» (2 Corintios 9:7), consciente de cuándo pasamos de un estado de amor a un estado de resentimiento. Los problemas surgen cuando culpamos a otro por nuestra carencia de límites. Uno de los cónyuges muchas veces hará más de lo que desea hacer y luego estará resentido con el otro porque no se lo impidió.

Bob tenía este problema. Nancy, su esposa, quería tener la casa perfecta, con patios artesanales, jardines paisajistas y remodelaciones. Siempre se le ocurría que él hiciera algo alrededor de la casa. Él estaba comenzando a molestarse con sus proyectos.

Cuando vino a verme, le pregunté por qué estaba enojado.

—Es que ella quiere tanto, que no puedo tener tiempo para mí —me dijo.

—¿Qué quiere decir con que "no puede"? ¿No querrá decir "no quiero"?

—No, *no puedo*. Se enojaría si no hiciera los trabajos.

—Bueno, pero ese es problema de ella; es su enojo.

—Sí, pero yo la tengo que escuchar.

—No, no tiene que hacerlo —le dije—. Usted está optando por hacer todo eso por ella, y está eligiendo aguantar sus reproches si no lo hace. Todo el tiempo que pasa haciendo cosas por ella es un regalo que le brinda; si no desea darlo, no tiene por qué hacerlo. No la culpe por eso.

A Bob no le gustó oír esto. Quería que ella dejara de querer tantas cosas en lugar de aprender a decir que no.

—¿Cuánto tiempo semanal quiere dedicarle a ella para el mejoramiento de la casa? —le pregunté.

Pensó por un minuto.

—Unas cuatro horas. Podría hacer algunos trabajos que me pidiera y todavía tener tiempo para un pasatiempo.

—Dígale entonces que ha estado pensando qué hacer con su tiempo y con todas las demás cosas que hace por la familia, y que le gustaría dedicar cuatro horas semanales para los trabajos de la casa. Ella es libre para usar ese tiempo como mejor le parezca.

—Pero, ¿qué pasa si me dice que cuatro horas no son suficientes?

—Explíquele que entiende que pueden no ser suficiente para hacer todos los trabajos que ella quiere que se hagan, pero que eso es lo que ella quiere y no lo que usted quiere. Por lo tanto, ella debe hacerse cargo de sus deseos, tiene libertad para ser creativa en cómo hacerlos. Podría ahorrar algún dinero extra y contratar a una persona. Podría aprender a hacerlos ella misma. Podría pedirle a un amigo que la ayude. O podría dejar de querer hacer tantas cosas. Es importante que aprenda que usted no se hará responsable de los deseos de ella. Usted va a darle lo que usted decida, y ella es responsable del resto.

Bob entendió la lógica de mi sugerencia y se propuso hablar con Nancy. Al principio no fue nada lindo. Era la primera vez que alguien le decía que no a Nancy y no le gustó nada. Sin embargo, con el tiempo Bob aceptó la responsabilidad de sus límites en lugar de desear que Nancy no quisiera tantas cosas y sus límites fueron eficaces. Ella aprendió algo completamente nuevo: el mundo no existía para agradarla a ella. Los demás no eran extensiones de sus deseos y necesidades. Los demás también tenían deseos y necesidades, y tenemos que negociar una relación justa y afectuosa y respetarnos los límites mutuamente.

La clave es que no podemos atribuir a otra persona la responsabilidad de nuestros límites; son nuestra responsabilidad. Solo nosotros sabemos lo que podemos y queremos dar, y solo nosotros tenemos la responsabilidad de rehusarnos. Si no nos rehusamos, pronto estaremos resentidos.

Las leyes de los límites en el matrimonio

En el capítulo 5 analizamos las diez leyes de los límites. Apliquemos algunas de estas leyes a las situaciones matrimoniales conflictivas.

La ley de la siembra y la cosecha

En varias oportunidades un cónyuge puede estar fuera de control y puede no sufrir las consecuencias de su conducta. El esposo le grita a su esposa, y ella intenta ser más cariñosa. En efecto, la maldad (los gritos) produce cosas buenas (más cariño) para él. O la esposa derrocha, y el esposo paga las consecuencias. Consigue un segundo empleo para pagar la montaña de facturas.

Se requieren consecuencias naturales para solucionar estos problemas. La esposa debe decirle a su esposo excesivamente crítico de que si continúa regañándola, se irá a otra habitación hasta que puedan hablar del problema racionalmente. O podría decirle algo como: «No voy a hablar más contigo sobre este asunto. Solo lo haré en presencia de un consejero.» O, «Si comienzas a gritarme, me iré a casa de Jane a pasar la noche.» El hombre casado con una mujer derrochadora necesita cancelarle las tarjetas de crédito o decirle que *ella* debe buscarse un segundo empleo para pagar las cuentas. Estos cónyuges necesitan dejar que sus respectivos cónyuges sufran las consecuencias de sus actos.

Un amigo mío decidió dejar que su mujer sufriera las consecuencias de su impuntualidad crónica. Le había peleado y peleado a su mujer sobre sus llegadas tarde, sin ningún resultado. Finalmente reconoció que no la podía cambiar; solo podía cambiar su reacción. Cansado de sufrir las consecuencias de su conducta, decidió pasárselas a ella.

Una noche habían hecho planes para un banquete y él no deseaba llegar tarde. Con anticipación le dijo que quería llegar en hora y que si no estaba lista a las seis en punto de la tarde se iría sin ella. Ella se demoró, y él se fue. Cuando llegó a su casa esa noche ella le gritó: «¿Cómo pudiste irte sin mí?» Él le hizo saber que fue su tardanza la que le hizo perder el banquete y que estaba entristecido de haber tenido que ir solo, pero que no había querido perder la cena. Después de otros incidentes similares, ella se dio cuenta que su tardanza la afectaba a ella y no a él, y cambió.

Estas medidas no son manipuladoras, como el otro cónyuge las calificará. Son ejemplos de alguien que pone límites a la manera cómo quiere ser tratado y que expresa su dominio propio. Las consecuencias naturales caen sobre los hombros del responsable.

La ley de la responsabilidad

Con anterioridad hemos tocado el tema de la responsabilidad *de* nosotros y la responsabilidad *hacia* los demás. Los ejemplos anteriores lo demuestran. Las personas que ponen límites manifiestan dominio propio y responsabilidad de sí mismos. Actúan con responsabilidad hacia su pareja cuando la enfrentan. Poner límites es un acto de amor en el matrimonio; confinando y limitando el mal, se protege el bien.

Asumir responsabilidad del enojo, los disgustos y las decepciones de otra persona, accediendo a sus exigencias y a su comportamiento controlador destruyen el amor en un matrimonio. En vez de aceptar la responsabilidad de la persona que amamos, o socorrerla, expresemos nuestra responsabilidad hacia ella enfrentándonos al mal cuando lo veamos. Así amaremos verdaderamente a nuestra pareja y al matrimonio. El comportamiento más responsable posible es generalmente el más difícil.

La ley del poder

Hemos considerado nuestra incapacidad elemental para cambiar a los demás. Un cónyuge regañón, sin duda, hará que el problema se prolongue. Lo mejor sería aceptar a una persona como es, respetar su opción de ser de esa manera, y luego permitir que haya consecuencias. Cuando hacemos esto, ejercemos el poder que tenemos, y dejamos de ejercer el poder que nadie tiene. Comparen estas maneras de reaccionar:

ANTES DE LOS LÍMITES	DESPUÉS DE LOS LÍMITES
1. «Deja de gritarme. Debes ser más amable.»	1. «Si quieres, puedes seguir gritándome. Pero yo no me quedaré aquí cuando actúes de esa manera.»
2. «Tienes que dejar de tomar. Estás arruinando nuestra familia. Escúchame. Estás destrozando nuestras vidas.»	2. «Si no quieres, no hagas nada con tu alcoholismo. Pero ni yo ni los niños seguiremos exponiéndonos a este caos. La próxima vez que te emborraches, nos iremos a casa de los Wilson a pasar la noche, y les diremos por qué estamos ahí. El alcoholismo es tu opción. Lo que yo estoy dispuesta a tolerar es mi opción.»
3. «Eres un pervertido por mirar pornografía. Eso es tan degradante. ¿Qué clase de enfermo eres?»	3. «No voy a elegir compartirte sexualmente con mujeres desnudas de las revistas. Depende de ti. Solo me acostaré con alguien que esté interesado en mí. Decídete y elige.»

Estos son ejemplos de cómo tomar el control de las cosas sobre las que tenemos dominio —nuestra persona— y dejar de dominar y controlar a los demás.

La ley de la evaluación

Cuando usted enfrente a su esposo o esposa y comience a poner límites, su cónyuge puede sentirse lastimado. Cuando evalúe la pena que el establecimiento de límites causará a su cónyuge, recuerde que el amor y los límites van juntos. Cuando ponga límites, sea amablemente responsable con la persona que sufre.

El cónyuge sensato y afectuoso aceptará los límites y reaccionará con responsabilidad. El cónyuge controlador y egocéntrico reaccionará con ira.

Recuerde que un límite es algo que usted se pone, no que le pone a otro. Usted no le exige a su cónyuge que haga algo, ni siquiera respetar sus límites. Le está poniendo límites para decir lo que hará y lo que no hará. Son los únicos límites que son aplicables, porque usted sí tiene control sobre sí mismo. No confunda los límites con una nueva manera de controlar a su cónyuge. Es todo lo contrario. Implican renunciar al control y comenzar a amar. Está dejando de controlar a su cónyuge y permitiéndole que asuma la responsabilidad de su conducta.

La ley de la exposición

En un matrimonio, como en ninguna otra relación, la necesidad de revelar sus límites es importante. Los límites pasivos como el retraimiento, la triangulación, el enfurruñamiento, las relaciones extramatrimoniales y las conductas pasivo-agresivas, son sumamente destructivos en una relación. Las maneras pasivas de mostrar a los demás que no tienen control sobre su vida nunca conducirán a la intimidad. Nunca le enseñarán al otro cómo es usted realmente; solo los separarán.

Los límites deben ser comunicados; primero verbalmente, y luego con acciones. Necesitan ser claros y sin excusas. Recuerde las clases de límites que mencionamos antes: la piel, las palabras, la verdad, el espacio físico, el tiempo, la distancia emocional, otras personas, y las consecuencias. Todos estos límites deben ser respetados y revelados en distintas oportunidades en el matrimonio.

La piel. Cada cónyuge necesita respetar los límites corporales físicos del otro. Las violaciones a los límites físicos abarcan desde manifestaciones dolorosas de afecto hasta el abuso físico. La Biblia nos dice que el esposo y la esposa tienen «potestad» sobre el cuerpo del otro. (1 Corintios 7:4-6, Reina-Valera); es una potestad recíproca, con libertad. Siempre debemos tener presente el principio de Jesús: «Trata a los demás como te gustaría ser tratado.»

Las palabras. Las palabras deben ser claras y dichas en amor. Enfrente a su cónyuge directamente. Diga que no. No use la resistencia pasiva. No se enfurruñe ni se retraiga. Puede expresarlo diciendo: «No me siento cómodo con eso. No quiero. No lo haré.»

La verdad. Pablo dice que «dejando la mentira, hable cada uno a su prójimo con la verdad» (Efesios 4:25). La comunicación sincera es siempre lo mejor. Incluye advertirle a la otra persona cuando no se ha dado cuenta que está violando una de las normas de Dios. También es necesario que cada uno reconozca sus sentimientos y penas, y comunique esos sentimientos directamente y con amor al otro cónyuge.

Espacio físico. Cuando necesite un tiempo para usted, dígaselo a su cónyuge. En ocasiones necesita espacio para nutrirse; en otras, necesita espacio para fijar límites. En cualquier caso, su cónyuge no tendría que adivinar por qué no desea estar cerca de él por un tiempo. Comuníqueselo con claridad para que su cónyuge no se sienta castigado, sino para que entienda que está experimentando las consecuencias de su conducta descontrolada (Mateo 18:17; 1 Corintios 5:9-13).

Distancia emocional. Si usted tiene un matrimonio con problemas, donde su compañero ha tenido un amorío, por ejemplo, puede requerir espacio emocional. Esperar antes de volver a confiar es prudente. Precisa comprobar que su cónyuge está verdaderamente arrepentido, y su cónyuge necesita entender que su conducta tiene un precio. Su cónyuge puede interpretar esto como un castigo, pero la Biblia nos enseña que debemos juzgar a las personas por sus acciones, no por sus palabras (Santiago 2:14-26).

Además, un corazón lastimado toma tiempo en recuperarse. No sirve regresar apresuradamente a un estado de confianza con demasiado dolor no resuelto. Ese dolor debe ser expuesto y comunicado. Si usted está dolido, reconózcalo.

El tiempo. Cada cónyuge necesita tiempo fuera de la relación. No solo para fijar límites, como señalamos anteriormente, sino para la nutrición respectiva. La esposa de Proverbios 31 tiene una vida propia; está fuera, haciendo muchas cosas. Lo mismo es válido para su marido. Tienen su propio tiempo para hacer lo que les gusta y para encontrarse con sus propios amigos.

Muchas parejas tienen problema con este aspecto del matrimonio. Se sienten abandonados cuando su cónyuge quiere pasar un tiempo solo. En realidad, los cónyuges deben pasar tiempo separados, para darse cuenta que necesitan volver a estar juntos. Los cónyuges en relaciones sanas aprecian el valor del espacio de su compañero y defienden las causas del otro.

Otras personas. Algunos cónyuges necesitan el apoyo de otros para fijar límites. Si nunca se han defendido, sus amigos y la iglesia deben ayudarlos a aprender cómo se hace. Si usted es demasiado débil para fijar y hacer valer sus límites, busque la ayuda de alguien fuera de su matrimonio para que lo apoye. Sin embargo, no busque ayuda de alguien del sexo opuesto lo que podría llevar a un amorío. Obtenga ayuda de personas dentro de relaciones con límites inherentes, como los consejeros o los grupos de apoyo.

Las consecuencias. Comunique las consecuencias claramente y hágalas cumplir con firmeza como dijo que lo haría. Expresar las consecuencias con anticipación y cumplirlas, le da la oportunidad a su cónyuge de decidir si desea que la consecuencia suceda o no. Cuando las personas tienen control sobre su propia conducta, tienen control sobre las consecuencias de esa conducta.

Pero eso no parece ser sumiso

Siempre que nos referimos a la puesta de límites por parte de la esposa, alguien pregunta sobre la idea bíblica de la sumisión. A continuación no presentamos un tratado completo sobre la sumisión, sino pautas generales que deberíamos tener presentes.

En primer lugar, tanto los esposos como las esposas deben practicar la sumisión, no únicamente las esposas. «Sométanse unos a otros, por reverencia a Cristo» (Efesios 5:21). La sumisión es siempre la libre opción de una parte hacia la otra. Las esposas eligen someterse a sus maridos, y los maridos eligen someterse a sus mujeres.

La relación de Cristo con la iglesia ilustra cómo deberían relacionarse el marido y la mujer: «Así como la iglesia se somete a Cristo, también las esposas deben someterse a sus esposos en todo. Esposos, amen a sus esposas, así como Cristo amó a iglesia y se entregó por ella para hacerla santa. Él la purificó, lavándola con agua mediante la palabra, para presentársela a sí mismo como una iglesia radiante, sin mancha ni arruga ni ninguna imperfección, sino santa e intachable» (Efesios 5:24-27).

Siempre que aflore la cuestión de la sumisión, la primera pregunta que hay que hacer es: ¿Cuál es la naturaleza de una relación matrimonial? ¿Se asemeja la relación del esposo con su esposa a la relación de Cristo con la iglesia? ¿Tiene ella la libertad de elegir, o es una esclava «bajo la ley»? Surgen varios problemas matrimoniales cuando el esposo intenta mantener a su esposa «bajo la ley», y ella siente todas las emociones que la Biblia promete que trae la ley: ira, culpa, inseguridad, y separación (Romanos 4:15; Santiago 2:10; Gálatas 5:4).

La libertad es un aspecto que también debe ser analizado; la gracia, es otro. ¿Tiene el esposo con su esposa una relación llena de gracia y amor incondicional? ¿Está ella en un estado de «ninguna condenación» como la iglesia (Romanos 8:1), o su esposo no «la lava» de toda culpa? Por lo general, los esposos que citan el pasaje de Efesios 5 convierten a sus esposas en esclavas y las condenan por no someterse. Si ella cae en la ira y la condenación por no someterse, ella y su marido no tienen un matrimonio cristiano lleno de gracia; tienen un matrimonio «bajo la ley».

Muchas veces, en estos casos, el marido se empeña por hacer que su mujer haga algo que es doloroso o intenta privarla de su voluntad. Ambos propósitos son pecados contra sí mismo. «Así mismo el esposo debe amar a su esposa como a su propio cuerpo. El que ama a su esposa se ama a sí mismo, pues nadie ha odiado jamás a su propio cuerpo; al contrario, lo alimenta y lo cuida, así como Cristo hace con la iglesia» (Efesios 5:28-29). Por lo tanto, la idea de una sumisión similar a la esclavitud es insostenible. Cristo nunca nos priva de nuestra voluntad ni nos pide que hagamos algo doloroso. Nunca nos empuja más allá de nuestros límites. Nunca nos usa como objetos. Cristo «se entregó a sí mismo» por nosotros. Nos cuida como a su propio cuerpo.

No hemos visto nunca un «problema de sumisión» que no radicara en un marido controlador. Cuando la mujer comienza a poner límites claros, la falta de espíritu cristiano se vuelve evidente en el marido controlador porque su mujer no permite más su comportamiento inmaduro. Ella está enfrentándose a la verdad y poniendo límites bíblicos a la conducta perjudicial. Muchas veces, cuando la esposa pone límites, el esposo comienza a madurar.

Una cuestión de equilibrio

—No puedo hacer que pase algún tiempo conmigo. Solo le interesa salir con sus amigos a las actividades deportivas. Nunca me quiere ver —se quejó Meredith.

—¿Qué tiene que decir a eso? —le pregunté a su esposo.

—Que no es nada cierto —respondió Paul—. Siento que estamos juntos de sobra. Me llama al trabajo dos o tres veces al día. Me está esperando en la puerta cuando llego a casa y quiere hablar. Hace planes para todas nuestras noches y nuestros fines de semana. Me vuelvo loco. Así que trato de escaparme, ir a un partido o jugar al golf. Me siento asfixiado.

—¿Cuántas veces trata de salir?

—Siempre que puedo. Posiblemente dos noches a la semana y una tarde durante el fin de semana.

—¿Qué hace durante ese rato? —le pregunté a Meredith.

—Pues espero que regrese a casa. Lo extraño mucho.

—¿No tiene nada que le gustaría hacer por usted sola?

—No. Mi familia es mi vida. Vivo para ellos. No lo soporto cuando se van y no podemos pasar tiempo juntos.

—Bueno, no parece ser que no tengan tiempo para estar juntos —dije—. Pero sí es cierto que no están juntos todo el tiempo. Y cuando no están juntos, Paul se siente aliviado y usted está disgustada. ¿Cómo explicaría este desequilibrio?

—¿Qué quiere decir con "desequilibrio"? —preguntó.

—Los matrimonios se forman con dos ingredientes: estar juntos y estar separados. En los buenos matrimonios, las parejas se reparten igual carga de ambos. Digamos que estar juntos vale cien puntos y estar separados vale cien puntos. En una buena relación, una parte asigna cincuenta puntos a estar juntos y cincuenta puntos a estar separados, y la otra parte hace lo mismo. Ambos llevan a cabo cosas por separado, y eso crea una añoranza recíproca; y el estar juntos crea una necesidad de separación. Pero en su relación, han dividido los doscientos puntos de otra manera. Usted asigna cien puntos a estar juntos, y él asigna cien puntos a estar separados.

»Si desea que él se acerque —continué—, necesita apartarse algo y hacerle lugar a la añoranza. No creo que Paul tenga alguna vez la oportunidad de extrañarla. Siempre está persiguiéndolo. Si dejara algún espacio, él podría extrañarla, y luego la buscaría.

—Eso es —me interrumpió Paul—. Querida, es como cuando estabas estudiando para graduarte y estuvimos sin vernos tanto tiempo. ¿Recuerdas? Te extrañaba. Ahora nunca tengo la oportunidad de extrañarte. Siempre estás por ahí.

Meredith estaba reacia a darme la razón, pero ansiosa por explorar con Paul la manera de volver a equilibrar su relación matrimonial.

El equilibrio. Es algo que Dios ha incorporado a todos los sistemas. Los sistemas buscan restablecer el equilibrio de cualquier manera posible. Hay muchos aspectos que necesitan el equilibrio en un matrimonio, entre otros: el poder, la fuerza, estar juntos, las relaciones sexuales. Los problemas surgen cuando en vez de turnarse, un cónyuge siempre es poderoso y el otro no tiene ningún poder; un cónyuge quiere estar siempre juntos y el otro quiere estar siempre separados; un cónyuge siempre quiere tener relaciones sexuales y el otro no. En todos estos casos, la pareja encontró un equilibrio, pero no es *recíproco*.

Los límites fomentan la creación de un equilibrio recíproco, y no un equilibrio disparejo. Ayudan a las parejas a rendirse cuentas recíprocamente. Si uno de los cónyuges no tiene límites y comienza a hacer las tareas que le corresponden al otro, tal como crear el factor de unión de la relación; esa persona va camino de la codependencia, o algo peor. Su cónyuge vivirá fuera en el otro extremo de la brecha. Los límites, mediante las consecuencias, permiten que los esposos se rindan cuentas y fuerzan que el equilibrio se haga recíproco.

El Predicador en Eclesiastés dice: «Todo tiene su momento oportuno; hay un tiempo para todo lo que se hace bajo el cielo» (3:1). Hay polos en equilibrio en la vida y las relaciones. Cuando se halle en una relación desigual, quizá carezca de límites. Poner límites puede corregir el desequilibrio. Por ejemplo, cuando Paul pone límites a las exigencias de Meredith, la obliga a ser más independiente.

Solución

Suele ser fácil ver los problemas; lo complicado es tomar las decisiones difíciles y correr los riesgos implícitos en el cambio.

Veamos algunos de los pasos para el cambio personal en una relación matrimonial.

1. *Realice un inventario de los síntomas*. Primero, se debe admitir el problema y decidirse a actuar para solucionarlos. El problema no se solucionará solo con deseos. Debe reconocer que el problema existe, ya sea sexual, de la disciplina de los niños, poco tiempo para estar juntos, o gasto desmedido de dinero.

2. *Identifique el problema de límites específico*. Después de identificar el síntoma, se debe poner el dedo en el problema de límites específico. Por ejemplo, el síntoma puede ser que una persona no quiere tener relaciones sexuales; el problema de límites puede ser que esta persona no dice que no todas las veces que debiera en otros aspectos de la relación, y este es el único terreno donde tiene algún poder. O puede sentir que no tiene suficiente control en el campo sexual. Puede sentirse impotente, puede sentir que sus decisiones no son reconocidas.

3. *Encuentre el origen del conflicto*. Posiblemente no sea esta la primera relación donde aparece esta cuestión de límites. Puede haber aprendido a relacionarse de esta manera en una relación significativa en la familia donde se crió. Algunos temores desarrollados en esa relación son todavía operantes. Estos temas pendientes deben encararse; deje de confundir a sus padres con su cónyuge. No hay otra relación que repita los conflictos con los padres tanto como la relación matrimonial.

4. *Permita la entrada de lo bueno*. Este paso implica establecer un sistema de apoyo. Recuerde: «Los límites no se construyen en el vacío.» Necesitamos vínculos y apoyo antes de comenzar a construir límites; por temor al abandono muchas personas no se deciden a poner límites.

Por este motivo, establezca un sistema de apoyo que los estimulará a poner límites en su matrimonio. Puede ser un grupo de codependencia, Al-Anon, un terapeuta, un consejero matrimonial o un pastor. No ponga límites por usted solo. No ha puesto límites porque tiene miedo; la única posibilidad es con apoyo. «Uno solo puede ser vencido, pero dos pueden resistir. ¡La cuerda de tres hilos no se rompe fácilmente!» (Eclesiastés 4:12). Los límites son como músculos. Necesitan estructurarse en un sistema de apoyo seguro y desarrollarse. Si trata de echarse al hombro demasiada carga, sus músculos pueden afectarse. Consiga ayuda.

5. *Practique*. Practique los nuevos límites en relaciones seguras, relaciones donde las personas lo aman incondicionalmente. Dígale a un buen amigo que no cuando no puede almorzar con él, o hágale saber cuando no está de acuerdo con ella, o regálele algo sin esperar nada a cambio. A medida que practique poner límites en un terreno seguro, comenzará a aumentar su facultad para poner límites en el matrimonio.

6. *Diga que no a lo malo*. Póngale un límite a lo malo en su matrimonio. Enfrente el abuso; diga que no a las exigencias irrazonables. Recuerde la parábola de los talentos. El crecimiento no es posible sin riesgo y sin enfrentar el temor. Tener éxito no es tan importante como dar un paso y probar.

7. *Perdone*. Sin perdón no hay límites. Las personas que no perdonan permiten que otras personas las controlen. Perdonarle una deuda a quien lo ha lastimado es dejar de esperar algo a cambio; usted también se liberará. Perdonar conduce a un comportamiento proactivo en el presente, en vez de deseos pasivos del pasado.

8. *Sea proactivo*. No permita que otro lo controle; decida lo que quiere hacer, establezca su curso, y siga su rumbo. Decida cuáles serán sus límites, en qué cosas participará, qué cosas no tolerará más, y qué consecuencias permitirá. Defínase proactivamente, y estará listo para defender sus límites llegado el momento.

9. *Aprenda a amar en libertad y con responsabilidad*. Recuerde el propósito de los límites: el amor que surge de la libertad. Esta es la verdadera autonegación del Nuevo Testamento. Cuando usted tiene control de su persona, puede entregarse y sacrificarse por sus seres amados de manera provechosa en vez de acceder a conductas destructivas y al egocentrismo. Esta clase de libertad

permite que uno dé de manera fructífera. Recuerde que «nadie tiene mayor amor que el que da su vida por sus amigos». Esto es vivir de acuerdo a la ley de Cristo, servirse mutuamente. Pero esto debe ser gracias a la libertad, no a la complacencia sin límites.

Poner y aceptar límites seguros con su esposa puede permitir una mayor intimidad. Pero no solo necesita encarar los límites con su cónyuge; necesita encarar los límites con sus hijos. Nunca es tarde para empezar.

10

Los límites y los hijos

Shannon no podía parar de llorar. Era una madre joven, con dos niños preescolares; nunca se hubiera imaginado enojada, fuera de control y menos que nada, abusiva. Sin embargo, una semana atrás había levantado y sacudido a su hijo Robby, de tres años. Le había gritado bien fuerte; y no había sido la primera vez. Lo había hecho en varias ocasiones en el último año. La única diferencia fue que esta vez, Shannon había estado al borde de lastimarlo físicamente. Estaba asustada.

La experiencia había afectado tanto a Shannon y a su esposo, Gerald, que concertaron una cita conmigo para discutir lo ocurrido. Su vergüenza y su culpa eran enormes. No me miraba a los ojos mientras me contaba la historia.

Las horas anteriores a que Shannon perdiera los estribos con Robby habían sido terribles. Gerald y ella habían discutido a la hora del desayuno. Él se había ido a trabajar sin despedirse. Luego Tania, de un año, había volcado sus cereales por todo el piso. Y Robby eligió esa mañana para hacer todo lo que en sus tres años le habían dicho que no hiciera. Le jaló la cola al gato; descubrió cómo abrir la puerta principal y salir al jardín y a la calle; pintó con el lápiz de labios de Shannon la pared blanca del comedor, y empujó a Tania al piso.

El último incidente fue la gota que colmó el vaso. Ver a Tania en el piso llorando y a Robby parado sobre ella con una mirada desafiante de satisfacción, fue demasiado. Shannon se puso colérica y se lanzó impulsivamente sobre su hijo. El resto de la historia ya la conocen.

Cuando se calmó un poco, le pregunté a Shannon cómo solían disciplinar a Robby.

—Pues, no queremos anularlo, o apagar su espíritu —comenzó Gerald—. Ser negativo es tan... tan... negativo. Tratamos de razonar con él. En algunas ocasiones le decimos que "esta noche no comerás helado". En otras, lo halagamos por las cosas que hace bien. Y en otras ocasiones hacemos caso omiso de su mal comportamiento para que posiblemente así deje de hacerlo.

—¿No trata de forzar los límites?

Ambos asintieron.

—No lo creerá —dijo Shannon—, es como si no nos oyera. Sigue haciendo lo que se le antoja. Y generalmente, continúa haciéndolo hasta que uno de nosotros explota y le grita. Supongo que tenemos un niño con problemas.

—Claro, sin duda que hay un problema —les respondí—, pero es posible que Robby haya sido entrenado para no responder a nada que no sea la ira descontrolada. Hablemos sobre los límites y los hijos...

De todos los ámbitos donde los límites son críticamente importantes, ninguno es más relevante que la crianza de los hijos. La manera de encarar los límites y la crianza de los hijos tendrá un enorme impacto en el carácter de los niños, en el desarrollo de valores, en su desempeño escolar, en los amigos que tengan, en la persona con quien se casen y en lo bien que les vaya en su profesión.

La importancia de la familia

Dios, en lo más íntimo, es amante (1 Juan 4:8). Está guiado e impulsado por relaciones. Desea vincularse con nosotros desde la concepción hasta la tumba: «Con amor eterno te he amado; por eso te sigo con fidelidad» (Jeremías 31:3). La naturaleza amante de Dios no es pasiva: es activa. El amor se multiplica. Dios el

Amante de las relaciones es Dios el Creador activo. Quiere llenar el universo con seres solícitos por él, y unos por los otros.

La familia es la unidad social, ideada por Dios para llenar el mundo con los representantes de su carácter amante. Es el lugar para la crianza y la educación de los bebés hasta que sean lo suficientemente maduros para dejar la familia como adultos y multiplicar su imagen en otros entornos.

Al principio, Dios eligió la nación de Israel para ser sus hijos. Después de siglos de resistencia por parte de Israel, sin embargo, Dios eligió a la iglesia: «Gracias a sus transgresiones [las de Israel] ha venido la salvación a los gentiles, para que Israel sienta celos» (Romanos 11:11). El cuerpo de Cristo desempeña el mismo papel que Israel: multiplicar el amor de Dios y su carácter.

Es común describir a la iglesia como una familia. Debemos hacer el bien «en especial a los de la familia de la fe» (Gálatas 6:10). Los creyentes son «miembros de la familia de Dios» (Efesios 2:19). Debemos saber «cómo hay que portarse en la casa de Dios» (1 Timoteo 3:15).

Estos y muchos otros magníficos pasajes nos muestran que Dios «piensa en familia». Nos expone sus sentimientos, como lo haría un padre. Es un papá. Le gusta su trabajo. Este retrato bíblico de Dios sirve para mostrarnos cómo la crianza de los hijos es de vital importancia para traer a este planeta el carácter propio de Dios en nuestros pequeños.

Los límites y la responsabilidad

Dios, el padre bueno, quiere ayudarnos, a nosotros sus hijos, a crecer. Quiere que seamos «una humanidad perfecta que se conforme a la plena estatura de Cristo» (Efesios 4:13). Parte de este proceso evolutivo consiste en enseñarnos a asumir la responsabilidad de nuestras vidas.

Lo mismo es cierto con respecto a nuestros hijos de carne y hueso. Después de que hayan aprendido a vincularse, a desarrollar relaciones sólidas, lo más importante que los padres pueden darles es un sentido de responsabilidad: que sepan de qué cosas tienen responsabilidad y de qué cosas no tienen responsabilidad; que sepan cómo decir que no y que sepan cómo aceptar que les digan que no. La responsabilidad es un regalo de enorme valor.

Todos conocemos personas de mediana edad con límites de un bebé de dieciocho meses. Tienen rabietas y ponen cara larga cuando los demás les fijan límites, o simplemente se conforman y complacen a los demás para mantener la paz. Recuerde que estos adultos comenzaron como pequeños. Hace ya mucho, mucho tiempo que aprendieron a temer u odiar los límites. El proceso de reaprendizaje para los adultos es muy arduo.

Inculcar o reparar los límites

Una madre prudente de hijos adultos en cierta ocasión observó a su amiga más joven mientras luchaba con su pequeño. El niño no quería comportarse bien, y la joven madre ya casi no sabía qué hacer. Apoyando la decisión de la madre de hacer que el niño se sentara en una silla, la mujer mayor le dijo: «Hazlo ahora, querida. Disciplínalo ahora; y solo así podrás sobrevivir a la adolescencia.»

Desarrollar límites en los niños pequeños es la cuota proverbial de la prevención. Si enseñamos la responsabilidad, la puesta de límites, y cómo diferir la gratificación cuando son pequeños, los años futuros serán más tranquilos. Cuanto más tarde comencemos, más trabajo tendremos nosotros y ellos.

Si usted es padre de hijos mayores, no se desaliente. Solo significa que impondrán mas resistencia al desarrollo de límites. Ellos no creen que aprender a tener límites será beneficioso. Tendrá que dedicarle más tiempo a este trabajo, contando con más apoyo de sus amigos... y ¡con más oración! Más adelante, en este capítulo, examinaremos las tareas con límites adecuadas a cada edad, para las distintas etapas de la niñez.

El desarrollo de límites en los hijos

Desarrollar los límites en los niños consiste en enseñarles a aprender responsabilidad. En la medida que les enseñemos las ventajas y los límites de la responsabilidad, les estaremos enseñando la autonomía: los prepararemos para desempeñarse como adultos.

Las Escrituras tienen mucho que decir sobre la función de poner límites durante la crianza de los hijos. Por lo general, la llamamos disciplina. Las palabras hebreas y griegas que los expertos han traducido como «disciplina» significan «enseñanza». Esta enseñanza tiene lados positivos y negativos.

Los lados positivos de la disciplina son la *proactividad*, la *prevención* y la *instrucción*. La disciplina positiva es poner a alguien en condiciones para educarlo y adiestrarlo en una tarea: los padres deben criar a los hijos «según la disciplina e instrucción del Señor» (Efesios 6:4). Las facetas negativas de la disciplina son la *corrección*, el *castigo* y las *consecuencias*. La disciplina negativa es dejar que los hijos sufran los resultados de sus acciones para aprender una lección de responsabilidad: «Para el descarriado, disciplina severa» (Proverbios 15:10).

La crianza correcta de los hijos implica tanto adiestramiento preventivo y práctica, como consecuencias y corrección. Por ejemplo, si su hija de catorce años debe acostarse a las diez de la noche, le diremos: «Es para que duermas lo suficiente para estar alerta en clase.» La habremos disciplinado positivamente. Luego, nuestra adolescente se entretiene hasta las 11:30 de la noche. Al día siguiente, usted le dice: «Como ayer no te fuiste a la cama en hora, hoy no podrás usar el teléfono.» La habrá disciplinado negativamente.

¿Por que son necesarias la zanahoria y el látigo para el buen desarrollo de los límites? Porque Dios usa la práctica: prueba y error, para ayudarnos a crecer. La madurez se aprende obteniendo información, utilizándola mal, equivocándonos, aprendiendo de nuestros errores, y haciéndolo mejor la próxima vez.

La práctica es necesaria en todos los ámbitos de la vida: para aprender a esquiar, para redactar un ensayo o para utilizar una computadora. Necesitamos practicar para desarrollar una profunda relación amorosa y para aprender a estudiar la Biblia. Y esto Es tan cierto para el crecimiento espiritual como emocional: «En cambio, el alimento sólido es para los adultos, para los que tienen la capacidad de distinguir entre lo bueno y lo malo, pues han ejercitado su facultad de percepción espiritual» (Hebreos 5:14). La práctica es importante para el aprendizaje de límites y responsabilidad. Nuestros errores son nuestros maestros.

La disciplina es un límite externo, concebido para perfeccionar límites internos en nuestros hijos. Proporciona una estructura de seguridad hasta que el niño tenga su carácter suficientemente desarrollado para no necesitarla. La disciplina correcta siempre mejorará la estructura interna y el sentido de responsabilidad del niño.

Cabe distinguir entre disciplina y castigo. Castigo es la retribución de la maldad. Desde un punto de vista legal, es la sanción correspondiente a un delito. Sin embargo, el castigo no deja mucho espacio para practicar. El castigo no es buen maestro. El precio es demasiado elevado: «La paga del pecado es muerte» (Romanos 6:23) y «porque el que cumple con toda la ley pero falla en un solo punto ya es culpable de haberla quebrantado toda» (Santiago 2:10). El castigo no deja mucho espacio para cometer errores.

La disciplina, en cambio, es diferente. La disciplina no es la paga de algo malo. Es la ley natural de Dios: nuestras acciones cosechan consecuencias.

La disciplina se diferencia del castigo porque Dios ya no nos castiga más. Para todos los que aceptan a Cristo como su Salvador, el castigo terminó en la cruz: «Él mismo, en su cuerpo, llevó al madero nuestros pecados» (1 Pedro 2:24). El sufrimiento de Cristo pagó nuestra maldad.

Además, la disciplina y el castigo tienen una relación distinta con en el tiempo. El castigo mira hacia atrás. Se concentra en pagar las maldades del pasado. El sacrificio de Cristo fue la paga, por ejemplo, de nuestro pecado. La disciplina, por el contrario, mira hacia delante. Las lecciones que aprendemos de la disciplina nos ayudan a no repetir los errores del pasado: «Dios [nos disciplina] para nuestro bien, a fin de que participemos de su santidad» (Hebreos 12:10).

¿Cómo nos ayuda? Nos libera y nos permite cometer errores sin temor al juicio, sin temor a perder la relación: «Por lo tanto, ya no hay ninguna condenación para los que están unidos a Cristo Jesús» (Romanos 8:1). La libertad que nos trajo la cruz nos permite practicar sin tener que pagar un precio muy caro. El único peligro son las consecuencias; pero no el aislamiento ni el juicio.

Tomemos, por ejemplo, la madre que le dice a su hija de diez años: «Si te haces la viva de nuevo, no te querré más.» La pequeña está inmediatamente en una situación donde haga lo que haga siempre saldrá perdiendo. Puede rebelarse y perder la relación más importante de su vida, o puede ser complaciente y obedecer externamente, y perder la oportunidad para practicar las habilidades de enfrentamiento. Comparemos esa respuesta con la siguiente: «Nunca dejaré de amarte. Siempre te amaré de corazón. Pero si te haces la viva de nuevo, no podrás escuchar la radio por tres días.» La relación sigue intacta. No hay condenación. La niña puede optar entre elegir la responsabilidad o sufrir las consecuencias; sin riesgo de perder el amor y la seguridad. Este es el camino a la madurez, a comer el alimento sólido: la practica segura de la disciplina.

La necesidad de límites de los niños

¿Qué necesidades específicas satisfacen los límites en los niños? La capacidad para poner límites cumple varias funciones importantes que redundarán en enormes beneficios en la vida.

Autoprotección

¿Ha visto alguna vez algo más indefenso que un humano recién nacido? Los bebés tienen menos capacidad de cuidarse de sí mismos que otros animales recién nacidos. Dios concibió los primeros meses del recién nacido para que la madre y el padre (o cualquier otra persona a cargo) se conecten estrechamente con el bebé, sabiendo que sin su cuidado constante el bebé no sobreviviría. Ese tiempo y toda esa energía se transformarán en un vínculo perdurable, para que el niño aprenda a sentirse seguro en el mundo.

El programa hacia la madurez previsto por Dios, sin embargo, no termina aquí. La mamá y el papá no podrán estar siempre presentes para cuidarlo y satisfacerlo. La tarea de protección se traspasará en algún momento a los niños. Cuando crezcan, necesitarán cuidarse por sí solos.

Los límites son nuestra manera de proteger y cuidar nuestras almas. Los límites han sido concebidos para mantener lo bueno por dentro y lo malo por fuera. Es necesario promover en la estructura familiar las técnicas para decir que no, para decir la verdad, y para mantener la distancia física, de modo que el niño pueda aprender la responsabilidad de protegerse por sí solo.

Considere el caso de estos dos muchachos de doce años:

Jimmy está conversando con sus padres durante la cena. «¿Saben qué? Unos chicos querían que fumara marihuana con ellos. Cuando les dije que no quería, me trataron de mariquita. Yo les dije que eran tontos. Me llevo bien con algunos de ellos, pero si no me van a querer porque no fumo, supongo que entonces no son realmente mis amigos.»

Paul regresó a su casa después de clase con los ojos enrojecidos, y dificultad para hablar y coordinar sus movimientos. Cuando sus padres, preocupados, le preguntaron qué le pasaba, les dijo que no pasaba nada hasta que al fin dijo abruptamente: «Todos lo hacen. ¿Por qué ustedes odian a mis amigos?»

Tanto Jimmy como Paul habían sido criados en hogares cristianos con mucho amor y según los valores bíblicos. ¿Cómo pueden ser tan distintos? La familia de Jimmy permitía los desacuerdos entre padres e hijos, y le permitieron practicar en la habilidad para poner límites, incluso con ellos. Cuando Jimmy era un niño de dos años, su mamá lo sostenía en brazos y lo abrazaba; pero cuando él comenzaba a inquietarse y le pedía: «Abajo», queriendo decir: «Dame lugar para respirar, mamá», luchando contra sus propios impulsos de seguir abrazándolo, lo ponía en el piso y le decía: «¿Quieres jugar con los camiones?»

El padre de Jimmy tenía la misma filosofía. Luchando en el piso con su hijo, prestaba atención a los límites de Jimmy. Cuando la lucha se volvía demasiado ruda, o cuando Jimmy se cansaba, y decía: «Basta, papá», él se levantaba. Jugaban a otra cosa.

Jimmy estaba recibiendo entrenamiento con los límites. Estaba aprendiendo que cuando tenía miedo, se sentía incómodo o quería cambiar las cosas, podía decir que no. Esta palabra tan cortita le daba una sensación de poder en su vida. Lo sacaba de una posición indefensa y complaciente. Y Jimmy podía decirla sin recibir una respuesta enojada o quejosa, o una reacción manipuladora, como: «Pero, Jimmy, mamá necesita tenerte en brazos, ¿está bien?»

Jimmy aprendió desde su infancia que los límites eran buenos y que podía usarlos para protegerse. Aprendió a resistir las cosas que no eran buenas para él.

El sello distintivo de la familia de Jimmy era el permiso para disentir. Cuando, por ejemplo, Jimmy discutía con sus padres sobre el horario de acostarse, sus padres nunca se retraían o lo castigaban por no estar de acuerdo. En cambio, escuchaban sus argumentos y, si parecían razonables, cambiaban de idea. De lo contrario, mantenían sus límites.

Jimmy también podía opinar sobre algunos asuntos familiares. Cuando la familia tenía una noche libre, sus padres escuchaban su opinión sobre si irían al teatro, jugarían un juego de mesa, o irían a un partido de baloncesto. ¿Era esta una familia sin límites? ¡En absoluto! Era una familia que tomaba muy en serio la puesta de límites: una habilidad a fomentar en sus hijos.

Jimmy había tenido buena práctica para resistir en los días malos (Efesios 5:16), cuando sus amigos se le aparecieron y lo presionaron para que consumiera drogas. ¿Por qué pudo Jimmy rehusare? Por que ya llevaba diez u once años practicando cómo no estar de acuerdo con las personas que él consideraba importantes y sin temor a perder su amor. No tenía miedo de ser abandonado si se defendía de sus amigos. Lo había hecho muchas veces y con éxito con su familia, y nunca habían dejado de amarlo.

Paul, en cambio, provenía de un contexto familiar diferente. En su hogar, el «no» provocaba dos reacciones distintas. Su madre se retraía, se sentía herida y ponía cara larga. Le enviaba mensajes de culpa: «¿Cómo puedes decirle que no a tu madre que te ama? Su padre se enojaba, lo amenazaba y le decía: «No me conteste, señor.»

A Paul no le llevó mucho tiempo aprender que para salirse con la suya tenía que ser complaciente por fuera. Desarrolló un «sí» firme por fuera, aparentando estar de acuerdo con los valores de su familia y con el control que ejercían. Todo lo que pensaba sobre un tema: la comida para cenar, el horario para mirar televisión y acostarse, la iglesia dónde ir, la ropa; se lo guardaba para sí.

En una ocasión, cuando trató de evitar que su madre lo abrazara, ella inmediatamente se había retraído, y lo había empujado diciéndole: «Algún día te arrepentirás de haber herido los sentimientos de tu mamá.» Día tras día, Paul era adiestrado para no poner límites.

Como resultado de haber aprendido a no tener límites, Paul parecía ser un hijo respetuoso y contento. La adolescencia, sin embargo, es un crisol común a todos los hijos. Durante ese período, descubrimos cuál es el verdadero carácter de nuestros hijos.

Paul accedió. Cedió a la presión de sus amigos. ¿Resulta extraño que a los doce años a los primeros que les dijo que no fue a sus padres? El resentimiento y varios años sin poner límites habían comenzado a erosionar el falso ser complaciente, fácil para convivir bien con todos, que había desarrollado para sobrevivir.

Asumir la responsabilidad de las necesidades propias

Se hizo silencio en la sesión de terapia de grupo que dirigía. Acababa de hacerle a Janice una pregunta sin respuesta. La pregunta había sido: «¿Qué necesitas?» Parecía confundida, se puso a pensar, y se reclinó en su silla.

Janice estaba afligida, acababa de describir una semana de perdidas dolorosas: su esposo se quería separar, sus hijos estaban descontrolados, y corría riesgo de perder su trabajo. La preocupación era evidente en el rostro del resto del grupo, que estaban considerando temas relacionados a los afectos y la seguridad. Sin embargo, nadie tenía claro cómo ayudarla. Por lo que la pregunta iba dirigida a cada uno de nosotros. Pero Janice no sabía qué responder.

Esto es típico dado los antecedentes de Janice. Había pasado la mayor parte de su niñez asumiendo la responsabilidad de los sentimientos de sus padres. Era la pacificadora de la casa, siempre tranquilizando a uno u otro padre, calmándolos con ternura, diciéndoles: «Mamá, estoy segura que papá no quiso enojarse contigo; tuvo un día complicado.»

El resultado de esta responsabilidad nada bíblica hacia su familia era evidente en la vida de Janice: un sentido de sobrerresponsabilidad por los demás y una falta de sintonía con sus propias necesidades. Janice tenía un radar para detectar las penas de los demás; pero el radar que debía detectar las de ella estaba roto. No fue nada extraño que no supiera cómo responder a mi pregunta. Janice no comprendía sus propias necesidades legítimas dadas por Dios. No podía ponerlas en palabras.

La historia, sin embargo, tiene un final feliz. Uno de los miembros del grupo dijo: «Si estuviera en tu lugar, yo sé lo que necesitaría. Necesitaría saber que les importo a esta gente en esta habitación, que no me consideran un fracaso vergonzoso y tremendo, y que orarán por mí, y dejarán que los llame por teléfono esta semana para que me apoyen.»

Los ojos de Janice se llenaron de lágrimas. Algo en las palabras afectivas de su amigo le había calado hondo, en algún lugar que ni ella misma alcanzaba. Hizo lugar dentro de sí a la consolación de otros que han sido consolados (2 Corintios 1:4).

La historia de Janice sirve para ilustrar el segundo fruto que produce el desarrollo de límites en nuestros hijos: la capacidad de que cada uno se haga cargo, o se responsabilice, de sus propias necesidades. Dios pretende que sepamos cuando tenemos hambre, estamos solos, con problemas, abrumados o cuando necesitamos un descanso; y que tomemos la iniciativa para obtener lo que necesitamos. Las Escrituras nos presentan a Jesús entendiendo este punto cuando se subió a una barca y se alejó de la multitud en una ocasión de mucho ministerio y necesidad: «No tenían tiempo ni para comer, pues era tanta la gente que iba y venía» (Marcos 6:31)

Los límites son protagonistas de este proceso. Nuestros límites crean un espacio espiritual y emocional, una individualidad entre nosotros y el resto, permitiendo así que nuestras necesidades sean escuchadas y comprendidas. Sin un sentido firme de los límites, se vuelve difícil diferenciar nuestras necesidades de las de los demás. Hay demasiada estática en la relación.

Cuando los niños aprenden a experimentar sus propias necesidades, distintas a las de los demás, tienen una ventaja real en la vida. Están en mejores condiciones para evitar la extenuación que resulta de no cuidarse de uno mismo.

¿Cómo podemos ayudar a nuestros hijos a experimentar sus respectivas necesidades personales? Lo mejor que puede hacer un padre es estimularlo a que exprese sus necesidades verbalmente, incluso cuando «van contra la corriente» en la familia. Cuando los hijos tienen permiso para pedir algo que nos rechina (aunque pueden no recibirlo) desarrollan un sentido de sus necesidades.

A continuación damos algunas pautas sobre cómo puede ayudar a sus hijos:

- Permítales hablar sobre su ira.
- Permítales expresar el dolor, las pérdidas y la tristeza, sin intentar alegrarlos o persuadirlos para que no sientan lo que sienten.
- Anímelos a hacer preguntas y no suponga que sus palabras tienen la misma autoridad que la de las Escrituras (¡se requiere un padre muy seguro de sí mismo para esto!)
- Pregúnteles lo que sienten cuando parecen aislados y desilusionados; ayúdelos a expresar en palabras sus sentimientos negativos. No trate de aparentar que no pasa nada, queriendo mantener un falso sentido de cooperación y de unión familiar.

El primer aspecto para hacerse cargo de las propias necesidades es, por lo tanto, identificarlas. Aquí es donde aparece nuestro radar espiritual. El radar de Janice estaba roto, era rudimentario y no podía identificar sus necesidades.

El segundo aspecto para hacerse cargo de las necesidades, es comenzar un cuidado responsable de nuestra persona: nada de hacer que otro lleve nuestra carga. Debemos permitir que nuestros hijos experimenten las consecuencias dolorosas de su propia irresponsabilidad. Este es el «ejercicio» a que se refiere Hebreos 5:14 y la «disciplina» de Hebreos 12. Cuando, llegado el momento, dejen el hogar, nuestros hijos deberían haber internalizado un profundo sentido de responsabilidad personal de sus vidas. Deberían estar convencidos de lo siguiente:

- Mi éxito o mi fracaso en la vida dependen en gran medida de mí.
- Aunque debo mirar a Dios y a los demás en busca de consuelo e instrucción, solo yo soy responsable de mis opciones.

- Aunque mis relaciones importantes me hayan afectado profundamente en mi vida, no puedo culpar a los demás por mis problemas.

- Aunque siempre fracase y necesite apoyo, no puedo depender de alguna persona más responsable para sacarme constantemente de las crisis espirituales, emocionales, financieras y relacionales.

El sentido de «mi vida depende de mí» está basado en la preocupación que Dios tiene para que nos hagamos responsables de nuestras vidas. Desea que usemos nuestros talentos productivamente, como lo planteó Jesús en la parábola de los talentos (Mateo 25:14-30). Este sentido de responsabilidad nos acompañará durante toda la vida adulta, y hasta después de la tumba, en el juicio de Cristo.

Imagínese cómo entenderá el Señor que usted no se haya hecho responsable de su vida: «Pero tenía una familia disfuncional»; «Pero me sentía solo»; «Pero no tenía energía». Todos estos «peros» racionalistas tendrán tanto impacto como las excusas del siervo de la parábola. No significa que nuestro entorno familiar y otros factores estresantes no influyan considerablemente para bien o para mal. Sin duda, influyen; pero en última instancia, debemos aceptar la responsabilidad de lo que hagamos con nuestras almas inmaduras y lesionadas.

Los padres inteligentes permitirán que sus hijos experimenten «sufrimiento con seguridad». El «sufrimiento con seguridad» implica permitir que el niño experimente las consecuencias correspondientes a su edad. Permitir que una niña de seis años salga de noche no es adiestrarla para la edad adulta. Deberá tomar decisiones para las que no tiene la suficiente madurez. No deberíamos, por lo tanto, colocarla en una situación donde tiene que tomarlas.

Los padres de Pat permitían que su hija experimentara el sufrimiento con seguridad. Cuando comenzó al principio de la secundaria superior, le dieron dinero para sus gastos semestrales.

Pat tenía la responsabilidad de pagar sus comidas en el colegio, su ropa, sus salidas, y otras actividades extracurriculares. La suma era suficiente para esos gastos y un poco más. A primera vista, era el sueño de cualquier adolescente: todo ese dinero, y ¡sin restricciones al uso que le daría!

El primer semestre Pat se compró hermosas ropas, asistió a varias reuniones sociales con sus amigas, y hasta las invitó en varias ocasiones. Esto duró un mes de los primeros tres y medio. Los siguientes dos meses y medio fueron más limitados. Pat se quedó mucho tiempo en su casa, ahorrando lo que le quedaba de dinero para sus comidas en el colegio y usó sus nuevas ropas una y otra vez.

El segundo semestre mejoró; cuando comenzó su año final en la secundaria: tenía una cuenta bancaria y un presupuesto equilibrado. Pat estaba desarrollando sus límites. Habiendo sido, por lo general, una consumidora compulsiva en potencia, comenzó a decir que no a la ropa, a los discos compactos, a la comida, y a las revistas, que normalmente eran lo mínimo que quería tener. Estaba aprendiendo a hacerse responsable de su vida. Y no terminó como muchos otros estudiantes preuniversitarios que después de años de haber sido sacados de apuro, no saben cocinar, limpiar, ni balancear sus cuentas bancarias.

Es importante relacionar las consecuencias lo más estrechamente posible con las acciones del niño; es lo que mejor refleja la realidad de la vida.

Los proyectos escolares son otro ámbito donde los padres pueden ayudar al niño a asumir su responsabilidad, o a crear la ilusión del padre omnipresente y eterno que siempre compensará sus despreocupaciones. Es difícil cuando se nos acerca un hijo lloroso diciéndonos: «Tengo que hacer un informe de diez páginas para mañana, y recién comencé.» Nuestro primer impulso, como padres amantes, es sacarlos del apuro, haciendo la investigación, organizando el informe o pasándolo a máquina; o las tres cosas.

¿Por qué hacemos esto? Porque amamos a nuestros hijos. Deseamos lo mejor para ellos como Dios desea lo mejor para nosotros. Y, sin embargo, así como Dios permite que experimentemos nuestros fracasos, deberíamos permitir que nuestros hijos echaran a perder su informe de calificaciones con notas bajas. Suele ser la consecuencia de no planificar con antelación.

Cómo adquirir un sentido de control y decisión

«No voy a ir al dentista. ¡Tú no me puedes obligar a ir!» Pamela, de once años, golpeaba su pie contra el piso y le gritaba a su padre, Sal, quien la esperaba en la puerta principal.

Hubo un tiempo en que Sal hubiera estallado con furia frente a la jugada de poder de Pamela. Le habría dicho algo como: «Bueno, ¡eso ya lo veremos!» y habría arrastrado físicamente a la niña gritona hasta el automóvil.

Sin embargo, después de mucha orientación familiar y lecturas sobre este tema, Sal estaba preparado para lo inevitable. Pacientemente, le dijo: «Tienes razón, querida. No puedo obligarte a ir al dentista. Si no quieres ir, no tienes por qué ir. Pero recuerda nuestra regla: si decides no ir, también estás optando por no ir a la fiesta mañana de noche. Yo habré de respetar la decisión que tomes. ¿Cancelo la cita?»

Pamela estaba perpleja y pensó un momento. Luego, contestó lentamente: «Iré. Pero solo voy porque tengo que ir.» Pamela tenía razón. Estaba decidiendo ir a la cita porque quería ir a la fiesta.

Los niños necesitan sentirse dueños de sus vidas y tener opciones. Necesitan ser agentes con opciones, voluntad e iniciativa, no indefensos peones dependientes de sus padres.

Los niños comienzan sus vidas indefensos y de manera dependiente. La crianza de los hijos impuesta por Dios, sin embargo, pretende que los niños aprendan a pensar, a tomar decisiones y a dominar el medio en todos los aspectos de su vida. Implica un espectro que va desde decidir qué ropa ponerse en la mañana hasta qué cursos elegir en sus estudios. Aprender a tomar las decisiones correspondientes a cada edad ayudará a los niños a tener seguridad y control de sus vidas.

Los padres ansiosos y bien intencionados intentan evitar que sus niños tengan que tomar decisiones dolorosas. Los protegen para que no se ensucien ni se lastimen las rodillas. Su lema es: «Déjame ayudarte.» Como resultado a los niños se les atrofia un aspecto muy importante de la imagen de Dios que debería estar desarrollándose en su carácter: su acometividad, y sus capacidades para hacer cambios. Los niños necesitan sentir que ellos en gran medida determinarán su vida y su destino dentro del reino soberano de Dios. Esto les ayudará a sopesar las opciones en lugar de evitarlas. Aprenderán a evaluar las consecuencias de sus decisiones en lugar de resentir las decisiones que otro hizo por ellos.

Diferir la gratificación de las metas

La palabra *ahora* fue hecha para los niños. Es donde viven. Intente explicarle a una pequeña de dos años que le dará su postre mañana. No le creerá. Para ella eso significa «nunca». Los recién nacidos, en realidad, no tienen la capacidad para entender lo que significa «luego». Por eso es que un bebé de seis meses tiene pánico cuando su mamá deja la habitación. Está convencido de que se ha ido para siempre.

Sin embargo, en algún momento de nuestro desarrollo aprendemos el valor de «luego», de diferir lo bueno por algo mejor. Esta aptitud se llama *diferir la gratificación*. Es la facultad de decir que no a nuestros impulsos, deseos y anhelos para obtener algo mejor más adelante.

Las Escrituras valoran mucho esta facultad. Dios usa esta técnica para ayudarnos a ver los beneficios de la planificación y la preparación. Jesús es el ejemplo por excelencia: «Quien por el gozo que le esperaba, soportó la cruz, menospreciando la vergüenza que ella significaba, y ahora está sentado a la derecha del trono de Dios» (Hebreos 12:2).

Por lo general, esta habilidad no es relevante hasta después del primer año de vida, ya que el apego predomina durante el primer año. Sin embargo, aprender a diferir la gratificación puede comenzar precozmente en el principio del segundo año. Primero, las zanahorias; después, el postre.

Los niños mayores también necesitan aprender esta habilidad. La familia no puede comprar determinada ropa ni artículos de recreación antes de mediados de año. Nuevamente, los límites desarrollados durante este proceso serán valiosos posteriormente en la vida. Pueden evitar que el niño se convierta en un adulto amilanado, caótico, esclavo impulsivo de la avenida Madison. Nuestros hijos pueden ser como la hormiga, que es autosuficiente, y no ser como el holgazán, siempre en crisis (Proverbios 6:6-11).

Aprender a diferir la gratificación ayuda a los niños a tener una meta en mente. Aprenden a ahorrar tiempo y dinero para las cosas que les resultan importantes y a valorar lo que han decidido comprar. Conozco una familia que hizo ahorrar a su hijo para comprarse su primer automóvil. Cuando tenía trece años, su padre lo ayudó a comenzar con un plan. Cuando todos los trabajos de fin de semana y de verano se convirtieron en un automóvil a los dieciséis, cuidaba del coche como si fuera de porcelana: se podía comer sobre el capó. Había calculado el costo, y valoraba el resultado (Lucas 14:28).

Respetar los límites de los demás

Desde muy pequeño, los niños deben ser capaces de aceptar los límites de los padres, los hermanos y los amigos. Necesitan saber que los demás no siempre quieren jugar con ellos, que no todos quieren mirar los mismos programas de televisión, y que pueden querer comer en un restaurante distinto del que a ellos le gusta. Necesitan saber que el mundo no gira en torno a ellos.

Esto es importante por un par de motivos. En primer lugar, la capacidad para aprender a aceptar los límites nos enseña a aceptar nuestra propia responsabilidad. Saber que los demás no siempre estarán disponibles, a nuestra orden siempre que los llamemos, nos ayuda a arreglarnos por nosotros mismos sin ayuda externa. Nos ayuda a llevar nuestra propia carga.

¿Ha estado alguna vez cerca de un niño que no soporta que le digan que no, que lloriquea, insiste, tiene una rabieta o hace pucheros, hasta que se sale con la suya? El problema es que cuanto menos soportamos y más resistimos los límites ajenos, más dependientes seremos de los demás. Esperamos que los demás se encarguen de nosotros, en lugar de cuidarnos a nosotros mismo.

De cualquier modo, Dios ha concebido la vida para que ella misma nos enseñe su ley. Es la única manera de vivir juntos en este planeta. Tarde o temprano, alguien nos dirá que no y no lo podremos pasar por alto. Así es la trama de la vida. Observen como el «no» progresa en la vida de la persona que se resiste a los límites ajenos:

1. el «no» de los padres
2. el «no» de los hermanos
3. el «no» de las maestras
4. el «no» de los compañeros de escuela
5. el «no» de los jefes y supervisores
6. el «no» de los esposos
7. el «no» de los problemas de salud por obesidad, alcoholismo o una vida disoluta
8. el «no» de la policía, la corte, y hasta la prisión.

Algunas personas aprenden a aceptar los límites temprano en al vida, incluso en la primer etapa. Pero otras personas tienen que recorrer todo el camino hasta la octava etapa antes de entender que debemos aceptar los límites de la vida: «Hijo mío si dejas de atender a la corrección, te apartarás de las palabras del saber» (Proverbios 19:27). Muchos adolescentes sin dominio propio son inmaduros hasta que llegan a los treinta, cuando se cansan de no tener un trabajo estable y un sitio donde quedarse. Tienen que tocar fondo financieramente, y hasta a veces vivir en la calle por un tiempo. Con el tiempo, comienzan una carrera, ahorran dinero y comienzan a madurar. Poco a poco, comienzan a aceptar los límites de la vida.

No importa lo fuerte que nos creamos, siempre habrá alguien más fuerte. Si no enseñamos a nuestros hijos a aceptar un «no», alguien que los ame menos hará la tarea por nosotros. Alguien más fuerte. Alguien más duro. A la mayoría de los padres no les gustaría que sus hijos pasaran por ese sufrimiento. Cuanto antes les enseñemos límites mejor será.

Un segundo motivo, y más importante aún, para que nuestros hijos acepten los límites ajenos es el siguiente: *Respetar los límites de los demás ayuda a los niños a amar.* En el fondo, la idea de respetar los límites ajenos es el fundamento de la empatía, amar a otros como desearíamos que nos amaran. El no de los niños debe ser respetado y ellos necesitan aprender a respetar el no de los demás. En la medida que sean sensibles a las necesidades ajenas, madurarán y afianzarán su amor a Dios y a los demás: «Nosotros amamos a Dios porque él nos amó primero» (1 Juan 4:19).

Digamos, por ejemplo, que su hijo de seis años sin querer pero despreocupadamente le pega fuerte en la cabeza con una pelota. Pasarlo por alto y disimular el dolor es darle al niño la impresión que sus acciones no tienen efecto. Así podrá entonces evitar cualquier sentido de responsabilidad o conocimiento de las necesidades y dolores ajenos. Sin embargo, si le decimos: «Sé que no lo hiciste a propósito, pero esa pelota realmente me dolió. Trata de tener más cuidado», le estaremos ayudando a ver, sin condenación, que puede lastimar a las personas que quiere y que sus acciones son importantes.

Si no se enseña este principio, los niños tienen dificultad para convertirse en personas amantes. Con frecuencia se vuelven egocéntricos y controladores. A esa altura el programa de Dios para la madurez es más complicado. Un cliente mío había sido educado por su familia para desconocer los límites ajenos.

Su manipulación subsiguiente lo llevó a la cárcel por robo. Sin embargo, este proceso, si bien doloroso, le enseñó la empatía.

«Nunca supe que los demás tenían necesidades y dolores», me explicó. «Me enseñaron a concentrarme en mí, el Número Uno. Cuando comencé a enfrentar mi falta de respeto a las necesidades de otros algo me pasó. Mi corazón hizo lugar a los demás. No me olvidé de mis necesidades pero por primera vez apreciécié el progreso. Realmente comencé a sentirme culpable por la manera como mis acciones habían lastimado a mi esposa y a mi familia.»

¿Tenía un camino largo por recorrer? Sin duda. Pero estaba en el buen camino. Aprender los límites tarde en la vida fue comenzar a convertirse en una persona auténtica y bíblicamente amante.

Límites por etapas: Entrenamiento de límites según la edad

Si usted abrió el libro en este capítulo después de ojear el índice, de seguro que es un padre. Muy posiblemente esté experimentando problemas de límites con sus hijos. O quizá solo lo esté leyendo para prevenir los problemas. Pero creo más bien que está sufriendo y necesita alguna clase de alivio: su recién nacido no deja de gritar; el pequeño manda en casa; su hijo en edad escolar tiene problemas en la escuela; el otro se hace el vivo; el que está en la secundaria comenzó a consumir alcohol.

Todos estos asuntos señalan un posible problema de límites. Esta sección proporcionará un esquema de las tareas de limites apropiadas para cada edad que sus hijos deben aprender. Como padres, debemos tomar en consideración las necesidades y las capacidades progresivas de nuestros hijos para no pedirles que hagan algo que no pueden hacer y evitar exigirles demasiado poco.

A continuación presentamos las tareas básicas para las distintas etapas de la infancia. Por más información detallada desde el nacimiento hasta los tres años, consulte el capítulo 4 sobre el desarrollo de los límites en la infancia.

Del nacimiento a los cinco meses

En esta etapa, el recién nacido establece el vínculo afectivo con la madre, el padre, o la principal persona encargada de su cuidado. La tarea del niño es sentirse seguro y bienvenido, es adquirir un sentido de aceptación. La cuestión aquí no es tanto poner límites sino proporcionar seguridad al bebé.

El único límite verdadero en esta etapa es la presencia tranquilizadora de la madre. La tarea de la madre es ayudar al recién nacido a contener sus intensos sentimientos conflictivos y de temor. Dejados a su suerte, los bebés están aterrorizados por su soledad y su falta de estructura interna.

Por siglos las madres; incluso María, la madre de Jesús, le han puesto pañales a sus hijos, o los han envuelto con ropa ajustada. Envolverlos en pañales regula la temperatura corporal del bebé, y envolverlos apretadamente los ayuda a sentirse seguros: un tipo de límite externo. Él o ella saben dónde comienzan y dónde terminan. Cuando los desnudamos, los bebés suelen tener una crisis de pánico por la pérdida de estructura que los rodeaba.

Algunos cristianos bien intencionados enseñan teorías de entrenamiento de los niños que postulan horarios para alimentar y sostener a los bebés en brazos. Estas técnicas pretenden enseñar al niño a no llorar ni a pedir consolación porque «el padre y no el niño debiera tener el control» o porque «ese pedido evidencia la naturaleza pecaminosa y egoísta del niño». Estas teorías pueden ser terriblemente destructivas cuando no se interpretan bíblicamente o de acuerdo al grado de madurez del niño.

La bebé de cuatro meses que grita, está buscando descubrir si el mundo es un lugar razonablemente seguro o no. Está en un estado de profundo terror y soledad. Todavía no ha aprendido a sentirse tranquila cuando no hay nadie cerca. Hacerla cumplir el horario de los padres en lugar de sus horas para comer y ser sostenida en brazos es «condenar a los que no son culpables», como dijo Jesús (Mateo 12:7).

Estos cristianos dicen que sus programas son bíblicos porque dan resultado. «Cuando dejé de levantarla de la cuna de noche, mi niña de cuatro meses dejó de llorar», dirán. Puede ser cierto. Pero otra explicación al cese del llanto pudiera ser la depresión infantil, una condición en la que el bebé se resigna y se retrae: «La esperanza frustrada aflige al corazón» (Proverbios 13:12).

Enseñar a diferir la gratificación no debería comenzar antes del primer año de vida, hasta tanto se haya establecido un fundamento de seguridad entre el bebé y la madre. Así como la gracia siempre precede a la verdad (Juan 1:17), el afecto debe preceder a la separación.

Cinco a diez meses

Como vimos en el capítulo 4, los niños en el segundo semestre del primer año están «saliendo del cascarón». Están aprendiendo que «mamá y yo no somos lo mismo». Los bebés literalmente se arrastran hacia fuera, hacia un mundo alarmante y fascinante. Aunque tienen tremenda necesidad de dependencia, los bebés han comenzado a separarse de la unidad con su mamá.

Para ayudarlos a desarrollar buenos límites durante esta etapa, los padres deben estimular los intentos de independencia de los hijos, mientras continúan siendo el ancla al que se aferra el niño. Permita que el niño se entusiasme con otras personas y objetos. Haga de su hogar un lugar seguro para que el bebé pueda explorar.

Ayudar al bebé a «salir del cascarón», sin embargo, no significa que hay que olvidarse del profundo afecto que necesitan para desarrollar una sólida base interna, buenos cimientos y arraigo. Esta es todavía la tarea principal con el bebé. Es necesario esmerarse para satisfacer las necesidades que el bebé tiene de apego y seguridad emocional y al mismo tiempo, permitirle mirar hacia fuera, más allá de los padres.

Muchas madres tienen dificultad en esta etapa de transición, de la relación amorosa que tenían con el bebé al mundo grande y amplio. Sienten mucho la pérdida de tanta intimidad, especialmente después del tiempo transcurrido durante el embarazo y el parto. La madre responsable, sin embargo, buscará satisfacer sus necesidades de intimidad con otros adultos. Animará a su bebé a «salir del cascarón», sabiendo que es la mejor manera para prepararlo a «dejar y unirse».

A esta edad, la mayoría de los bebés no pueden comprender ni responder debidamente a la palabra *no*. La mejor política es mantenerlos alejados del peligro, levantándolos y sacándolos de los lugares peligrosos.

De diez a dieciocho meses

En esta etapa de «práctica» su bebé comienza no solo a hablar sino a caminar: las posibilidades se le abren de par en par. El mundo es como una ostra, y ella dedica mucho tiempo para encontrar maneras de abrirla y jugar con ella. Tiene ahora la capacidad emocional y cognitiva para entender y responder a la palabra *no*.

Los límites se vuelven progresivamente más importantes en esta etapa, tanto el tener como el aceptar los límites. Es fundamental permitir el desarrollo del músculo del no en esta edad. El «no» será la manera como su hijo descubrirá que aceptar la responsabilidad de su vida tiene buenos resultados; o si el «no» hará que una persona se retraiga. Como padres, aprendan a disfrutar el «no» de su bebé.

Al mismo tiempo, tienen la delicada tarea de ayudar a su pequeña ostra a entender que ella no es el centro del universo. Hay límites en la vida. Hay consecuencias si se garabatean las paredes o se grita en el templo. Pero es necesario hacerlo sin ahogar el entusiasmo y el interés en el mundo que ella ha venido desarrollando.

De dieciocho a treinta y seis meses

El niño está aprendiendo la importante tarea de asumir la responsabilidad de su ser individual pero relacionado. El niño practicante se convierte en un niño más moderado, que se da cuenta que hay límites en la vida, pero que ser diferente a los demás no implica que no podamos estar afectivamente relacionados. En esta fase, las metas a lograr son las siguientes capacidades:

1. La capacidad de relacionarse emocionalmente con los demás, sin dejar de ser ellos mismos y perder su libertad de mantenerse apartados.
2. La capacidad de decir que no sin temor a perder el amor.
3. La capacidad de aceptar el no ajeno sin retraerse emocionalmente.

Entre los dieciocho y los treinta y seis meses el niño debe aprender la autonomía. Quiere liberarse de las normas paternas, pero este deseo entra en conflicto con su profunda dependencia de los padres. Los padres inteligentes le ayudarán a lograr un sentido de individualidad y a aceptar su carencia de omnipotencia, pero sin escatimarle el afecto.

Para enseñar límites a los niños en esta etapa, es necesario respetar su no, siempre que sea pertinente, manteniendo también firme nuestro no. Es fácil intentar ganar todas las escaramuzas. Pero son demasiadas. Acabará perdiendo la guerra porque perdió de vista el panorama: el apego. No desperdicie sus energías intentando controlar un torbellino al azar. Elija sus batallas cuidadosamente y seleccione las más importantes para ganar.

Los padres inteligentes disfrutarán las diversiones de sus hijos pero con coherencia e uniformemente también harán valer límites firmes con el pequeño practicante. En esta edad, los niños pueden aprender las reglas de la casa, así como las consecuencias de no cumplirlas. Un proceso de disciplina factible se reseña a continuación:

1. *Primera infracción*. Dígale al niño que no pinte las sábanas. Ayúdelo a satisfacer su deseo de pintar de otra manera; por ejemplo: un libro para colorear, o un bloc de hojas lisas para dibujar con lápices de cera para que no pinte las sábanas.

2. *Segunda infracción*. Repítale al niño que no lo haga y adviértale las consecuencias. Tendrá que estarse quieto en penitencia por un minuto o no podrá usar los lápices de cera durante el resto del día.

3. *Tercera infracción*. Ponga en práctica la consecuencia explicándole el motivo y permítale al niño que se enoje y se aparte de sus padres por un rato.

4. *Consuelo y reconciliación*. Sostenga y consuele al niño, para restablecer la relación afectiva con usted. Esto le ayudará a distinguir las consecuencias de la pérdida del amor. Las consecuencias dolorosas nunca deberían incluir la pérdida del vínculo.

Tres a cinco años

Durante esta etapa, los niños atraviesan un período de conformación de su identidad sexual. Cada niño se identifica con el padre de su mismo sexo. Los varones quieren ser como el papá, y las niñas como la mamá. También desarrollan sentimientos de competitividad hacia el padre del mismo sexo, queriéndose casar con el padre del sexo opuesto, derrotando al padre del mismo sexo en el proceso. Están preparándose para sus papeles sexuales adultos en el futuro.

El trabajo con los límites por parte de los padres es importante en esta etapa. Con ternura pero también con firmeza, las madres deben permitir que sus hijas se identifiquen con ellas y compitan. También deben lidiar con la posesividad de sus hijos varones, haciéndoles saber que: «Sé que quisieras casarte con mamá, pero mamá está casada con papá.» Los padres deben hacer la misma tarea con sus hijos varones y sus hijas. Esto ayudará a los niños a identificarse con el padre de su mismo sexo y a asumir las características correspondientes.

Los padres temerosos de la incipiente sexualidad de sus hijos muchas veces son críticos de estos anhelos intensos. Su propio temor puede llevarlos a atacar o a avergonzar a sus hijos, haciéndolos reprimir su sexualidad. En el otro extremo, el padre necesitado podrá seducir emocionalmente, o hasta físicamente, al hijo del sexo opuesto. La madre que le dice a su hijo: «Papá no me entiende. Tú eres el único que me entiende» está asegurando a su hijo para años de confusión con respecto a su identidad sexual. Los padres maduros necesitan poner límites permitiendo el establecimiento de la identidad sexual y manteniendo claras las diferencias entre el padre y el hijo.

De seis a once años

Durante la latencia, o los años de industria, el niño se prepara para el futuro impulso a la adolescencia. Son los últimos años de la infancia. Son importantes para aprender a planificar las tareas escolares y el juego, para aprender a vincularse con sus pares del mismo sexo.

Un tiempo muy ocupado en el trabajo y los amigos, este período exige a los padres tareas propias con los límites. Es necesario ayudarlos a establecer los fundamentos de las tareas: hacer los deberes escolares, las tareas dentro del hogar, y los proyectos.

Necesitan aprender a planificar y a ser disciplinados, concentrándose en una tarea hasta que la acaben. Necesitan aprender las tareas de límites correspondientes a diferir la gratificación, a fijarse metas y a organizar su tiempo.

De once a dieciocho años

La adolescencia, el último paso antes de la edad adulta, involucra tareas tan importantes como la madurez sexual, un sentido sólido de identidad en cualquier entorno, los gustos vocacionales y la elección de una pareja para amar. Puede ser un tiempo tan estimulante como lleno de temor para los hijos como para los padres.

Llegado este periodo, el proceso de «dejar de ser padres» ya debería haber comenzado. Hay cambios en su relación con su hijo. En lugar de controlar a su hijo, lo influirá. Le dará más libertad, así como más responsabilidad; negociará las restricciones, los límites y las consecuencias con mayor flexibilidad.

Todos estos cambio son como la cuenta regresiva en el despegue de una nave espacial de la NASA. Se está preparando el despegue de adulto joven al mundo. Los padres inteligentes tienen siempre presente el inminente lanzamiento de sus adolescentes a la sociedad. Ahora, la pregunta que siempre deben plantearse no es: «¿Cómo puedo hacer para que se comporten bien?» sino «¿Cómo puedo hacer para ayudarlos a sobrevivir por sí solos?»

Los adolescentes, siempre que sea posible, deberían estar estableciendo sus respectivos límites con respecto a las relaciones, los horarios, los valores y el dinero. Y deberían sufrir las consecuencias de la vida real cuando se extralimitan. El adolescente de diecisiete años todavía sujeto a una disciplina de restricciones de televisión y de llamadas telefónicas puede tener verdaderos problemas en la universidad en un año. Los profesores, decanos y encargados de los internados no imponen este tipo de restricciones; utilizan otras tácticas, tales como malas calificaciones, suspensiones y hasta la expulsión.

Si usted es el padre de un adolescente que no ha tenido entrenamiento de límites, puede sentirse confundido y no saber qué hacer. Necesita comenzar en el punto donde estén. Cuando la capacidad del adolescente para decir o aceptar un no es deficiente, clarificar las reglas de la casa y las consecuencias correspondientes puede ser de ayuda en los últimos años antes de que deje el hogar.

Los siguientes síntomas, sin embargo, pueden señalar problemas más graves:

- aislamiento del adolescente del resto de la familia
- ánimo depresivo
- comportamiento rebelde

- continuos conflictos con la familia
- malas amistades
- problemas escolares
- trastornos de la alimentación
- consumo de alcohol
- consumo de drogas
- ideas o conductas suicidas

Muchos padres, al observar estos problemas reaccionan con demasiados límites o con demasiado pocos. Los padres demasiado severos corren el riesgo de enajenar al joven que ya casi es un adulto de la relación con el hogar. Los padres demasiados permisivos quieren ser el mejor amigo de su hijo cuando lo que el adolescente necesita es alguien a quien respetar. En este momento, los padres deberían considerar la posibilidad de consultar un terapeuta entendido en la adolescencia. Lo que está en juego es demasiado valioso para desconocer la ayuda profesional.

Clases de disciplina

Muchos padres están confundidos porque no saben cómo enseñar a sus hijos a respetar los límites. Leen un sinnúmero de libros y artículos sobre zurras, penitencias, restricciones y permisos. Si bien este asunto va más allá del alcance de este libro, las siguientes pautas pueden ayudar al padre preocupado a organizarse:

1. El *propósito de las consecuencias es que el niño aumente el sentido de responsabilidad y el control sobre su vida*. La disciplina que aumenta el sentido de impotencia del niño no sirve. Arrastrar a una adolescente de dieciséis años a ir a clase no construye la motivación interna que necesitará dentro de dos años cuando esté en la universidad. Un sistema de recompensas y consecuencias que la ayuden a optar por ir a clase para su provecho tiene más posibilidades de éxito.

2. *Las consecuencias deben ser adaptadas a la edad.* Piense lo que significa disciplinar. Zurrar a un adolescente, por ejemplo, es humillante y lo hace enojar; sin embargo, administradas moderadamente, pueden servir para construir la estructura de un niño de cuatro años.

3. *Las consecuencias deben estar relacionadas con la gravedad de la infracción.* Así como el sistema penal tiene diferentes penas penitenciarias para los distintos crímenes, usted debe saber distinguir entre las infracciones menores y las graves. De lo contrario, las penas severas pierden sentido.

Un cliente en cierta ocasión me contó: «Me pegaban con el cinto tanto por cosas sin importancia como por cosas graves. Por lo que comencé a hacer cosas cada vez peores. Parecía ser más eficaz.» Si ha sido condenado a muerte, ¿qué va a conseguir portándose mejor?

4. *El objetivo de los límites es crear una motivación interna, con consecuencias autoinducidas.* Criar bien a nuestros hijos significa que querrán levantarse de la cama e ir al colegio, ser responsables, ser sensibles y sentir compasión, porque eso es lo que les importa, no porque nos importa a nosotros. La verdadera madurez solo puede tener lugar cuando el amor y los límites integran verdaderamente el carácter auténtico del niño. De lo contrario, estaremos criando loros complacientes que a su debido momento se destruirán a sí mismos.

Los padres tenemos una responsabilidad muy importante: enseñar a nuestros hijos a tener un sentido interno de los límites y a respetar los límites ajenos. Es importante porque la Biblia dice que es importante: «No pretendan muchos de ustedes ser maestros, pues, como saben, seremos juzgados con más severidad» (Santiago 3:1).

No hay ninguna garantía de que harán caso de nuestra enseñanza. Los niños tienen la responsabilidad de escuchar y aprender. A medida que crecen aumenta su responsabilidad. Sin embargo, al aprender sobre nuestros propios límites, asumir nuestra responsabilidad hacia ellos y crecer nosotros mismos, aumentamos la probabilidad de que nuestros hijos aprendan sobre los límites en un mundo adulto donde estas capacidades son indispensables; todos los días de su vida.

11

Los límites y el trabajo

Habíamos estado estudiando en la Escuela Dominical la historia de Adán y Eva y la caída. Había aprendido que la caída fue el principio de todo «lo malo». Ese día volví a casa y le dije a mi madre: «No me gustan Adán y Eva. Si no hubiera sido por ellos, ino tendría que ordenar mi cuarto!»

Trabajar a los ocho años no era divertido, y como no era divertido, era malo. Como era malo, era culpa de Adán. Una teología simple para un jovencito, pero era una herejía infantil. El trabajo ya existía antes de la caída; siempre formó parte del plan de Dios para la humanidad. Su intención fue que las personas hicieran dos cosas. Debían someter y gobernar (Génesis 1:28). Dominarían la tierra y la administrarían. Sonaba mucho a trabajo.

Pero como el Edén era un paraíso, nuestras dificultades con el trabajo comenzaron después, con posterioridad a la caída. Dios le dijo a Adán: «iMaldita será la tierra por tu culpa! Con penosos trabajos comerás de ella todos los días de tu vida. La tierra te producirá cardos y espinas, y comerás hierbas silvestres. Te ganarás el pan con el sudor de tu frente, hasta que vuelvas a la misma tierra de la cual fuiste sacado. Porque polvo eres, y al polvo volverás» (Génesis 3:17-19).

Otros aspectos de la caída también afectaron nuestro trabajo. El primero de ellos es nuestra tendencia a no reconocer nuestra responsabilidad. En capítulos anteriores nos referimos al problema de límites que implica no asumir la responsabilidad de lo que nos corresponde. Comenzó en el jardín de Edén cuando

Adán y Eva quisieron culpar a otro por su pecado original. Adán culpó a Eva; Eva culpó a la serpiente (Génesis 3:11-13). No reconocían su responsabilidad y culpaban a otro. Su lema era: «No me miren a mí.» La tendencia a culpar a otro es un problema clave del trabajo.

La caída también disoció el amor del trabajo. Antes de la caída, Adán estaba conectado con el amor de Dios, y trabajaba en ese estado de amor. Después de la caída, el amor perfecto dejó de ser su motivación, y ahora trabajar formaba parte de la maldición de la tierra y de la ley. El «querer» motivado por amor, se transformó en un «deber» motivado por la ley.

Pablo nos dice que el «deber» impuesto por la ley aumenta nuestro deseo de rebelión (Romanos 5:20); nos suscita enojo por lo que «debemos» hacer (Romanos 4:15); despierta nuestras motivaciones para hacer lo malo (Romanos 7:5). Como resultado, la especie humana es incapaz de asumir responsabilidad y trabajar con eficacia, reconociendo sus conductas, talentos y decisiones. ¡Cómo no vamos a tener problemas con el trabajo!

En este capítulo, consideraremos cómo los límites nos pueden ayudar a resolver muchos problemas relacionados con el trabajo, así como permitir que usted sea una persona más feliz y más satisfecha en su trabajo.

El trabajo y el desarrollo del carácter

Los cristianos suelen tener un concepto distorsionado del trabajo. A no ser que una persona trabaje «en el ministerio», se entiende que tiene un trabajo secular. Sin embargo, este concepto deformado del trabajo no es bíblico. Todos; no solo los ministros de tiempo completo, tenemos dones y talentos para contribuir a la humanidad. Todos tenemos una vocación, un «llamado» al servicio. Donde sea que trabajemos, hagamos lo que hagamos, debemos hacerlo «como para el Señor» (Colosenses 3:23).

Jesús utilizó parábolas sobre el trabajo para enseñarnos a crecer espiritualmente. Estas parábolas tratan temas como el dinero, el completar las tareas, la mayordomía fiel de un trabajo y el trato emocionalmente franco en el trabajo. Nos enseñan a desarrollar el carácter en un marco de relación con Dios y con los demás. Enseñan una ética de trabajo basada en el amor de Dios.

El trabajo es una actividad espiritual. Al trabajar, nos conformamos a la imagen de Dios, que es un trabajador, un administrador, un creador, un constructor, un encargado, un médico. Ser cristiano es ser colaborador de Dios en la comunidad del género humano. La verdadera realización se verifica en el servicio a los demás.

Según el Nuevo Testamento, los trabajos brindan más que la realización pasajera y la recompensa en la tierra. En el trabajo perfeccionamos nuestro carácter para el trabajo que haremos en la eternidad. Con esto en mente, consideremos cómo fijar límites en el lugar de trabajo nos ayudará a crecer espiritualmente.

Problemas en el lugar de trabajo

Una carencia de límites creará problemas en el lugar de trabajo. En mi experiencia como consultor para compañías, he visto que la carencia de límites es uno de los principales problemas en muchas rencillas administrativas. Si cada uno asumiera la responsabilidad de su respectivo trabajo y fijara límites claros, la mayoría de los problemas por los que se me consulta no existirían.

Consideremos cómo el establecimiento de límites puede solucionar algunos problemas comunes en el lugar de trabajo.

Primer problema: *Se le encargan obligaciones que le corresponden a otra persona*

Susie trabaja como auxiliar administrativa en una pequeña compañía que organiza sesiones de capacitación para la industria. Su responsabilidad es planificar las sesiones de preparación y coordinar las fechas con los conferenciantes. Jack, uno de sus colegas, tiene la responsabilidad de encargarse de los lugares de capacitación. Debe trasladar los documentos y el equipo al lugar, instalar el equipo y hacer los encargos de la comida. Susie y Jack, en conjunto, organizan las actividades.

Durante los primeros meses Susie disfrutó su trabajo pero luego comenzó a flaquear. Finalmente, otra amiga y colega, Lynda, le preguntó qué le pasaba. Al principio, a Susie le costó identificar el problema. Luego se dio cuenta: ¡El problema era Jack!

Jack le había estado pidiendo a Susie: «Recógeme esto cuando salgas», o «Llévame esa caja con materiales al taller». Lentamente, Jack estaba transfiriendo a Susie sus obligaciones.

—Deja de hacer su trabajo—le dijo Lynda a Susie—. Cumple con tu trabajo y no te preocupes de Jack.

—Pero, ¿qué pasa si las cosas salen mal? —preguntó Susie.

Lynda se encogió de hombros.

—Culparán a Jack. No es tu responsabilidad.

—Jack se enojará conmigo si no lo ayudo —dijo Susie.

—Déjalo que se enoje —dijo Lynda—. Su enojo no te puede hacer tanto daño como lo hacen sus pobres hábitos de trabajo.

Así fue que Susie comenzó a poner límites a Jack. Le dijo:

—No tendré tiempo para traerte tus materiales esta semana.

Cuando Jack no tuvo tiempo suficiente para cumplir él mismo sus propias obligaciones, Susie le dijo:

—Siento mucho que no hayas hecho eso antes, y entiendo que te encuentres en un apuro. Posiblemente la próxima vez planificarás mejor. Es tu trabajo.

Algunos entrenadores estaban enojados porque su equipo no había sido instalado, y los clientes estaban enojados porque no había comida durante los recesos. Pero el jefe averiguó y responsabilizó a Jack del problema y le dijo que cumpliera su trabajo o que se buscara otro empleo. Por fin, Susie pudo disfrutar otra vez de su trabajo y Jack comenzó a ser más responsable. Todo porque Susie había puesto límites y se apegó a ellos.

Si otra persona está cargándolo con obligaciones que no le competen, y usted está resentido, precisa hacerse cargo de sus sentimientos, y darse cuenta que su desdicha no es culpa de su colega, sino suya. En este, como en cualquier otro conflicto de límites, lo primero que debe hacer es aceptar la responsabilidad *de* su persona.

Luego debe actuar con responsabilidad *hacia* su colega. Converse con él y explíquele su situación. Cuando le pida que haga algo que no es su responsabilidad, diga que no y niéguese a hacerlo, sea lo que fuere que quiere que haga. Si se enfada con usted porque le dijo que no, manténgase firme en sus límites y dígale que comprende que esté enojado. Pero no se enoje. Si se enoja porque él se enoja, está entrando en su juego. Mantenga su distancia emocional y diga: «Siento mucho que esto te moleste. Pero esa tarea no es obligación mía. Espero que te puedas arreglar.»

Si continúa discutiendo, dígale que no está dispuesto a seguir discutiendo el asunto; que estará dispuesto a hablar con él cuando quiera pero de cualquier otro tema. No caiga en la trampa de justificarse por no poder hacer el trabajo que le corresponde a él. Estará dándole la razón de que usted debería hacer el trabajo por él si le fuera posible, y él intentará encontrar la manera para que le sea posible. No le debe a nadie ninguna explicación sobre los motivos por los que no puede hacer algo que no es su responsabilidad.

Muchas personas demasiado responsables que trabajan con personas poco responsables sufren las consecuencias de la irresponsabilidad de sus colegas. No disfrutan de su trabajo porque están siempre protegiéndolos o socorriéndolos. Su falta de límites los perjudica, e impide que sus colegas maduren. Si usted es así, necesita aprender a poner límites.

En algunas ocasiones, sin embargo, un colega puede realmente necesitar una mano. Es perfectamente legítimo ayudar a un colega responsable, o hacer concesiones especiales a un colega que reconocerá su ayuda para mejorar. Esto es amor y las buenas compañías trabajan mejor cuando hay amor.

En nuestra labor como sicólogos en el mismo hospital, muchas veces cubrimos las horas de servicio y las horas «de guardia» de nuestros colegas. Pero si uno de nosotros comenzara a aprovecharse del otro, necesitaríamos poner fin a esa costumbre. Cubrir por el otro en esas condiciones no sería positivo, y estaría sentando un mal precedente.

Hacer favores y sacrificios es parte de la vida cristiana. Permitir todo no lo es. Aprenda a reconocer la diferencia al ver si su entrega ayuda a la otra persona a mejorar o a empeorar. La Biblia exhorta al que recibe a conducirse con responsabilidad. Si después de un tiempo no aprecia esa conducta, ponga límites (Lucas 13:9).

Segundo problema: Demasiado trabajo de horas extras

Cuando comencé la práctica como sicólogo, contraté una mujer por veinte horas semanales para que administrara mi oficina. Al segundo día, le entregué un montón de cosas para hacer. Unos diez minutos más tarde, golpeó a la puerta, con una pila de papeles en la mano.

—¿Qué desea, Laurie? —le pregunté.

—Tiene un problema —me dijo.

—¿Ah sí? ¿Cuál es? —le pregunté, no tenía la más remota idea sobre qué me hablaba.

—Me contrató por veinte horas semanales, y me acaba de entregar trabajo para cuarenta horas. ¿Cuáles veinte desea que haga?

Tenía razón, yo tenía sin duda un problema. No había organizado mi carga laboral muy bien. Iba a tener que contratarla por más horas, tener menos proyectos, o contratar a otra persona. Pero ella tenía razón: era *mi* problema, no el suyo. Tenía que asumir mi responsabilidad y arreglar el asunto. Laurie me estaba diciendo lo mismo que ese cartel tan conocido: «Tu mala planificación no representa ninguna urgencia para mí.»

La mayoría de los jefes no tienen tanta suerte. Sus empleados asumen la responsabilidad de su falta de planificación y nunca le ponen límites. Sus jefes nunca se ven obligados a considerar su falta de límites hasta que es demasiado tarde, cuando pierden un buen empleado por causa del agotamiento o porque ya no da más. Estos jefes necesitan límites claros, pero muchos empleados tienen miedo de ponerlos, como lo hizo Laurie, porque necesitan el empleo o temen la desaprobación.

Si se encuentra en una situación donde tiene demasiado trabajo porque «necesita el empleo» o porque teme que lo despidan, tiene un problema. Si está trabajando más horas extra que las que quisiera, su empleo lo tiene cautivo. Usted es un esclavo, no un empleado sujeto a un contrato. Los contratos claros y prudentes especifican lo que se espera de las partes y se respetan. Los cargos deberían tener su correspondiente descripción de tareas y requisitos claros.

Si bien puede parecerle difícil, necesita asumir la responsabilidad de su persona y proceder a resolver su situación. Si lo desea, le sugerimos los siguientes pasos:

1. *Ponga límites a su trabajo.* Decida cuántas horas extras está dispuesto a trabajar. Algunas horas extra pueden ser requeridas de su parte durante períodos críticos estacionales.

2. *Revise su descripción de tareas,* si existe.

3. *Haga una lista de las tareas que debe realizar el próximo mes.* Haga una copia de la lista, y ordene las tareas según su prioridad. Marque en la lista aquellas tareas no incluidas en su descripción de tareas.

4. *Solicite una entrevista con su jefe para discutir la sobrecarga de tareas.* Juntos, revisen la lista de tareas que debe realizar en el mes. Pídale a su jefe que las ordene según su prioridad. Si su jefe desea que lleve a cabo todas las tareas y usted no las puede completar en el tiempo que está dispuesto a dedicar a su trabajo, su jefe tendrá que contratar ayuda temporaria externa para realizar esas tareas. También, si lo desea, puede aprovechar la oportunidad para revisar la descripción de tareas con su jefe si cree que está cumpliendo con tareas que no le corresponden.

Si su jefe todavía tiene exigencias no razonables, considere tener también otra entrevista con la presencia de uno o dos colegas (según el modelo bíblico de Mateo 18), o puede plantearle el problema a la persona debida del departamento de personal. Si su jefe todavía sigue irrazonable con respecto a lo que cree que usted puede hacer, quizá debiera comenzar a buscarse otro empleo dentro de la misma compañía o fuera de ella.

Posiblemente tenga que asistir a cursos nocturnos para prepararse y tener más oportunidades. Necesitará llenar cientos de planillas de solicitud de trabajo y enviar montañas de cartas con sus datos personales. (Consulte el libro *How to Get a Job* [Cómo conseguir trabajo], por James Bramlett por información sobre la búsqueda de empleo.[1]) Podría comenzar su propio negocio. Quizá desee comenzar a ahorrar para tener un fondo de emergencia que le permita sobrevivir durante el período en que deja su anterior trabajo y comienza el nuevo.

Haga lo que haga, recuerde que la sobrecarga de trabajo es su responsabilidad y su problema. Si su trabajo lo saca de quicio, necesita hacer algo al respecto. Asuma su problema. Deje de ser víctima de una situación de abuso y comience a poner límites.

Tercer problema: Prioridades equivocadas

Hemos considerado la puesta de límites a los demás. Usted también necesita ponerse límites. Debe darse cuenta de cuánto tiempo y energía dispone y organizar su trabajo conforme a eso. Sepa qué sabe hacer y cuándo lo puede hacer y dígale que no a todo lo demás. Aprenda a conocer sus límites y a hacerlos valer como lo hizo Laurie. Dígale a su equipo o a su jefe: «Si hoy tengo que hacer A, no podré hacer B hasta el miércoles. ¿Está de acuerdo?, ¿o necesitamos considerar nuevamente qué debo hacer primero?

Los trabajadores eficientes hacen dos cosas: procuran hacer un trabajo excelente y dedican el tiempo a lo más importante. Muchas personas hacen un trabajo excelente pero se distraen con cosas sin importancia; ¡hacen cosas sin importancia de manera excelente! Piensan que han realizado un magnífico trabajo, pero su jefe está disgustado porque no se logran los objetivos fundamentales. Piensan que no son apreciados y están resentidos por todo el esfuerzo invertido. Trabajan mucho, pero al no poner límites a qué dedicar su tiempo, no se concentran en lo verdaderamente importante.

Diga que no a lo que no es importante y diga que no a la tendencia a no hacer lo mejor que pueda. Si hace lo más importante de la mejor manera, logrará sus metas.

Además de decir que no a lo que no es importante, necesita planificar cómo lograr lo importante y deslindar las tareas. Cumpla con sus límites y no permita que el trabajo controle su vida. Tener límites le obligará a fijar prioridades. Si se compromete a trabajar un tope de tantas horas a la semana, utilizará ese tiempo con más inteligencia. Si cree que su tiempo es ilimitado, le dirá que sí a todo. Dígale sí a lo mejor y, a veces, precisará decir que no a lo bueno.

Había un hombre dedicado al ministerio que tenía que viajar muy seguido. Por lo tanto, lo pensó con su mujer y decidieron que él no pasaría más de cien noches al año viajando. Cuando recibe una propuesta, la coteja con su presupuesto de tiempo y ve si es algo a lo que quiere dedicar algunas de sus noches. Este plan lo obliga a ser más selectivo con sus viajes y le permite ahorrar tiempo para el resto de su vida.

Un director de una compañía, que permitía que el trabajo lo mantuviera fuera de su casa por demasiado tiempo, se comprometió a no pasar más de cuarenta horas en la oficina. Al principio, tuvo que luchar mucho porque no estaba acostumbrado a presupuestar su tiempo y sus compromisos tan minuciosamente. Poco a poco, sin embargo, cuando se percató que solo tenía tanto tiempo, comenzó a utilizarlo más inteligentemente. Hasta se convirtió en más brillante, porque se vio obligado a desempeñarse mejor.

El trabajo aumenta hasta ocupar el tiempo que le ha asignado. Si una reunión no tiene un orden del día con tiempos asignados, la discusión puede hacerse eterna. Asigne tiempos para determinadas cosas y luego cumpla sus límites. Trabajará mejor y disfrutará más de su trabajo.

Aprendamos la lección que nos dio Jetro, el suegro de Moisés, cuando vio la falta de límites de Moisés y le preguntó por qué estaba trabajando tanto (Éxodo 18:14-27).

—Porque el pueblo me necesita —le dijo Moisés.

—No está bien lo que estás haciendo —le contestó Jetro—. Tú y el pueblo que viene a ti acabarán por cansarse. La tarea es demasiado pesada para ti; no la puedes desempeñar tú solo (versículos 17-18).

Aunque Moisés estaba haciendo un buen trabajo, Jetro se dio cuenta que Moisés iba a acabar exhausto. Moisés había permitido que el trabajo bueno fuera demasiado lejos . Poner límites a las cosas buenas las conservan buenas.

Cuarto problema: Colegas difíciles

En algunas ocasiones algún orientador de personal nos envía una persona a nuestro programa hospitalario con problemas de estrés laboral. Al dilucidar estas situaciones, el «estrés laboral» suele ser alguien en la oficina que está sacando de quicio a la persona estresada. La persona en la oficina o el lugar de trabajo tiene mucha influencia sobre la vida emocional de la persona enferma, y él o ella no saben cómo enfrentar el problema.

En este caso conviene recordar la ley del poder: *Solo tiene poder para cambiarse usted. No puede cambiar a otras personas*. Debe entender que el problema es usted, no la otra persona. Si usted cree que la otra persona es el problema que hay que solucionar, esa persona tiene poder sobre usted y sobre su salud. Como no puede cambiar a la otra persona, usted no tiene control. El verdadero problema radica en cómo se relaciona usted con la persona con quien tiene problemas. *Usted* sufre, y únicamente *usted* tiene poder para arreglar el asunto.

Muchas personas sienten un enorme alivio cuando se dan cuenta que no tienen control sobre otra persona y que deben concentrarse en cambiar sus reacciones ante esa persona. Deben rehusarse a permitir que esa persona las afecte. Este pensamiento cambia vidas; es el inicio del verdadero dominio propio.

Quinto problema: Actitudes críticas

Trabajar con una persona excesivamente crítica o para ella puede ser un factor estresante. Las personas se verán atrapadas en su intento por conformar a la persona crítica, algo prácticamente imposible, o permitir que esa persona les provoque ira. Algunas personas interiorizan la crítica, y su autoestima se ve disminuida. Cualquiera de estas reacciones indica una incapacidad para distanciarse de la persona crítica y mantener los límites propios.

Deje que esas personas críticas sean quienes son, pero manténgase separado de ellas y no interiorice la opinión que tengan de usted. Asegúrese de tener una valoración más exacta de su persona y, en su fuero, no les dé la razón.

Puede también desear enfrentarse con la persona excesivamente crítica según el modelo bíblico (Mateo 18). Comience diciéndole cómo se siente debido a su actitud y cómo lo afecta. Si es inteligente, lo escuchará. De lo contrario, y si la actitud de esa persona perjudica también a otros, júntense dos o más de ustedes y procuren hablar con ella. Si no está dispuesta a cambiar, considere decirle que no desea hablarle más hasta que pueda controlar su actitud.

También puede seguir la política de quejas de su compañía. Lo importante es no perder de vista que aunque usted no la puede controlar, sí puede optar por limitar su exposición a la persona, distanciándose física o emocionalmente de ella. Esto es dominio propio.

Evite ganar la aprobación de estos individuos. Nunca lo logrará y solo conseguirá sentirse controlado. No debata ni discuta. Nunca podrá ganar. Recuerde el proverbio: «El que corrige al burlón se gana que lo insulten; el que reprende al malvado se gana su desprecio. No reprendas al insolente, no sea que acabe por odiarte; reprende al sabio, y te amará» (Proverbios 9:7-8). Si queda enfrascado en una discusión, creyendo que podrá hacerlos cambiar, está buscándose problemas. Manténgase separado. Mantenga sus límites. No entre en su juego.

Sexto problema: Conflictos con la autoridad

Si tiene problema para llevarse bien con su jefe, pudiera ser que tiene «sentimientos de transferencia». La transferencia es experimentar sentimientos en el presente que en realidad pertenecen a cuestiones pendientes del pasado.

La transferencia sucede frecuentemente con los jefes porque son una figura de autoridad. La relación entre el jefe y el subordinado puede provocarle conflictos con la autoridad. Puede comenzar a reaccionar con vehemencia, de manera no apropiada a la relación presente.

Suponga que su supervisor le dice que pretende que realice un trabajo de manera distinta. Usted se siente inmediatamente criticado. Piensa: *Nunca piensa que hago las cosas bien. Ya le demostraré.* Su supervisor puede haber hecho el comentario de paso, pero provocó en usted sentimientos muy fuertes. La realidad es que la interacción puede sacar a luz lesiones sin sanar de relaciones con la autoridad en el pasado, como con los padres o maestros.

Cuando comienza una relación de transferencia, puede encontrarse poniendo en acción los mismos patrones que cumplía con sus padres. Esto nunca resulta. Se convertirá en un niño en el trabajo.

Tener límites es asumir la responsabilidad de su transferencia. Si se da cuenta que reacciona con demasiada vehemencia contra una persona, tómese un tiempo y analícese para ver si reconoce esos sentimientos. ¿Le recuerdan una persona de su pasado? ¿Mamá o papá lo trataban así? ¿Tienen una personalidad similar a esa persona?

Su responsabilidad es arreglar esos sentimientos. Hasta que no enfrente sus propios sentimientos, ni siquiera podrá entender quiénes son los demás. Estará percibiéndolos a través de sus distorsiones, a través de sus asuntos pendiente. Cuando los perciba con claridad, sin transferencia, aprenderá a tratarlos.

Otro ejemplo serían los sentimientos fuertes de competitividad con un compañero en el trabajo. Puede representar alguna relación competitiva del pasado, como rivalidad entre hermanos que todavía está por resolverse. Siempre que experimente sentimientos intensos, considérelos parte de su responsabilidad. Esto le permitirá resolver cualquier asunto pendiente y le impedirá actuar de modo irracional con sus colegas y jefes. Deje el pasado en el pasado, arréglelo, y no permita que interfiera con las relaciones actuales.

Séptimo problema: Demasiadas expectativas con respecto al trabajo

Cada vez más, las personas acuden al lugar de trabajo buscando una «familia» en la compañía. En una sociedad donde la familia, la iglesia y la comunidad ya no son la estructura de apoyo que alguna vez fueron, la gente busca en sus colegas el apoyo emocional que antes a familia proporcionaba. Esta carencia de límites entre la vida personal y la laboral está plagada de todo tipo de dificultades.

El lugar de trabajo ideal debería brindar apoyo, seguridad y protección. Pero esta atmósfera es principalmente para apoyar al empleado en el entorno laboral; para aprender, mejorar y llevar a cabo una tarea. El problema surge cuando se pretende que el trabajo supla lo que los padres no proporcionaron: la protección, relación, autoestima, y aprobación primarias. Este no es el cometido del trabajo, ni hay ningún empleo con estos requisitos. El conflicto inherente en esta configuración es que mientras el empleo presupone un desenvolvimiento adulto, la persona espera satisfacer sus necesidades infantiles. Estas expectativas contradictorias chocarán inevitablemente.

Debemos reconocer nuestras necesidades infantiles insatisfechas y resolverlas para ser saludables. El problema es que el empleo no es el lugar para resolverlas. Hay expectativas en juego. A usted se le exige sin darle nada a cambio porque se le retribuirá por su trabajo. El empleo no tiene la obligación de proporcionarle el apoyo emocional que usted necesita.

Asegúrese de satisfacer sus necesidades de apoyo y de recuperación emocional fuera del trabajo. Contáctese con redes de apoyo y de recuperación para superar sus necesidades insatisfechas y lesiones emocionales, y poder madurar para desenvolverse bien en su trabajo, en un mundo adulto con expectativas adultas. Satisfaga sus necesidades de relación fuera del ámbito laboral, y así podrá trabajar mejor sin mezclar sus necesidades con los requerimientos de la compañía. Mantenga sus límites bien afirmados; proteja sus heridas del lugar de trabajo, porque no ha sido diseñado para sanarlas, sino que podría lastimarlo sin intención.

Octavo problema: Estrés laboral trasladado al hogar

De la misma manera como debemos mantener nuestros asuntos personales detrás de buenos límites y dejarlos fuera del ámbito laboral, necesitamos poner límites al trabajo y dejarlo fuera del hogar. Esto implica, generalmente, dos componentes:

El primero es emocional. Los conflictos en el trabajo deben enfrentarse y solucionarse para que no afecten el resto de su vida. Hacer caso omiso de ellos puede provocar depresiones y otras enfermedades que se extenderán a otras esferas de la vida.

Asegúrese de entender qué asuntos corresponden al trabajo y enfréntelos directamente para que el empleo no controle emocionalmente su vida. Averigüe por qué un colega lo molesta, o por qué su jefe puede controlar el resto de su vida. Averigüe por qué sus éxitos y fracasos laborales lo hacen sentir bien o mal. Estas cuestiones relacionadas con su carácter son importantes y deben ser resueltas. De lo contrario, su trabajo lo controlará.

El segundo componente se refiere a cosas finitas, como el tiempo, la energía y otros recursos. Asegúrese de no trasladar el trabajo, que literalmente nunca se termina de hacer, a su vida personal, y le cueste las relaciones y otras cosas queridas. Ponga límites a los proyectos especiales que demandarán más tiempo que el usual, y asegúrese que hacer horas extra no se convierta en una costumbre. Conocemos una compañía que valora tanto la familia que ¡le hacen descuentos a las personas que trabajan fuera de hora! Quieren que se pongan límites a su trabajo y pasen tiempo en sus hogares con la familia. Identifique sus propios límites y viva conforme a ellos. Esos son límites buenos.

Noveno problema: No le gusta su trabajo

Nuestra identidad proviene de nuestros límites. Los límites definen lo que soy y lo que no soy. Nuestro trabajo integra nuestra identidad porque hace patente nuestros respectivos dones y el ejercicio de estos dones en la comunidad.

Sin embargo, muchas personas son incapaces de encontrar su verdadera identidad laboral. Van de empleo en empleo, sin encontrar nunca lo que «son». La mayoría de las veces se trata de un problema de límites. No han sido capaces de reconocer sus dones, talentos, deseos, anhelos y sueños, porque no saben poner límites a las definiciones y expectativas que los demás tienen de ellos.

Ocurre con personas que no han dejado la familia donde se criaron. Un pastor tenía mucha dificultad con su congregación y el cuerpo de ancianos. Finalmente, en medio de una reunión de la asamblea dijo: «De todos modos, nunca quise ser un pastor. Fue el deseo de mi madre, no el mío.» No tenía límites suficientemente buenos con su madre para poder elegir su propia carrera profesional. Como resultado, se había amoldado a los deseos de su madre y se sentía miserable. No trabajaba de corazón.

Lo mismo puede ocurrir con los amigos y la cultura. Las expectativas de los demás pueden ser influencias muy fuertes. Tome medidas para que sus límites sean lo suficientemente fuertes para impedir que los demás lo definan. En cambio, trabaje con Dios para descubrir quién es usted de veras y para qué trabajo sirve. Romanos 12:2 habla sobre la puesta de límites a este tipo de presión de los demás: «No se amolden al mundo actual, sino sean transformados mediante la renovación de su mente. Así podrán comprobar cuál es la voluntad de Dios, buena, agradable y perfecta.» Tenga expectativas realistas de sí mismo, basadas en quién es realmente, su verdadero ser con sus dones particulares. Solo lo podrá hacer mediante límites que se incorporan y dicen: «Yo soy así, y yo no soy así.» Defiéndase de las expectativas que los demás tienen de usted.

Cómo encontrar el trabajo de su vida

Encontrar a qué trabajo dedicarse implica correr riesgos. En primer lugar, necesita establecer su identidad, separarse de los que se siente ligado y seguir sus deseos. Hágase dueño de sus sentimientos, sus pensamientos y sus deseos. Evalúe sus talentos y limitaciones. Y luego anímese y siga por donde Dios lo conduzca.

Dios desea que descubra y utilice sus dones para su gloria. Solo le pide que lo incluya en el proceso: «Deléitate en el SEÑOR, y él te concederá los deseos de tu corazón. Encomienda al SEÑOR tu camino; confía en él, y él actuará» (Salmo 37:4-5).

Dios también, sin embargo, nos pide que le rindamos cuenta de nuestros actos: «Sigue los impulsos de tu corazón y responde al estímulo de tus ojos, pero toma en cuenta que Dios te juzgará por todo esto» (Eclesiastés 11:9).

En el desarrollo de sus talentos, considere su trabajo como una sociedad entre usted y Dios. Él le dio los dones y desea que los desarrolle. Encomiende su camino al Señor y encontrará su identidad laboral. Pídale ayuda.

12

Los límites y su persona

Sarah respiró hondo y suspiró. Ya llevaba cierto tiempo en terapia ocupándose del asunto de los límites. Veía progresos en la resolución de conflictos de responsabilidad con sus padres, su esposo y sus hijos. Pero en esta ocasión introdujo una nueva cuestión.

—Nunca le he contado de esta relación, aunque supongo que debería haberlo hecho. Tengo un tremendo problema de límites con esta mujer. Come demasiado, tiene una lengua mordaz, no es de fiar, me hace quedar mal todo el tiempo. Hace años que gasta mi dinero y no me lo ha devuelto.

—¿Por qué nunca me habló de ella? —le pregunté.

—Porque soy yo —contestó Sarah.

Sarah estaba haciendo eco de un conflicto común a muchos de nosotros. Aprendemos que los límites son bíblicos. Comenzamos a poner límites a los demás. Comenzamos a cambiar de aceptar demasiada responsabilidad a asumir nada más que la suficiente. Pero, ¿cómo hacemos para ponernos límites a nosotros mismos? Pogo Possum, el dibujante del popular personaje del pantano, Walt Kelly, diría: «Hemos encontrado al enemigo, somos nosotros.»

En este capítulo, en vez de considerar el control y la manipulación de los demás, consideraremos nuestra responsabilidad de controlar nuestros respectivos cuerpos (1 Tesalonicenses 4:4). En lugar de analizar los conflictos de límites externos con los demás, consideraremos nuestros propios *conflictos de límites internos*. Es un tema espinoso. Como le dijo un miembro enfadado de la congregación del campo a su pastor, cuando se retiraba después del sermón dominical: «Ha dejado de predicar y ¡ahora se entromete!»

En lugar de esta postura defensiva, sería mucho mejor que con humildad nos analizáramos; que pidiéramos conocer la impresión que hacemos en los demás; que escucháramos a las personas en quienes confiamos; y que confesáramos: «Me equivoqué.»

Nuestra alma sin control

La alimentación

La vergüenza secreta de Teresa se le hacía cada vez más difícil de ocultar. Era una mujer corpulenta de un metro sesenta y dos de estatura, y algunos kilos de más pasaban desapercibidos; pero en los últimos meses había pasado lentamente la marca de los ciento cincuenta. Lo odiaba. Las citas, el aplomo y la actitud hacia su persona estaban siendo afectados.

Estaba fuera de control. En su triunfadora pero estresante carrera como abogada, solo podía recurrir a las galletitas y los dulces cuando las cosas a su alrededor se desplomaban. Trabajar doce horas al día implicaba mucho aislamiento, y nada llenaba ese vacío como las comidas que engordan. *Por algo se llaman comidas consuelo*, pensaba Teresa.

Lo que hace tan doloroso el comer en exceso es que la obesidad es bien visible. La persona con exceso de peso siente un enorme odio hacia su persona y se avergüenza de su condición. Al igual que otras personas que padecen conductas incontrolables, la persona obesa se siente tremendamente avergonzada de su conducta y por lo tanto, tiende a recurrir a la comida para evitar establecer relaciones.

Las personas que comen en exceso, de manera crónica o por compulsión, tienen un problema interno para ponerse límites.

Para estas personas, la comida actúa como un límite falso. Posiblemente utilicen la comida para evitar la intimidad, aumentando de peso y siendo menos atractivas. De lo contrario, pueden comer por compulsión, para tener una falsa intimidad. Para las personas que comen por compulsión, el «consuelo» de la comida les resulta menos espantoso que la posibilidad de tener relaciones de verdad, donde los límites serían necesarios.

El dinero

Hay una pegatina famosa que dice: «Es imposible que no tenga fondos en mi cuenta corriente: ¡todavía me quedan cheques!» Las personas tienen tremendos problemas con el dinero en diversos aspectos, incluyendo los siguientes:

- gastos impulsivos
- presupuestos desordenados
- gastos que exceden a los ingresos
- problemas con los créditos
- solicitudes de dinero prestado de sus amigos
- planes de ahorro no eficaces
- demasiado trabajo para pagar las cuentas
- préstamos a los demás

De acuerdo con el propósito de Dios, el dinero debiera ser una bendición para nosotros y para otros: «Den, y se les dará» (Lucas 6:38). Es más, la Biblia dice que el problema no es el dinero, sino que el amor al dinero es «la raíz de toda clase de males» (1 Timoteo 6:10).

La mayoría de nosotros estaremos de acuerdo con la necesidad de controlar nuestras finanzas. Ahorrar dinero, no gastar en demasía, y aprovechar las rebajas, son buenos hábitos. Resulta tentador considerar los problemas con el dinero como una simple necesidad de ingresos mayores; sin embargo, el problema no está en el alto costo de vida sino en el costo de darse la buena vida.

Si nuestros egresos financieros exceden nuestros ingresos tenemos un problema para ponernos límites. Si gastamos más de lo que debiéramos, porque tenemos dificultad para decir que no, corremos el riesgo de convertirnos en esclavo de otro: «Los ricos son los amos de los pobres; los deudores son esclavos de sus acreedores» (Proverbios 22:7).

El *tiempo*

Muchas personas sienten que el tiempo es incontrolable. Son personas «de once horas momento», siempre atoradas por las fechas límites. No importa cuánto lo intenten, el día (todos los días) se les escurre de las manos. No tienen suficientes horas para poder terminar sus tareas. La palabra *temprano* no forma parte de su experiencia personal. Estos luchadores deben enfrentarse a algunos de los siguientes aprietos de tiempo:

- reuniones de negocios
- almuerzos
- plazos para los proyectos
- actividades de la iglesia y la escuela
- cartas de vacaciones

Estas personas llegan a las reuniones con quince minutos de retraso y, sin aliento, piden disculpas, hablan del tránsito, responsabilidades laborales abrumadoras o emergencias con los niños.

Las personas que no pueden controlar su tiempo provocan muchas molestias a los demás, con o sin intención. El problema se origina por una o más de las siguientes causas:

1. *Omnipotencia.* Estas personas tienen expectativas irreales, en ocasiones grandiosas, de lo que pueden lograr en un determinado período. «No hay problema. Yo lo haré» es su lema.

2. *Demasiada responsabilidad de los sentimientos ajenos.* Piensan que si se van de una fiesta demasiado temprano, el anfitrión se sentirá abandonado.

3. *Carencia de ansiedad real.* Viven el presente tan intensa-

mente que no anticipan cómo estará el tránsito, donde aparcarán el auto, o el tiempo que les demorará vestirse para salir.

4. *Racionalización*. Minimizan el desconcierto y los inconvenientes que su tardanza ocasiona a los demás. Piensan: «Son mis amigos; ellos entenderán.»

La persona que no ha desarrollado la facultad para poner límites de cómo utilizar su tiempo termina tan frustrada como los demás. Termina el día sin la sensación de que «el deseo cumplido endulza el alma» (Proverbios 13:19). En cambio, acaba con deseos insatisfechos, proyectos a medio hacer y el conocimiento de que mañana al comenzar el día estarán atrasadas.

La terminación de las tareas

Prima hermana del problema de límites con el tiempo, terminar las tareas implica «terminarlas bien». La mayoría de nosotros tenemos metas que queremos alcanzar en nuestra vida amorosa y laboral. Puede ser que deseemos ser un veterinario o un abogado; puede ser que deseemos comenzar nuestro propio negocio o tener una casa en el campo; puede ser que deseemos comenzar un programa de estudio bíblico o un régimen de ejercicio físico.

A todos nos gustaría poder decir sobre nuestras tareas, grandes o pequeñas, lo que dijo Pablo: «He peleado la buena batalla, he terminado la carrera, me he mantenido en la fe. Por lo demás me espera la corona de justicia» (2 Timoteo 4:7-8). O, más elocuentes por su sencillez, las palabras de Jesús sobre la cruz: «Todo se ha cumplido» (Juan 19:30).

Aunque pueden ser grandes emprendedores, muchos cristianos son malos finalistas. Por una razón u otra, sus ideas creativas no cuajan. Un cronograma regular de operaciones se empantana. El éxito es inminente y de pronto se lo arrebatan de las manos.

El problema de tantos malos finalistas radica en alguna de las siguientes causas:

1. *Resistencia a la estructura*. Los malos finalistas sienten que someterse a la disciplina de un plan es un desaire.

2. *Temor al éxito*. Los malos finalistas están preocupados que el éxito hará que los demás los envidien y los critiquen. Más vale pegarse un tiro en la pierna, que perder a sus camaradas.

3. *Falta de conservación de los resultados. Los malos finalistas tienen una aversión al aburrimiento de «los pequeños detalles» que se necesitan para poner en marcha cualquier proyecto. Les resulta más estimulante dar origen a una idea y luego pasársela a otras personas para que la lleven a cabo.*

4. *Distracciones*. Los malos finalistas no se pueden concentrar en un proyecto hasta su buen término. No suelen haber desarrollado aptitudes adecuadas de concentración.

5. *Incapacidad de diferir la gratificación*. Los malos finalistas son incapaces de sudar el proyecto para experimentar la satisfacción del trabajo bien hecho. Quieren alcanzar directamente el placer. Son como niños que quieren el postre antes de la comida bien equilibrada.

6. *Incapacidad para decir que no a las presiones*. Los malos finalistas son incapaces de decir que no a los demás y a otros proyectos. Nunca tienen tiempo para terminar bien un trabajo.

Las personas con problemas para terminar sus tareas se sienten como un niño de dos años en su sección de juguetes favorita. Golpearán un martillo por un rato, jugarán con un auto de juguete, le hablarán a un títere, y luego hojearán un libro. Todo en dos minutos, o menos. Los problemas de límites inherentes a las personas con problemas para culminar sus tareas son fáciles de apreciar. Su «no» interno no ha sido suficientemente desarrollado para permitirles concentrarse en terminar bien su trabajo.

La lengua

En un grupo de terapia que estaba dirigiendo, un hombre tomaba la palabra por cierto tiempo. Se iba por la tangente, cambiaba de tema, y se demoraba demasiado en detalles irrelevantes. No podía ir al grano. Los demás integrantes del grupo perdían el hilo, dormitaban, o se acomodaban en sus asientos. Justo cuando estaba por referirme a la dificultad del hombre para decir algo concreto, una mujer en el grupo lo interrumpió: «Bill, lo esencial ¿bien?»

«Lo esencial», poner un límite a las palabras, puede representar muchísimo esfuerzo para muchas personas. La manera cómo utilizamos el lenguaje puede afectar profundamente la calidad de nuestras relaciones. La lengua puede ser fuente de bendición o de maldición (Santiago 3:9-10). Puede ser una bendición cuando la usamos para transmitir simpatía, identificarnos, estimular, enfrentar y exhortar a los demás. Puede ser una maldición si la utilizamos para:

- hablar sin parar para evitar la intimidad
- dominar la conversación para controlar a los demás
- chismes
- hacer comentarios sarcásticos, expresando hostilidad indirectamente
- amenazar a alguien, expresando hostilidad directamente
- adular, en lugar de alabar auténticamente
- seducir

Muchas personas con dificultad para ponerse límites verbales no son conscientes de su problema. Se sorprenden de veras cuando un amigo les dice: «A veces parece que interpretaras mis comas como punto final.»

Conocí a una mujer que estaba desesperada por temor a que otros pudieran llegar a conocerla. Hacía preguntas y hablaba rápido para que nadie pudiera llevar el tema de la conversación a su persona. Tenía un solo problema: respirar para seguir hablando, y ese respiro creaba una interrupción para que alguien pudiera decir algo. Sin embargo, la mujer resolvió su problema de una manera ingeniosa: respiraba en la mitad de sus oraciones, en lugar de hacerlo al final. De esa manera quienes la escuchaban no sabían qué hacer y pocas veces la interrumpían. Una estrategia eficaz, con un solo problema: tenía que encontrar nuevas personas con quien hablar. Después de pasar un rato con ella, la gente desaparecía.

Las Escrituras nos dicen que debemos tratar las palabras con cautela: «El que mucho habla, mucho yerra; el que es sabio refrena su lengua» (Proverbios 10:19). «El que es entendido refrena sus palabras» (Proverbios 17:27). Según *The Theological Workbook of the Old Testament* [Libro práctico de teología del Antiguo Testamento], la palabra hebrea «refrenar» se refiere a «la libertad de retener a algo o alguien. El agente tiene poder sobre el objeto».[1] Este término está impregnado del concepto de límites. Tenemos poder para fijar límites a lo que sale de nuestra boca.

Cuando no podemos refrenar, o poner límites a lo que dicen nuestros labios, nuestras palabras nos controlan; en lugar de controlarlas nosotros a ellas. Pero todavía tenemos responsabilidad de nuestras palabras. Las palabras no salen desde algún lugar fuera de nosotros, como si fuésemos la marioneta de un ventrílocuo. Son producto de nuestro corazón. Cuando decimos: «No quise decir eso», sería mejor que dijéramos: «No quería que supieras que pensaba así de ti.» Debemos asumir la responsabilidad de nuestras palabras. «Pero yo les digo que en el día del juicio todos tendrán que dar cuenta de toda palabra ociosa que hayan pronunciado» (Mateo 12:26).

La sexualidad

A medida que los cristianos encuentran un lugar seguro en la iglesia para ser francos sobre los conflictos espirituales y emocionales, los problemas relativos a la sexualidad, especialmente en el caso de los hombres, han aflorado como una cuestión muy importante. Dichos problemas incluyen la masturbación compulsiva, las relaciones compulsivas heterosexuales y homosexuales, la pornografía, la prostitución, el exhibicionismo, el voyeurismo, las llamadas telefónicas obscenas, el libertinaje, el abuso infantil, el incesto y la violación.

El individuo atrapado en una conducta sexual incontrolable generalmente se siente aislado y avergonzado. Su alma quebrantada permanece recluida en la oscuridad; fuera de la luz de la relación con Dios y con los demás, impidiendo cualquier tipo de ayuda y solución. Su sexualidad adquiere vida propia, irreal y fantasiosa. Un hombre la describió como «una experiencia de alguien que no soy yo». Para él, era como si su verdadero yo observara sus actos sexuales del otro lado de la habitación. Otros pueden sentirse tan muertos o tan solos que la sexualidad es la única manera para sentirse vivos.

El problema, sin embargo, común a la mayoría de los conflictos de límites internos, es que la carencia de límites con respecto al sexo tiraniza, exige y es insaciable. No importa cuántos orgasmos alcancen, el deseo solo se profundizará, y la incapacidad de rechazar las pasiones lujuriosas hundirán a la persona cada vez más en la desesperación y la desesperanza.

El *consumo de alcohol y el abuso de sustancias*

Posiblemente sean los ejemplos más claros de problemas de límites internos; el consumo de alcohol y la dependencia de drogas destruyen las vidas de los adictos. Los frutos de la incapacidad para poner límites en esta esfera son el divorcio, la pérdida del empleo, el desorden financiero, problemas de salud y la muerte.

Lo más trágico es la cantidad creciente de personas cada vez más jóvenes que experimentan con drogas. La adicción a las drogas es difícil para los adultos, que ya tienen un esbozo de carácter o límites; para el niño, cuyos límites son delicados y en formación, los resultados se prolongan durante toda la vida y son debilitantes.

¿Por qué mi «no» no resulta?

«Estoy desperdiciando mi "no"», me dijo Burt. «Me sirve para poner límites a los demás, pero siempre que intento acabar mis tareas en hora, este se rompe. ¿Dónde lo podré cambiar?»

¿Dónde? Mientras leía sobre las conductas incontrolables anteriormente mencionadas, quizá se sintió derrotado y frustrado con usted mismo. Posiblemente se identificó con uno o más de los aspectos problemáticos y posiblemente no le resulte extraño el desánimo de no tener límites maduros en esas partes internas. ¿Cuál es el problema? ¿Por qué no podemos hacer que el «no» resulte en nuestra persona?

Hay al menos tres razones para esto.

1. *Somos nuestro peor enemigo*. Un problema externo es más fácil de enfrentar que uno interno. Cuando dejamos de concentrarnos en poner límites a los demás y nos concentramos en poner límites a nuestra persona, hacemos un cambio importante de responsabilidades. Hasta entonces, éramos solo responsables hacia la otra parte, no por ella. Ahora estamos más involucrados; *somos* la otra parte. *Somos* responsables de nosotros.

Cuando está cerca de una persona demasiado crítica, esa que siempre encuentra algo mal en todo, puede limitar su exposición a la crítica continua de esa persona: puede cambiar de tema, de habitación, de casa o de continente; puede irse. Pero, ¿qué hace si la persona crítica está en su propia cabeza? ¿Qué pasa si se ha encontrado con el enemigo, y es usted mismo?

2. *Nos retraemos de las relaciones cuando más la necesitamos*. Jessica me consultó para que la tratara por un trastorno de alimentación. Tenía treinta años y había comido impulsivamente desde la adolescencia. Le pregunté sobre sus intentos anteriores por solucionar este problema de límites interno.

—Intento proponérmelo y comer correctamente —me dijo—, pero siempre fracaso.

—¿A quién le ha hablado sobre esto? —le pregunté.

—¿Qué quiere decir? —Jessica estaba confundida.

—¿A quién le cuenta que tiene un problema de alimentación cuando ya no lo soporta más?

Las lágrimas asomaron a los ojos de Jessica.

—Me está pidiendo demasiado. Es un problema privado. ¿No puedo hacer esto sin que nadie se entere?

Desde la caída, nuestro instinto ha sido evitar las relaciones cuando estamos en problemas, cuando más necesitamos a los demás. (¿Recuerda cómo Adán y Eva se escondieron de Dios después de haber probado la fruta prohibida?) Cuando estamos en problemas, debido a nuestra inseguridad, nuestra desgracia, nuestra vergüenza y nuestro orgullo, nos encerramos en nosotros mismos en vez de recurrir a otros. Como lo expresó el predicador de Eclesiastés: «¡Ay del que cae y no tiene quien lo levante!» (4:10)

Este retraimiento sucede vez tras vez en nuestro programa hospitalario. Las personas enfermas comenzarán a vincularse con el personal y con otros pacientes. Por primera vez, expresarán su necesidad de conexión. Como una rosa que abre los pétalos después de la lluvia, comienzan a relacionarse y a conectarse a la luz de la gracia de Dios y de su pueblo.

Entonces surge una dificultad imprevista. A veces, al exponer la pena interna, su depresión se recrudecerá por algún tiempo. A veces aflorarán recuerdos traumáticos. A veces tendrán lugar conflictos graves con los parientes. En vez de traer estos problemas y sentimientos penosos y espantosos a la nueva relación, estas personas suelen retirarse a sus habitaciones para solucionar al problema. Pasarán horas o todo un día haciendo todo lo posible para retomar el control. Se hablarán positivamente a sí mismas, o leerán las Escrituras por compulsión, intentando «sentirse mejor».

Solo cuando su intento por solucionar fracase se darán cuenta finalmente que necesitan sacarse de encima estas penas y cargas espirituales y presentarlas al cuerpo de Cristo. Para la persona aislada nada les resulta más temerario, inseguro o poco prudente. Dicha persona necesita sentirse bien segura antes de arriesgarse a llevar sus problemas espirituales y emocionales a otras personas.

Sin embargo, la Biblia no reconoce ninguna otra respuesta a nuestros problemas. La gracia tiene que venir de afuera para ser útil y sanarnos. Así como la rama se seca si no permanece en la vid (Juan 15:1-6), no es posible la reparación de nuestra vida y emociones sin la relación con Dios y con los demás. Dios y su pueblo son la gasolina, la fuente de energía para afrontar los problemas. Nuestro ser necesita estar «sostenido y ajustado por todos los ligamentos» (Efesios 4:16) del cuerpo de Cristo para sanar y crecer.

No podremos solucionar nuestro problema de límites en el vacío, ya se trate de la alimentación, el consumo de sustancias, el sexo, el tiempo, los proyectos, la lengua o el dinero. Si pudiéramos, ya lo hubiésemos solucionado. Pero cuanto más nos aislemos, más difícil se hará la lucha. Así como un cáncer que no ha sido tratado puede poner en riesgo la vida en muy poco tiempo, los problemas de límites a nuestra persona empeorarán si estamos solos.

3. *Intentamos usar nuestra fuerza de voluntad para solucionar nuestros problemas de límites.* «¡Ya está! ¡Lo solucioné!» Pete estaba estimulado por su nueva victoria sobre el despilfarro. Era un cristiano dedicado y un líder en su iglesia, pero estaba intensamente preocupado por el descontrol de sus finanzas. «Le he prometido a Dios y a mí mismo que ¡nunca más gastaré más de lo que haya presupuestado! Así de simple, pero ¡bien cierto!»

Como no quería pincharle el globo, adopté una actitud de esperar y ver qué sucedía. No tuve que esperar mucho. A la siguiente semana Pete vino a verme, descorazonado y desesperado.

«No pude detenerme», se lamentaba. «Salí y me compré nuevos equipos deportivos; luego mi esposa y yo compramos nuevos muebles. Era justo lo que queríamos. El precio estaba bien. El único problema era que el dinero no nos alcanzaba. Supongo que soy un caso perdido.»

Pete no es un caso perdido, pero su filosofía, tan popular entre los cristianos, sí lo es. Había intentado usar su fuerza de voluntad para solucionar su problema de límites; posiblemente sea el método más corriente para solucionar el descontrol.

Usar la fuerza de voluntad es sencillo. Según este método, sea cual fuere el problema de conducta, simplemente deja de comportarte así. En otras palabras «solo di que no». Los imperativos: «Opta por dejar de hacerlo», «Decídete y di que no» y «Comprométete a no hacerlo nunca más» abundan en este método.

El problema con este método es que convierte a la voluntad en un ídolo, nada más ajeno a la voluntad de Dios. Así como nuestro corazón y nuestras mentes se deformaron con la caída, también se desfiguró nuestra capacidad para tomar las decisiones correctas. La voluntad solo se fortalece en las relaciones; no podemos comprometernos solos. Dios le dijo a Moisés que animara y fortaleciera a Josué (Deuteronomio 3:28); no le dijo a Moisés que le dijera a Josué: «Solo di que no.»

Depender únicamente de nuestra fuerza de voluntad es garantía de fracaso. Estamos negando el poder de la relación prometida en la cruz. Si todo lo que necesitáramos fuera fuerza de voluntad para vencer al mal, no necesitaríamos un Salvador (1 Corintios 1:17). La verdad es que la fuerza de voluntad por sí sola es inútil para los conflictos que enfrentamos cuando ponemos límites a nuestra persona:

> «Si con Cristo ustedes ya han muerto a los principios de este mundo, ¿por qué, como si todavía pertenecieran al mundo, se someten a preceptos tales como: "No tomes en tus manos, no pruebes, no toques"? Estos preceptos, basados en reglas y enseñanzas humanas, se refieren a cosas que van a desaparecer con el uso. Tienen sin duda apariencia de sabiduría, con su afectada piedad, falsa humildad y severo trato del cuerpo, pero de nada sirven frente a los apetitos de la naturaleza pecaminosa. (Colosenses 2:20-23)

La versión en inglés King James de la Biblia habla de «culto a la voluntad». En otras palabras, estas prácticas de abnegación, aparentemente tan espirituales, no impedirán las conductas incontrolables. Las partes del alma carentes de límites se tornarán más resentidas bajo el dominio de la voluntad; y se rebelarán. Actuaremos tomando venganza, especialmente después de haber hecho afirmaciones tales como: «Nunca más» y «Siempre». Los gustos que Jessica se permitía con respecto a la comida, los de Pete con respecto al dinero, las personas que se dan el gusto de entablar conversaciones tontas o difamatorias, o aun otra determinación de nunca más retrasarse en un proyecto, no se sanarán «golpeándose el pecho».

Cómo poner límites a nuestra persona

Aprender a ser maduros en la puesta de límites a nuestra persona no es tarea fácil. Hay muchos obstáculos que se interponen en nuestro progreso; sin embargo, Dios pretende que seamos maduros y que tengamos más dominio propio. Está de nuestro lado, exhortándonos, animándonos, y rogándonos (1 Tesalonicenses 2:11-12). Una manera de desarrollar la puesta de límites a nuestra conducta incontrolable es emplear una versión modificada de la lista de preguntas utilizadas en el capítulo 8.

1. *¿Cuáles son los síntomas?* Considere el fruto destructivo que manifiesta por no poder decirse que no. Puede estar experimentando depresión, ansiedad, pánico, fobias, ira, conflictos relacionales, aislamiento, problemas laborales o problemas sicosomáticos.

2 *¿Cuál es el origen?* Identificar las causas de su problema para ponerse límites le ayudará a comprender cómo ha contribuido al problema (cómo ha pecado), sus lesiones durante su desarrollo (cómo han pecado contra usted), y las relaciones significativas que pueden haber contribuido al problema.

Algunas raíces a las dificultades para ponerse límites son:

Falta de entrenamiento. Algunas personas nunca aprendieron a aceptar los límites, a pagar las consecuencias de sus acciones, o a diferir la gratificación cuando estaban creciendo. Por ejemplo, nunca experimentaron las consecuencias de distraerse cuando eran niños.

Recompensa a las conductas destructivas. Las personas provenientes de familias con la madre o el padre alcohólico pueden haber aprendido que las conductas incontrolables favorecen las relaciones. La familia estaba más unida cuando el alcohólico se emborrachaba.

Necesidades deformadas. Algunos problemas de límites son legítimos, necesidades que Dios nos ha dado disimuladamente. Dios nos ha dado el apetito sexual para la reproducción y para el placer con nuestra esposa. El adicto a la pornografía ha deformado este deseo bueno; se siente vivo y auténtico solo cuando lo realiza.

Temor a la relación. Las personas desean ser amadas pero su conducta incontrolable (alimentación en exceso, trabajo en exceso) las aleja de los demás. Algunas personas usan su lengua para mantener alejadas a las otras personas.

Anhelos emocionales insatisfechos. Todos necesitamos amor en los primeros años de vida. Si no recibimos ese amor, lo anhelaremos el resto de nuestra vida. Este anhelo de amor es tan poderoso que cuando no lo encontramos en las relaciones con otras personas, lo buscamos en otro lado: en la comida, en el trabajo, en la actividad sexual, o en el derroche del dinero.

Estar bajo la ley. A muchos cristianos criados en ambientes legalistas nunca se les permitió tomar sus propias decisiones. Cuando intentan decidir por sí mismos, se sienten culpables. Esta culpa los obliga a rebelarse de manera destructiva. La adicción a la comida y el consumo compulsivo suelen ser una reacción a estas reglas estrictas.

Compensando el dolor emocional. Las personas que fueron lesionadas emocionalmente, por negligencia o abuso en la niñez, disimulan su pena comiendo en exceso, tomando en exceso, o trabajando en exceso. Pueden abusar del consumo de sustancias para olvidar el dolor real de sentirse no amados, no queridos y solos. Si dejaran de disimular, su aislamiento sería intolerable.

3. *¿Cuál es el conflicto de límites?* Considere los problemas específicos que tiene para ponerse límites con respecto a la comida, el dinero, el tiempo, el cumplimiento de las tareas, la lengua, la sexualidad, o el consumo de alcohol o el abuso de sustancias. Estos siete aspectos no son exhaustivos, pero abarcan gran parte de la cuestión. Pídale a Dios que le dé sabiduría para reconocer los aspectos de su vida sobre los que perdió el control.

4. *¿Quién debe reconocer la situación?* En este momento, dé los pasos para asumir la responsabilidad de su conducta incontrolable. El patrón de conducta puede tener su origen en problemas familiares, negligencia, abuso o trauma. En otras palabras, los conflictos de límites pueden no ser por culpa nuestra. De todos modos, son nuestra *responsabilidad*.

5. *¿Qué se necesita?* Es inútil enfrentarse con los conflictos de límites hasta no haber desarrollado activamente relaciones seguras y confiables con otras personas basadas en la gracia y la verdad. Cuando no está conectado a la fuente divina de energía espiritual y emocional, está en mucha desventaja para entenderse a sí mismo y para controlarse.

Las personas del tipo «hágalo usted mismo» se frustran cuando deben relacionarse con otras personas, desearían contar con un manual de instrucciones para solucionar sus conductas incontrolables, así como se comprarían un libro para aprender a tocar el piano, resolver problemas de plomería o a jugar al golf. Desean acabar rápidamente y de una vez por todas con este asunto de la puesta de límites.

El problema es que muchas personas que se esfuerzan por ponerse límites no tienen tampoco relaciones estrechas con otros. No están «arraigadas» en Dios ni en los demás (Efesios 3:17). Por lo tanto, para aprender a conectarse con los demás, necesitan hacer lo que a ellas les parece que es dar un paso atrás. Conectarse con las personas lleva mucho tiempo, es un proceso arriesgado y doloroso. Encontrar las personas acertadas, el grupo o la iglesia, es bastante difícil; y luego de integrarse al grupo, admitir la necesidad puede resultar todavía más difícil.

Las personas del tipo «hágalo usted mismo» suelen recaer en un método cognitivo o pretenderán usar la fuerza de voluntad, sencillamente porque no son tan lentos ni tan arriesgados. Dirán: «Yo no quiero vínculos. No puedo controlar mi conducta, ¡necesito alivio de este dolor!» Si bien entendemos su dilema, se encaminan hacia una calle sin salida. El alivio sintomático; procurar solucionar un problema tratando solo los síntomas, generalmente produce más síntomas. Jesús describió el proceso con una parábola:

> Cuando un espíritu maligno sale de una persona, va por lugares áridos buscando un descanso. Y al no encontrarlo, dice: «Volveré a mi casa, de donde salí.» Cuando llega, la encuentra barrida y arreglada. Luego va y trae otros siete espíritus más malvados que él, y entran a vivir allí. Así que el estado final de aquella persona resulta peor que el inicial. (Lucas 11:24-26)

La maldad puede ocupar la casa vacía de nuestras almas. Incluso cuando nuestras vidas parecen estar en orden, el aislamiento garantiza la vulnerabilidad espiritual. Solo podemos resistir los ataques del maligno cuando nuestra casa está llena del amor de Dios y de los demás. Unirse a un grupo no es una opción, ni un lujo; es un asunto de vida o muerte espiritual y emocional.

6. *¿Por dónde se comienza?* Una vez que haya identificado su problema de límites y lo haya reconocido, puede hacer algo al respecto. A continuación presentamos algunas pautas para comenzar a practicar ponerse límites:

Enfrente su necesidad real. Con frecuencia, los patrones incontrolables disimulan una necesidad oculta. Necesita enfrentar la necesidad latente antes de poder tratar la conducta incontrolable. Por ejemplo, quienes comen impulsivamente pueden descubrir que comer es la manera que tienen para mantenerse aislados y libres de intimidad romántica y sexual. Por temor a enfrentarse a ese tipo de situaciones emocionalmente intensas, utilizan la comida como un límite. A medida que sus límites internos con el sexo opuesto se hagan más firmes, podrá dejar de utilizar este límite de comidas destructivo. Aprenderán a buscar ayuda para el verdadero problema, no solo para el problema sintomático.

Permítase fracasar. Enfrentarse a su necesidad real no es ninguna garantía de que su conducta incontrolable desaparecerá. Muchas personas que se enfrentan a la cuestión de fondo del problema para ponerse límites se decepcionan cuando el problema recurre. Piensan: «Bien, me uní a un grupo de apoyo en la iglesia, pero todavía me cuesta llegar en hora, o me sigue gustando la pornografía, o sigo gastando dinero, o hablando cuando no es mi turno. ¿Fue todo en vano?»

No. La recurrencia de los patrones destructivos es evidencia de que Dios nos está santificando, madurando y preparándonos para la eternidad. Necesitamos continuar practicando a aprender. Para aprender a poner mejores límites a nuestra persona utilizamos el mismo proceso que usamos para aprender a conducir un automóvil, a nadar, o para aprender otro idioma.

Necesitamos aceptar el fracaso en lugar de evitarlo. Las personas que pasan su vida tratando de no fracasar también eluden la madurez. Sintámonos atraídos a Jesús que «mediante el sufrimiento aprendió a obedecer» (Hebreos 5:8). Las personas que están creciendo se sienten atraídas a la gente que tiene cicatrices de batallas, arrugas por sus preocupaciones, y muestras de haber llorado en su cara. Es posible confiar en sus lecciones, más que en los rostros sin arrugas de quienes nunca han fracasado; quienes, por lo tanto, nunca han vivido verdaderamente.

Atienda las reacciones de empatía de los demás. Cuando fracase al ponerse límites, necesita tener alguien a su lado para que se lo haga saber con cariño. Muchas veces puede no darse cuenta de sus fracasos. En ocasiones puede no comprender cabalmente la magnitud del daño que su falta de límites produce en las vidas de las personas que quiere. Otros creyentes pueden proporcionarle perspectiva y apoyo.

Keith tenía mucha dificultad para devolver el dinero que otros le habían prestado. No estaba en bancarrota. No era egoísta. Sencillamente, no se acordaba. No se daba cuenta de la molestia que causaba a quienes le prestaban dinero.

Una tarde, un amigo que le había prestado dinero hacía ya varios meses, lo visitó en su oficina:

—Keith —le dijo su amigo—, ya te pregunté varias veces por el dinero que te presté. No he sabido nada de ti. No creo que no hagas caso mis pedidos a propósito. Pero, al mismo tiempo, me gustaría que supieras que tu olvido me causa problemas. He tenido que cancelar unas vacaciones porque no tenía el dinero. Tu olvido me lastima y está dañando nuestra amistad.

Keith estaba sorprendido. No tenía la más remota idea que algo tan poco importante para él significara tanto para un íntimo amigo. Con mucho remordimiento por la pérdida que su amigo había sufrido, le firmó un cheque inmediatamente.

Sin condenarlo, sin regañarlo, el amigo de Keith lo había ayudado a ser más consciente de su dificultad para ponerse límites. Usó la empatía que Keith sentía por él por ser un amigo íntimo. El verdadero remordimiento divino que sintió por afligir a su amigo fue una motivación poderosa para Keith para ser más responsable. Cuando otras personas de nuestro sistema de apoyo nos hacen saber cómo nuestra falta interna de límites los lastima, estamos motivados por amor, no por temor.

Los grupos de apoyo basados en la Biblia, que proporcionan empatía y retroalimentación clara, conservan a las personas responsables porque así pueden ver el efecto de sus acciones en los demás. Cuando uno de los integrantes le dice a otro: «No quiero estar cerca de ti por tu descontrol. No te tengo confianza cuando actúas así», no está haciendo de padre o de policía de la persona sin control; sino que está permitiéndole escuchar la verdad en amor, de boca de su igual. La persona sin control ahora puede entender cómo lo que hace ayuda o lastima a quienes quiere. Este tipo de enfrentamiento fortalece la moralidad basada en la empatía y el dominio propio basado en el amor.

Acepte las consecuencias, son su maestro. Aprender sobre la siembra y la cosecha es valioso. Nos enseña que si no somos responsables sufriremos pérdidas. La persona que come impulsivamente tendrá dificultades médicas y sociales. La persona que gasta en exceso enfrentará un juicio por bancarrota. La persona crónicamente impuntual perderá los vuelos y las reuniones importantes, y se quedará sin amistades. La que deja todo para mañana no será ascendida ni recibirá premios en el trabajo. Y así sucesivamente.

Necesitamos ingresar a la escuela de entrenamiento de Dios y aprender a sufrir por causa de nuestra irresponsabilidad. No todo el sufrimiento debería ser aceptado.[2] Sin embargo, cuando se debe a nuestra irresponsabilidad o falta de amor, el dolor se convierte en nuestro maestro.

El proceso para aprender a poner mejores límites a nuestra persona tiene un orden. Primero, otros nos confrontan con el carácter destructivo de nuestra conducta. Luego, si desestimamos sus consejos, vendrán las consecuencias. Las palabras preceden a la acción y nos brindan la oportunidad de dejar de ser destructivos y así, evitar el sufrimiento.

Dios no se gloría en nuestro dolor. Así como el corazón de un padre se rompe cuando ve sufrir a sus hijos, Dios preferiría que no sufriéramos. No obstante, cuando desatendemos sus palabras o los comentarios de otros de sus hijos, únicamente las consecuencias nos protegerán de daños mayores. Dios se asemeja a un padre que le advierte a su hijo adolescente que si toma no podrá usar el coche. Primero, la advertencia: «Deja de tomar ahora mismo. Te traerá malas consecuencias.» Luego, si no hace caso, se queda sin el coche. Esta consecuencia dolorosa previene una posible catástrofe: un accidente debido a conducir en estado de embriaguez.

Rodéese con personas cariñosas que le brindarán apoyo. A medida que atiende las reacciones de los demás y sufre las consecuencias, mantenga un estrecho contacto con su red de apoyo. Tiene demasiadas dificultades para cargarlas solo. Necesita de personas que lo quieran y lo apoyen, pero que no lo socorran.

En general, las amistades de las personas con problema para ponerse límites, cometen uno de dos errores:

(1) Son muy críticas o paternalistas. Cuando su amigo fracasa, adoptan la aptitud de: «Te lo advertí.» O dicen cosas como: «Ahora bien, ¿qué te enseñó la experiencia?», impulsando a la persona a buscar amigos en otra parte o a evitar la crítica (nadie

necesita más que dos padres), en lugar de aprender una lección de las consecuencias. «Hermanos, si alguien es sorprendido en pecado, ustedes que son espirituales deben restaurarlo con una actitud humilde» (Gálatas 6:1).

En lugar de una actitud paternalista, adopte una actitud humilde para restaurarlo, sabiendo que «si no fuera por la gracia de Dios, a mí me pasaría lo mismo».

(2) Se convierten en socorristas. Ceden al impulso de liberar a la persona de su sufrimiento. Llaman al jefe y le dicen que su cónyuge está enfermo o enferma, cuando en realidad se ha emborrachado. Prestan dinero cuando no debieran. Esperan con la mesa servida hasta que llegue el impuntual, en lugar de comenzar a comer.

Socorrer a alguien no es amarlo. El amor de Dios permite que las personas experimenten las consecuencias. Los socorristas, al liberar nuevamente a la persona sin dominio propio, esperan cosechar una persona responsable y cariñosa. Pretenden controlar a la persona.

Mucho mejor es tener empatía, pero al mismo tiempo rehusarse a ser una red de seguridad: «Siento mucho que hayas perdido otro empleo en este año, pero no te prestaré más dinero hasta que me pagues el préstamo anterior. En cambio, estoy dispuesto a hablar contigo para apoyarte.» De esta manera, le hará darse cuenta que está hablando en serio con respecto a su necesidad de ponerse límites. La persona que realmente quiere cambiar valorará esta actitud y le pedirá que lo apoye. El manipulador resentirá los límites y rápidamente buscará otra persona a quien pedirle prestado.

Esta fórmula de cinco puntos para poner límites a nuestra persona es cíclica. Es decir, al enfrentarse a sus necesidades reales, fracasar, recibir reacciones de empatía, sufrir las consecuencias y ser restaurado, al cabo del tiempo logrará afianzar sus límites internos. En la medida que se mantenga fiel a sus metas y con las personas correctas, desarrollará un sentido de dominio propio que se convertirá efectivamente en parte de su carácter para toda su vida.

Si usted es una víctima

Ponerse límites a uno mismo es siempre difícil. Es especialmente difícil si sus límites fueron gravemente violados en la niñez. Nadie que no haya sido víctima en la niñez puede comprender de verdad lo que estas personas han sufrido. De todas las lesiones que pueden darse, este tipo causa un tremendo daño espiritual y emocional.

Una víctima es una persona que estando indefensa ha sido lesionada por la explotación de otra persona. La victimización puede ser verbal, física, sexual, o de rituales satánicos. Todas producen daños extremos a la estructura de carácter del niño que luego se convierte en adulto con desórdenes espirituales, emocionales y cognitivos. En cada caso, sin embargo, hay tres factores constantes: la indefensión, la lesión y la explotación.

Algunos resultados de la victimización son los siguientes:

- depresión
- trastornos compulsivos
- trastornos impulsivos
- aislamiento
- incapacidad para confiar
- incapacidad para relacionarse íntimamente
- incapacidad para fijar límites
- poco juicio en las relaciones
- explotación adicional de las relaciones
- sensación profunda y penetrante de ser malos
- vergüenza
- culpa
- estilos de vida caóticos
- sensación de falta de sentido y de propósito
- terrores inexplicables y ataques de pánico

- fobias
- ataques de ira
- sentimientos y pensamientos suicidas

La victimización tiene efectos duraderos y prolongados en las vidas de los adultos supervivientes. Sanar a las víctimas es difícil porque su proceso de desarrollo fue lesionado o interrumpido por el abuso. El daño primario que sufre la víctima es que pierde la confianza. La confianza, la capacidad para depender de nosotros u de otros en momentos de necesidad, es una necesidad de supervivencia espiritual y emocional básica. Necesitamos ser capaces de confiar en nuestras percepciones de la realidad y ser capaces de permitir que las personas queridas nos importen.

Nuestra capacidad para confiar en nosotros mismos está basada en nuestra experiencia de poder confiar en los demás. La gente es «como el árbol plantado a la orilla de un río» (Salmo 1:3), firme porque está junto a la corriente del amor que fluye de Dios y de otros en su vida.

Las víctimas suelen perder la confianza porque el perpetrador fue alguien que conocían como niños, alguien que para ellos era importante. Cuando la relación los lesionó, su confianza se esfumó.

Otro efecto lesivo del abuso y el acoso es la destrucción del sentido de propiedad del alma de la víctima. En realidad, las víctimas suelen sentir que son propiedad pública: que sus recursos, su cuerpo y el tiempo, deben estar disponibles para quien los solicite.

Otra lesión causada por la victimización es una sensación nociva y profunda de ser «completamente malo», sucio, equivocado, o vergonzoso. Las víctimas están convencidas de que en el fondo, no hay nada bueno dentro de ellas, sin importarles lo positivos que puedan ser otros con respecto a sus cualidades y su encanto. Debido a la gravedad de sus heridas, muchas víctimas tienen límites demasiado permeables. Asumen el mal que no les pertenece. Comienzan a creer que la manera como fueron tratadas es como deberían ser tratadas. Muchas víctimas piensan que debe ser cierto que son malas, porque así se lo han dicho miles de veces.

Los límites como ayuda para las víctimas

El trabajo con límites presentado en este libro puede ser de gran ayuda para impulsar a las víctimas hacia la recuperación y la curación. Sin embargo, en muchos casos la gravedad de su condición es tal que la víctima será incapaz de poner límites sin ayuda profesional. Exhortamos a las víctimas de abuso a buscar un orientador que las pueda guiar en el establecimiento y mantenimiento de límites apropiados.

13

Los límites y Dios

Algunas personas al leer la Biblia ven un libro con reglas: haz esto, no hagas esto. Otras cuando la leen, ven una filosofía de vida, principios para ser sabios. Todavía otras ven mitos, historias sobre la naturaleza de la existencia humana y el dilema de la humanidad.

Sin duda que la Biblia contiene reglas, principios e historias que explican cómo es la vida en esta tierra. Pero para nosotros, la Biblia es un libro viviente sobre las relaciones. La relación de Dios hacia las personas, de las personas hacia Dios y de las personas entre sí. Trata de un Dios que creó este mundo, colocó a las personas en él, se relacionó con ellas, perdió esa relación y continúa sanando esa relación. Trata de un Dios creador: esta es su creación. Trata de un Dios que gobierna: finalmente, él es quien controla al mundo y lo gobernará. Trata de un Dios redentor: encuentra, salva y sana a los seres amados perdidos y cautivos.

Cuando un abogado le preguntó a Jesús cuál era el mandamiento más importante de la ley, Jesús le dijo: «"Ama al Señor tu Dios con todo tu corazón, con todo tu ser y con toda tu mente"... Este es el primero y el más importante de los mandamientos. El segundo se parece a este: "Ama a tu prójimo como a ti mismo." De estos dos mandamientos dependen toda la ley y los profetas» (Mateo 22:37-40). Las Escrituras en su conjunto comunican un mensaje de amor: «Amar a Dios y amar al prójimo como a uno mismo.»

Pero, ¿cómo hacemos eso? Pues bien, ¡por eso hay tantos otros pasajes! Amar a Dios y a nuestro prójimo es difícil. La dificultad se debe principalmente a los problemas de límites en sí, que son en esencia problemas de responsabilidad. No sabemos quién es responsable de qué, donde termina nuestra persona y comienza el otro, donde termina Dios y comenzamos nosotros. La Biblia aclara estos límites para que podamos entender quién tiene que hacer qué cosas en esta obra de amor.

Respetar los límites

Nuestra relación con Dios tiene límites personales, linderos personales. Dios ha diseñado el mundo para que los límites sean respetados. Él respeta los nuestros; nosotros hemos de respetar los suyos.

Dios respeta nuestros límites de varias maneras. En primer término, *nos deja trabajos que solo nosotros podemos hacer*. Nos permite experimentar las dolorosas consecuencias de nuestra conducta para que cambiemos. Él no quiere que nadie perezca y no se goza en nuestra destrucción (2 Pedro 3:9; Ezequiel 18:23), pero quiere que cambiemos para nuestro propio bien y para su gloria. Cuando no cambiamos, a él le duele profundamente. Pero al mismo tiempo, no nos socorre; desea que nos arreglemos solos por nuestro propio bien. No violará nuestro deseo de ser dejados tranquilos, aunque nos rogará que volvamos a él.

En segundo término, *respeta nuestro no*. No procura controlarnos ni molestarnos. Nos permite decir que no y seguir nuestro camino. Recuerde la parábola del hijo pródigo, la historia del joven gobernante, o la historia de Josué y el pueblo. En todos estos ejemplos, Dios dio opciones y permitió que la gente involucrada decidiera. Cuando las personas dicen que no, él lo permite y continúa amándolas. Él es un dador. Y algo que siempre nos da son opciones; pero como buen dador, también permite las consecuencias de esas opciones. Respeta los límites.

Muchas personas, sin embargo, no son tan sinceras como lo

fueron estos protagonistas bíblicos. El hijo pródigo fue directo y sincero: «No quiero hacerlo como tú quieres. Lo haré a mi manera» La mayoría de las veces somos como el segundo hijo en la parábola de los dos hijos del viñedo (Mateo 21:28-31). Decimos que sí, pero no lo hacemos. Dios prefiere la sinceridad. «Vale más no hacer votos que hacerlos y no cumplirlos» (Eclesiastés 5:5). Sería mucho mejor que dijéramos francamente que no a lo que sea que Dios nos pide, porque el siguiente paso podría ser el arrepentimiento. Un no sincero nos permitirá descubrir lo destructivo que es decirle que no a Dios y a una verdadera hambre y sed de justicia.

Jerry integraba un grupo de apoyo que yo dirigía. Estaba engañando a su mujer, pero vivía diciendo que lo lamentaba y que no quería ser adúltero. Realmente quería obedecer a Dios; sin embargo, a pesar de repetirlo no cambiaba. Quería creer que quería cambiar sin esforzarse por cambiar.

Cansado de escucharlo decir cómo quería ser diferente, le sugerí que le dijera a Dios y al resto del grupo la verdad. En realidad, no quería cambiar, disfrutaba sus amoríos; lo que quería de veras era que Dios cambiara las reglas y se fuera a otra parte.

Jerry estaba desconcertado, pero gradualmente comenzó a entender qué cierto era esto. Finalmente, nos contó la verdad sobre su falta de amor a Dios y cómo en realidad le gustaría hacer lo que él quería. Al principio, admitir esto lo asustó. Se estaba sacando la máscara de considerarse un cristiano preocupado por su santidad. Pero su franqueza lo hizo sentirse mejor que todas las mentiras, y algo comenzó a suceder.

En la seguridad de la gracia que le permitía verse tal como era, comenzó a lamentarse de ser como era. Comenzó a ver el vacío de su corazón. Cuando reconoció de corazón quién era realmente, no le gustó cómo era. Estaba desarrollando una tristeza divina, el tipo de tristeza que conduce al arrepentimiento y comenzó a cambiar. Le dijo a su amante que ya no la vería más y renovó su compromiso con su mujer. Esta vez hablaba en serio. Después de años de decir que sí, pero no hacer nada, finalmente reconoció su «no» a Dios, directamente y con sinceridad. Solo en esas circunstancias fue posible el cambio.

Hasta tanto no reconozcamos nuestros límites con Dios, no podremos cambiarlos ni permitirle obrar en ellos. Están ocultos y no comunicados. Necesitamos reconocerlos con franqueza, exponerlos y adoptarlos como parte nuestra para que Dios y nosotros podamos enfrentar el problema.

La ira

Cuando tenemos conocimiento profundo de nuestro verdadero ser y lo reconocemos, hay lugar para expresar nuestro enojo con Dios. Muchas personas separadas de Dios se cierran emocionalmente porque no se sienten seguras diciéndole a Dios lo enojadas que están con él. Hasta que no se enojan, no podrán sentir los sentimientos amorosos latentes bajo la ira.

Job quería expresarle a Dios toda su ira y su decepción con Dios (Job 13:3). Pero antes de hacerlo, tenía que tener dos seguridades. Quería (1) que Dios no lo castigara y (2) que se comunicara con él (versículo 21). Job sabía que si estaba seguro de la relación le podía contar a Dios cómo se sentía realmente.

Muchas veces tememos ser sinceros porque nunca fue seguro ser sinceros en nuestras relaciones terrenales. Como Job, tememos el abandono y la venganza. Hemos sido abandonados o atacados por las personas después de contarles cómo nos sentíamos realmente.

Puede tener la seguridad, en cambio, que Dios quiere la verdad «en lo íntimo» (Salmo 51:6). Está buscando personas que tengan una verdadera relación con él (Juan 4:23-24). Quiere escuchar todo, sin importar lo malo que nos pueda parecer. Cuando reconocemos lo que está por dentro de nuestros límites, cuando lo sacamos a la luz, Dios lo puede transformar con su amor.

Respetar sus límites

Dios espera que sus límites también sean respetados. Cuando

decide algo, o nos dice que no, está en su derecho, es su libertad. Para tener una verdadera relación con él, debemos respetar esa libertad. Cuando intentamos arrinconarlo para que «haga algo», estamos poniendo a prueba su libertad. Cuando nos enojamos con él por lo que no hace, no le damos la libertad de ser quien es.

El problema fundamental de las relaciones humanas es el de la libertad. Llamamos malas a las personas porque no hacen lo que nos gustaría que hicieran. Las juzgamos por ser ellas mismas, por cumplir sus deseos. Les escatimamos el amor cuando hacen lo que creen que es lo mejor para ellas, pero no es lo que nos gustaría que hicieran.

Hacemos lo mismo con Dios. Nos sentimos con derecho al favor de Dios, como si él tuviera que hacer lo que a nosotros nos gustaría que hiciera. ¿Cómo se sienten cuando alguien les pide un favor pero no les permite decidir libremente? Mucha gente está insatisfecha con Dios por causa de este derecho infantil de la misma manera que están insatisfechas con otras personas en su vida. Odian la libertad de los demás.

Dios está libre de nosotros. Cuando nos hace un favor, lo hace porque así lo decidió. No está «obligado a ello», ni siente culpa ni es posible manipularlo. Él ha hecho cosas como morir por nosotros porque así lo quiso. Podemos descansar en su amor puro; no hay resentimientos ocultos en lo que hace. Su libertad le permite amar.

Muchos personajes de la Biblia descubrieron la libertad de Dios y aprendieron a disfrutarla. Al disfrutar de su libertad y respetar sus límites, profundizaron la relación con Dios. Job pudo por fin aceptar la libertad de Dios de no socorrerlo cuando él quería. Job expresó su ira y su insatisfacción con Dios y Dios recompensó su sinceridad. Pero Job no «hizo malo a Dios» en su mente. Durante todas sus discusiones, Job no terminó su relación con Dios. No comprendía a Dios, pero permitió que Dios fuera quien era y no dejó de amarlo, incluso cuando estaba muy enojado con él. Esto es una verdadera relación.

De la misma manera Pablo aceptó los límites de Dios. Cuando planificaba viajes que no resultaban, Pablo aceptaba la soberanía de Dios. Repetidas veces le pidió a Dios que lo sanara pero Dios no lo hizo. Dios le dijo: «No, no deseo amarte como tú lo quieres ahora. Quiero amarte con mi presencia.» Pablo no rechazó a Dios por ponerle ese límite.

Jesús se perfeccionó por su sufrimiento (Hebreos 5:7-10). En el jardín de Getsemaní, pidió que pasara de él la copa del sufrimiento, pero Dios le dijo que no. Jesús aceptó los deseos de Dios, se sometió a ellos, y «llegó a ser autor de salvación eterna para todos los que le obedecen» (Hebreos 5:9). Si Jesús no hubiese respetado los límites de Dios y el «no» de Dios, todos estaríamos perdidos.

De la misma manera que queremos que los demás respeten nuestro no, Dios quiere que respetemos el suyo. No quiere ser el villano cuando toma una decisión. Así como no nos gusta que los demás intenten manipularnos y controlarnos haciendo sentirnos culpables, tampoco le gusta a él.

«Con todo respeto, no estoy de acuerdo»

Así también, Dios no quiere que seamos pasivos en nuestra relación con él tampoco. En ocasiones, a través del diálogo, él cambia de parecer. Podemos influenciarlo porque la nuestra es una relación similar a la que Abraham tenía con Dios (Génesis 18:16-33). Dios le dijo que destruiría a Sodoma pero Abraham lo convenció de no hacerlo si encontraba diez justos.

Cuando manifestamos nuestros sentimientos y nuestros deseos, Dios nos responde. No solemos pensar en Dios de esta manera, pero la Biblia es bien clara. Es como si Dios nos dijera: «Si realmente te importa tanto, yo estoy de acuerdo.» Una de las lecciones más sorprendentes de la Biblia es que podemos influenciar a Dios. No sería una verdadera relación si no pudiéramos. «Vengan, pongamos las cosas en claro —dice el SEÑOR—» (Isaías 1:18). Como un verdadero amigo o un verdadero padre dice: «Déjame saber lo que piensas y lo tendré en cuenta. Me importa. Quizá puedas convencerme y hacerme cambiar de parecer.»

Considere las parábolas de Jesús con respecto a la oración. En una historia un juez «que no tenía temor de Dios ni consideración de nadie» se negó a hacerle justicia a la viuda. Pero como la viuda no dejaba de molestarlo cambió de parecer y por fin accedió (Lucas 18:1-8). Jesús les dijo a sus discípulos que les contaba esta parábola «para mostrarles que debían orar siempre, sin desanimarse» (versículo 1). En otra historia, un amigo insiste pidiendo pan y finalmente logra que su amigo le dé pan por su impertinencia (Lucas 11:5-9). Hay otras personas que Jesús finalmente decidió sanar porque insistieron en que las sanara.

Dios quiere que respetemos sus límites; no quiere que dejemos de amarlo cuando nos dice que no. Pero no tiene nada contra nuestros intentos por hacerlo cambiar de parecer. Por el contrario, nos dice que debemos ser tenaces. Con frecuencia nos dice: «Espera», cuando sabe lo mucho que queremos algo. En otras ocasiones, aparentemente, cambia de parecer gracias a la relación que tenemos con él. De cualquier modo, respetamos sus deseos y continuamos con la relación.

Respetarse a sí mismo

Además de respetar los límites de Dios y del respeto de Dios hacia nuestros límites, él es un buen modelo de cómo debemos respetar nuestra propiedad.

Dios es, en última instancia, el responsable. Si alguien le causa dolor, él asume su responsabilidad. Si continuamos abusando de él, no es masoquista: él sabrá cuidarse. En lo que respecta a nuestras personas, no queremos sufrir las consecuencias de sus límites.

La parábola del banquete de bodas nos muestra a Dios asumiendo su responsabilidad (Mateo 22:1-14). Un rey estaba preparando un banquete de bodas e invitó a mucha gente a la fiesta. Cuando se negaron a asistir, el rey les rogó que vinieran.

Volvieron a negarse y se fueron a sus negocios. Finalmente, el rey
se enfureció. Asumió la responsabilidad de la situación y le dijo a
sus siervos: «El banquete de bodas está preparado, pero los que in-
vité no merecían venir. Vayan al cruce de los caminos e inviten al
banquete a todos los que encuentren» (versículos 8-9).

Cuando Dios decide que «ya ha sido suficiente» y que él ya
ha sufrido bastante tiempo, respeta su propiedad, su corazón, lo
suficiente para hacer algo para sentirse mejor. Asume la responsabilidad de su pena y da los pasos para cambiar su vida. Deja libres a las personas que lo rechazan y busca nuevos amigos.

Dios es un buen modelo. Cuando estamos doloridos, debemos asumir la responsabilidad del dolor y dar pasos consecuentes para mejorar la situación. Puede implicar dejar a alguien y encontrar nuevas amistades. Puede implicar perdonar a alguien y
perdonarles la vida para sentirnos mejor.

Una verdadera relación

Comenzamos este capítulo hablando sobre las relaciones. El
evangelio trata de relaciones. Es un evangelio de «reconciliación» (Romanos 5:11; Colosenses 1:19-20). Este evangelio re-
concilia a los enemigos (Colosenses 1:21) y sana las relaciones
entre Dios y la humanidad, y entre las personas.

El evangelio restituye el orden creado, la verdad y el orden divino. En términos relacionales, creemos que el orden divino de
las relaciones es él mismo y la manera como opera. Por eso creemos que los límites son tan importantes, porque él tiene límites
y nosotros hemos de ser redimidos a su imagen.

Los límites son inherentes a cualquier relación creada por
Dios, porque definen las dos partes que se aman mutuamente.
En este sentido, los límites entre nosotros y Dios son muy importantes. No están para echar por tierra con la identidad fundamental o la unidad que tenemos con él (Juan 17:20-23), sino
para definir las dos partes en la unidad. No hay unidad sin identi-

dades distintas, y los límites definen las distintas identidades implicadas.

Debemos conocer los límites entre nosotros y él. Los límites nos ayudan a ser lo mejor que podemos ser: a imagen de Dios. Nos permiten entender a Dios tal como es en realidad. Nos permiten negociar la vida, cumplir nuestras responsabilidades y requisitos. Si procuramos hacer su trabajo por él, fracasaremos. Si deseamos que él haga nuestro trabajo por nosotros, él se negará. Pero si hacemos nuestro trabajo, y Dios hace el suyo, encontraremos fortaleza en una verdadera relación con nuestro Creador.

Tercera parte

Desarrollo de límites sanos

14

Resistencia a los límites

Hemos hablado de la necesidad de límites y del valor maravilloso que tienen en nuestras vidas. En realidad, casi hemos dicho que la vida sin límites no es vida. Sin embargo, establecer y mantener límites exige mucho trabajo, disciplina y sobre todo, deseo.

El deseo debe ser la fuerza impulsora de los límites. Por lo general, sabemos qué es lo que está bien hacer en la vida, pero rara vez estamos motivados a hacerlo si no estamos bien convencidos. Ser obedientes a Dios es, sin la menor duda, el mejor motivo para poner y mantener límites porque así nos lo ha mandado. Pero a veces necesitamos motivos más convincentes que la obediencia debida. Necesitamos saber que lo que está bien es también bueno para nosotros. Y por lo general solo nos convencemos cuando el dolor nos aflige. Nuestro dolor nos motiva a ponernos en acción.

Incluso si contamos con el deseo de una vida mejor podemos estar renuentes a trabajar con los límites por otra razón: será una guerra. Habrá escaramuzas y batallas. Habrá disputas; habrá pérdidas.

La idea de una lucha espiritual no es nueva. Por miles de años Dios ha dado a su pueblo la decisión de optar por vidas arruinadas o por apoderarse de lo que él nos ha provisto. Siempre ha habido batallas. Cuando guió a los israelitas de Egipto a la tierra prometida, tuvieron que pelear muchas batallas y aprender varias lecciones antes de poder poseer la tierra.

Tenemos que luchar por nuestra sanidad también. Dios ha asegurado nuestra salvación y nuestra santificación. En lo que respecta a nuestro estado y en principio nos ha sanado. Sin embargo, tenemos que procurar su imagen en nosotros.

Parte del proceso de recuperación es recobrar nuestros límites. A medida que seamos semejantes a Dios, él redimirá nuestros límites y fronteras. Él definió quieénes somos y cuáles son nuestros límites para poder bendecirnos: «Tú, SEÑOR, eres mi porción y mi copa; eres tú quien ha afirmado mi suerte. Bellos lugares me han tocado en suerte; ¡preciosa herencia me ha correspondido!» (Salmo 16:5-6).

Pero nosotros tenemos que pelear las batallas. Hay dos categorías de batallas: resistencia externa y resistencia interna. La primera es la resistencia que nos oponen los demás y la segunda es la resistencia que oponemos nosotros.

Resistencia externa

Julie había tenido muchas dificultades con los límites la mayor parte de su vida. De niña había tenido un padre autoritario y una madre que la controlaba con culpa. Temía poner límites a algunas personas por causa de su ira y a otras por la culpa que sentía «de lastimarlas». Cuando quería tomar una decisión por sí misma tenía en cuenta la ira de otras personas o sus lloriqueos y dejaba que esas reacciones afectaran su decisión.

Habiéndose criado en tal familia se casó con un hombre muy egocéntrico que le controlaba con su ira. Durante toda su vida adulta alternaba el control de la ira de su marido con las descargas de culpa de su madre. Era incapaz de poner límites a nadie. Después de varios años la depresión se apoderó de ella y hubo que internarla en uno de nuestros hospitales.

Al cabo de unas semanas en terapia comenzaba a comprender que era desgraciada porque no tenía límites. Finalmente decidió afrontar el riesgo y poner algunos límites a su marido.

Un día durante una sesión conjunta con su marido y el terapeuta, lo enfrentó. Regresó a su grupo de apoyo llorando.

—¿Cómo te fue? —le preguntó uno de los integrantes del grupo.

—Horrible. Esta cuestión de los límites no resulta —dijo.

—¿Qué quieres decir? —le preguntó el terapeuta del grupo.

—Le dije a mi marido que estaba cansada de ser tratada de esa manera y que no lo iba a tolerar más. Se enfureció y comenzó a gritarme. Si el terapeuta no hubiese estado allí, no sé lo que hubiera hecho. Nunca va a cambiar.

Tenía razón. Fue bueno que el terapeuta hubiera estado presente y que ella estuviera en el hospital. Necesitaba mucho apoyo para aprender a poner límites, porque iba a tener que enfrentarse con mucha resistencia opuesta tanto por su marido como por ella.

En las siguientes semanas aprendió que otros iban a oponer mucha resistencia a sus límites y que necesitaba planificar cómo iba a devolver los golpes. Si lo hacía, la probabilidad de que los demás cambiaran era alta. En realidad, eso fue lo que ocurrió. Su marido por fin aprendió que no podía seguir «saliéndose con la suya» todo el tiempo y que tenía que considerar también las necesidades de otras personas además de las propias.

Reacciones de enojo

La resistencia externa más común es la ira. Las personas que se enfurecen con quienes ponen límites tienen un problema de carácter. Son egocéntricos y piensan que el mundo existe para darle los gustos y para consolarlos. Ven a los demás como extensiones de su persona.

Cuando alguien les dice que no, tienen la misma reacción que un niño de dos años privado de algo: «¡Mamá mala!» Sienten que la persona que los priva de sus antojos es «mala» y se enfurecen. No se enojan por motivos justificados debido a una ofensa real. Nadie les «ha hecho» nada. Alguien no «hará algo por ellos». Su deseo se ve frustrado y se enojan porque no han aprendido a diferir la gratificación o a respetar la libertad de los demás (Proverbios 19:19).

La persona enfurecida tiene un problema de carácter. Si este problema de carácter se refuerza, reaparecerá mañana y al día siguiente y en otras circunstancias. No es la situación lo que enfurece a la persona, sino el sentimiento de que tienen derecho a cosas ajenas. Quieren controlar a los demás y como resultado, no se pueden controlar a sí mismos. Por ende, cuando pierden su deseo de control sobre una persona, pierden los estribos: se enfurecen.

Lo primero que debe entender es que quien tiene un problema es la persona que se enoja con usted porque le puso límites. Si no se da cuenta de esto, puede pensar que es usted quien tiene un problema. Mantener sus límites es bueno para los demás; les ayudará a aprender lo que su familia de origen no les enseñó: a respetar a la gente.

En segundo lugar, considere el enojo objetivamente. La ira es solo un sentimiento en el interior del otro. No puede saltar de lado a lado de la habitación y lastimarlo. No puede «entrar dentro de usted» si no lo permite. Mantenerse separado de la ira de otra persona es vital. Deje que la ira se quede dentro del otro. Tendrá que sentir su ira para sentirse mejor. Si lo socorre de su ira o carga usted con ella, la persona enfurecida no mejorará y usted permanecerá cautivo de ella.

En tercer lugar, no permita que la ira lo provoque a hacer algo. Las personas sin límites responden automáticamente a la ira de otros. Los socorren, buscan su aprobación o se enfurecen también. Hay mucho poder en la inacción. No permita que una persona fuera de control lo provoque y le haga cambiar de rumbo. Déjela que se enoje y decida usted mismo qué debe hacer.

En cuarto lugar, asegúrese de contar con un sistema de apoyo. Si va a poner límites a una persona que lo tiene controlado con su ira, convérselo primero con las personas de su sistema de apoyo y elaboren un plan. Sepa lo que va a decir. Prevea lo que la persona enfurecida va a decir y planifique su reacción. Incluso puede ensayar la situación en el grupo si lo desea. Luego, confirme que podrá contar con su grupo de apoyo justo después del enfrentamiento. Podría pedirle alguien del grupo de apoyo que lo acompañe. Pero no cabe la menor duda de que después los necesitará para evitar desmoronarse bajo la presión.

En quinto lugar, no permita que la persona enojada le provoque enojo. Mantenga una actitud cariñosa mientras «habla la verdad en amor». Cuando nos enfrascamos en la mentalidad de «ojo por ojo» de la ley o en la mentalidad mundana de devolver «mal por mal», quedamos cautivos. Si tenemos límites estaremos lo suficientemente separados para amar.

En sexto lugar, prepárese para usar la distancia física y otros límites para que se cumplan las consecuencias. La vida de una mujer cambió cuando se dio cuenta de que podía decir: «No permitiré que me grites más. Me iré a otra habitación hasta que decidas que me puedes hablar de esto sin atacarme. Cuando lo puedas hacer te hablaré.»

No tiene por qué estar enojado cuando da estos importantes pasos. Puede tenerle simpatía y cariño a la otra persona y continuar la conversación sin ceder ni ser controlado. «Entiendo que estés disgustado porque no haré eso por ti. Siento mucho que te sientas así. ¿Puedo ayudarte?» Solo recuerde que cuando lo compadezca, dejar de decir que «no» no servirá de nada. Ofrezca otras opciones.

Si mantiene sus límites, quienes se enojan con usted deberán aprender por primera vez a «dominarse a sí mismos» en lugar de «dominar a otros», lo que, además, les ha sido tan destructivo. Cuando ya no lo puedan controlar, encontrarán otra manera de relacionarse con usted. Pero mientras puedan controlarlo con su ira, no cambiarán.

A veces la triste verdad es que no le hablarán más, o dejarán la relación si no lo pueden controlar más. Este riesgo es real. Dios corre este riesgo todos los días. Dice que solo hará las cosas bien y que no participará del mal. Cuando las personas eligen su propio camino, las deja ir. A veces tenemos que hacer lo mismo.

Mensajes de culpa

Un hombre llamó a su madre por teléfono y ella respondió con una voz muy débil que casi no se podía oír. Preocupado, pensando que estaba enferma le preguntó:

—Madre, ¿qué pasa?

—Supongo que mi voz no está tan bien como antes —le contestó—. Nadie me llama desde que mis hijos se fueron de casa.

No hay arma en el arsenal de la persona controladora tan potente como un mensaje de culpa. Las personas con límites frágiles casi siempre interiorizan los mensajes de culpa dirigidos a ellas; obedecen las afirmaciones generadoras de culpa dichas con intención de hacerlas sentir mal. Consideren estos casos:

- «¿Cómo pudiste hacerme eso después de todo lo que he hecho por ti?»
- «Me parece que de vez en cuando debieras pensar un poco en los demás y no solo en ti.»
- «Si realmente me amaras, harías esa llamada por teléfono por mí.»
- «Me parece que tu familia te importaría por lo menos algo como para hacer únicamente esto.»
- «¿Cómo puedes abandonar a tu familia de ese modo?»
- «Ya sabes lo que sucedió en el pasado cuando no me hiciste caso.»
- «Después de todo, nunca tuviste que hacer nada aquí. Ya es hora de que empieces.»
- «Sabes que si lo tuviera, te lo daría.»
- «No tienes ideas de lo mucho que nos hemos sacrificado por ti.»
- «Posiblemente después de que me haya muerto te arrepentirás.»

La manipulación de la culpa puede disfrazarse con lenguaje religioso:

- «¿Cómo puedes llamarte cristiano?»

- «¿Acaso la Biblia no dice: "Honrarás a tu padre y a tu madre"?»
- «No eres sumisa. Estoy seguro que eso entristece al Señor.»
- «Creía que los cristianos tenían que pensar en los demás.»
- «¿Qué clase de religión te enseñaría a abandonar a tu familia?»
- «Debes tener un problema espiritual para actuar de ese modo.»

Las personas que hacen estas afirmaciones buscan hacerlo sentir culpable de sus decisiones. Buscan hacerlo sentir mal por cómo decide gastar su tiempo o sus recursos, por su madurez y el alejamiento de sus padres, o por tener una vida independiente de un amigo o de un líder espiritual. Recuerde las palabras del propietario en la parábola de los trabajadores del viñedo: «¿Es que no tengo derecho a hacer lo que quiera con mi dinero?» (Mateo 20:15). La Biblia dice que hemos de dar y no ser egocéntricos. No dice que debemos dar cualquier cosa nuestra que se le antoje a alguien. Nosotros controlamos lo que hemos de dar.

Posiblemente todos somos capaces de reconocer en cierta medida los mensajes de culpa cuando los escuchamos. Pero si se siente mal con sus límites, tal vez no se ha puesto a pensar específicamente en los mensajes que su familia u otras personas están usando. Las siguientes pistas pueden ayudar a enfrentar esos mensajes externos:

1. *Reconozca los mensajes de culpa*. Algunas personas se tragan los mensajes de culpa sin comprender lo controladores que son. Preste atención a la reprobación y a las reacciones de los demás; es preciso saber cuándo se es egocéntrico. Pero los mensajes de culpa no sirven para madurar ni son para su bien. Pretenden manipularlo y controlarlo.

2. *Los mensajes de culpa son en realidad ira disimulada*. Las personas que envían mensajes de culpa no le dicen directamente

que están enojadas con usted por lo que hace; si lo hicieran, posiblemente manifestarían cómo lo controlan. Prefieren concentrarse en usted y en su conducta y no en cómo se sienten. Concentrarse en sus sentimientos los acercaría demasiado a la responsabilidad.

3. *Los mensajes de culpa ocultan tristeza y dolor.* En lugar de expresar y reconocer esos sentimientos, estas personas dirigen la mirada sobre usted y lo que hace. Note que los mensajes de culpa son a veces expresiones de tristeza, dolor o necesidad de la otra persona.

4. *Si la culpa opera en usted, reconozca que es su problema y no de otros.* Comprenda dónde está el verdadero problema: por dentro. Así podrá tratar bien lo externo, con amor y con límites. Si continúa echándole la culpa a los demás por «hacerlo» sentir culpable, todavía ejercen poder sobre usted, y usted está diciendo que solo se sentirá bien cuando dejen de hacerlo. Les está transfiriendo el control sobre su vida. Deje de echarle la culpa a los demás.

5. *No dé explicaciones ni se justifique.* Solo los niños que tienen la culpa hacen esto. Es seguirles el juego de su mensaje. No les debe ninguna explicación a los que envían mensajes de culpa. Simplemente hágales saber su decisión. Si desea contarles por qué tomó determinada decisión para que puedan entender, está bien. Si lo hace para que no lo hagan sentirse mal ni culpable, está cayendo en la trampa de culpa que le han tendido.

6. *Sea asertivo e interprete los mensajes ajenos como expresiones de sentimientos* ajenos. «Pareces enojado porque decidí...» «Parece que estás triste porque no...» «Sé que estás muy triste por lo que decidí hacer. Siento mucho que te sientas así.» «Sé que esto te decepciona. ¿Puedo ayudarte?» «Te resulta difícil cuando tengo otras cosas que hacer, ¿no es cierto?»

El principio rector es el siguiente: sea sensible a la angustia que siente el otro, pero deje bien en claro que la angustia es *de ellos.*

Recuerde que los únicos límites claros son el amor y las restricciones. Si reacciona, habrá perdido sus límites. «Como ciudad sin defensa y sin murallas es quien no sabe dominarse» (Proverbios 25:28). Si otras personas lo hacen reaccionar, se metieron dentro de sus murallas, pasaron sus límites. Deje de reaccionar. Sea proactivo. Sienta compasión. «Parece que la vida te está resultando dura. Cuéntame.» A veces las personas que envían mensajes de culpa simplemente quieren contarle a alguien lo difícil que están las cosas. Escuche, pero no cargue con la culpa.

Recuerde la madre que intentó hacer que su hijo se sintiera culpable. Un hombre con buenos límites sentiría compasión hacia su madre: «Parece que te sientes sola, mamá.» Se aseguraría que ella oyera que él captó el sentimiento subyacente en su mensaje de culpa.

Consecuencias y respuestas

Brian tenía dificultad con su padre, un hombre pudiente que siempre usaba el dinero para controlar a las personas, incluso a su propia familia. Les había enseñado a sus hijos a obedecer amenazándolos con quitarles el sostén financiero o desheredarlos.

A medida que Brian se hizo mayor quiso liberarse de su padre pero se encontró adicto al dinero de la familia y a los placeres que le proporcionaba. Le gustaba salir con su mujer de vacaciones a la casa de verano de la familia. Le gustaban las entradas a los partidos de baloncesto de la primera liga, así como ser miembro del club de campo.

Pero Brian no estaba conforme con el costo espiritual y emocional que el control de su padre implicaba. Decidió hacer algunos cambios. Comenzó a decirle que no a algunas solicitudes de su padre, cuando trastornaban sus planes o los de su familia más inmediata. No aceptó las invitaciones para acompañarlo en algunos viajes de vacaciones cuando sus hijos querían hacer otras cosas. A su padre eso no le gustó nada.

Como era de prever, su padre comenzó a suspenderle a Brian algunos de los beneficios con que antes contaba. Lo puso de ejemplo para el resto de sus hermanos. Comenzó a prodigar más privilegios a sus hermanos y hermanas para que Brian se diera cuenta de su error. Por último, cambió su testamento.

Esto fue muy duro para Brian. Tuvo que ajustar su nivel de vida y dejar de disfrutar algunas cosas a las que estaba acostumbrado. Tuvo que cambiar sus planes para el futuro, porque siempre había contado con la herencia del dinero de su padre. En suma, tuvo que enfrentarse a las consecuencias de su decisión de liberarse del control de su padre. Pero, por primera vez en su vida, era libre.

Este escenario es común. No siempre está en juego la fortuna de la familia, pero puede ser la ayuda financiera para los estudios universitarios; o puede ser la disponibilidad de la madre para cuidar a los niños; o puede ser la ayuda del padre en los negocios; o puede ser tan grave como la pérdida de la relación. Las consecuencias de fijar límites serán las jugadas que las personas controladoras harán como contrapartida. Reaccionarán a su puesta de límites.

En primer lugar, calcule qué está obteniendo a cambio de su falta de límites y qué puede perder si pone límites. En el caso de Brian era el dinero. Para otros, puede ser una relación. Algunas personas son tan controladoras que si alguien las enfrenta, acabarán con la relación. Muchas personas cuando dejan de seguir el juego de la familia disfuncional, son abandonadas por la familia que los crió. Sus padres o sus «amigos» les dejan de hablar.

Cuando pone límites y retoma el control de su vida está corriendo un riesgo. En la mayoría de los casos los resultados no son drásticos, porque cuando las otras personas se dan cuenta de que usted va en serio, comienzan a cambiar. Encuentran que la puesta de límites es beneficiosa para ellas. Como dice Jesús, «los ha ganado». La reprobación de un buen amigo resultó ser buena medicina.

Las personas buenas y sinceras necesitan disciplina y responden, si bien con renuencia, a los límites. Otras tienen lo que los sicólogos llaman «trastornos de carácter»; no quieren asumir la responsabilidad de sus propias acciones y vidas. Cuando sus amigos o cónyuges se niegan a asumir la responsabilidad que les corresponde a ellos, se van.

Cuando calcule el costo de las consecuencias, lo difícil o costosas que serán, piense que poco se puede comparar con la pérdida de ser «uno mismo». El mensaje de la Biblia es claro: conozca los riesgos y prepárese.

En segundo lugar, decida si quiere arriesgarse a la pérdida. La «cruz que debe llevar», ¿vale la pena para ser «uno mismo»? Para algunos, el precio es demasiado alto. Preferirán seguir con un padre o un amigo controlador antes que poner en peligro la relación. Los expertos en mediación les advierten a los familiares de los alcohólicos que piensen detenidamente si están dispuestos a ser consecuentes con su decisión si el alcohólico no accede al tratamiento. Los límites sin consecuencias no son límites. Antes de poner límites, debe decidir si está dispuesto a aceptar las consecuencias.

En tercer lugar, actúe con diligencia para compensar lo que haya perdido. En el caso de Brian, tuvo que planificar cómo ganar más dinero. Otros necesitarán conseguir alguien para que cuide a los niños, para tener nuevas amistades, o para aprender a enfrentar la soledad.

En cuarto lugar, hágalo. No hay otra manera de enfrentar las jugadas de poder de los demás y las consecuencias de nuestros límites, que poner límites y seguir adelante con nuestro plan. Cuando se tiene un plan, haga como hizo Pedro: salga de la barca y avance hacia Jesús. Mantenga los ojos fijos en Jesús, «el iniciador y perfeccionador de nuestra fe» (Hebreos 12:2). El primer paso será el más difícil. Anímese y dé ese paso y busque la ayuda divina. Recuerde que él «adiestra mis manos para la batalla y mis brazos para tensar arcos de bronce» (Salmo 18:34).

En quinto lugar, sepa que la parte más difícil recién comienza. Poner límites no es el fin de la batalla. Es el comienzo. Ahora es cuando debe regresar a su grupo de apoyo y usarlo para alimentarse espiritualmente para que pueda mantenerse firme en su posición. Continúe trabajando con el programa que lo preparó para la puesta de límites.

Las reacciones que tendrá que enfrentar como contrapartida a su puesta de límites serán difíciles batallas. Pero Dios estará a su lado para luchar a la par con usted mientras «pelea por su salvación».

Resistencia física

Es triste que tengamos que incluir esta sección, pero algunas personas no pueden mantener sus límites con otras personas porque estas son físicamente más fuertes. Los esposos y novios abusadores no aceptan que se les diga que no; con frecuencia las mujeres que intentan poner límites son físicamente maltratadas.

Estas personas maltratadas necesitan ayuda. Por diversos motivos, suelen tener temor de contarle a otros lo que les ha sucedido o lo que habrá de continuar sucediendo. Buscan proteger la reputación de su esposo con sus amigos o en la iglesia. Tienen miedo de admitir que ellas se dejan tratar de ese modo. Tienen miedo de que si lo cuentan las palizas serán peores. Necesitan darse cuenta de la gravedad del problema y buscar ayuda externa. El problema no se irá por sí solo y podría empeorar.

Si usted está en esta situación, encuentre otras personas para ayudarla a poner límites al abuso. Encuentre un orientador con experiencia en casos de abuso conyugal. Consiga personas de su iglesia a quién llamar si su esposo o amigo se torna violento. Consiga un lugar para pasar la noche si es amenazada, sin importar la hora que fuere. Llame a la policía o a un abogado. Obtenga una orden judicial de arresto contra el individuo si no respeta ningún otro límite. Hágalo por usted y por sus hijos. No permita que la situación se prolongue. Busque ayuda.

Dolor ajeno

Cuando comenzamos a poner límites a las personas que amamos, sucede algo por cierto muy duro: les duele. Pueden sentir un vacío, porque usted ahora no les suple su soledad, su desorganización o su irresponsabilidad financiera. Sea lo que fuere, sienten que han perdido algo.

Si los ama, le resultará difícil mirarlos. Pero cuando trata con alguien que está dolido, recuerde que sus límites son tan necesarios para usted como beneficiosos para ellos. Si hasta ahora les ha permitido ser irresponsables, ponerles límites puede proyectarlos hacia la responsabilidad.

Personas que culpan a otros

Las personas que culpan a otros actúan como si su «no» las estuviera matando; reaccionarán dándole un mensaje de esta índole: «¿Cómo me pudiste hacer esto?» Son propensos a llorar, a refunfuñar o a enojarse. Recuerde que las personas que culpan a otros tienen un problema de carácter. Si pretenden hacerle creer que son desgraciadas porque no les está dando lo que quieren, lo están culpando y exigiéndole algo que le pertenece a usted. Son muy distintas de la persona humilde que pide por necesidad. Escuche la naturaleza de las quejas de las personas; si intentan culparlo por las responsabilidades correspondientes a ellas, enfréntelas.

Susan tuvo que enfrentarse a su hermano, que le pidió dinero prestado para comprarse un coche nuevo. Ambos eran adultos. Ella era responsable y trabajaba al firme; él era irresponsable y nunca ahorraba lo suficiente. Por muchos años, él le había pedido préstamos; por varios años, ella le había suministrado el dinero. Muy pocas veces se lo había devuelto.

Finalmente, después de asistir a un taller sobre los límites, ella comprendió la situación y le dijo que no a su solicitud. Él reaccionó como si ella le hubiera arruinado la vida. Le dijo que «por su culpa» no podría progresar en su carrera profesional, porque sin coche nuevo nunca tendría nuevos negocios. Le dijo que debido a su viejo coche, «por su culpa» no podría conseguir una pareja para salir.

Como ella había aprendido a reconocer cuándo le echaban la culpa, lo enfrentó. Le dijo que sentía mucho que no progresara en su carrera profesional, pero que eso era problema de él. Estas respuestas fueron buenas para ella y para él.

Necesidades legítimas

Puede precisar poner límites a las personas que atraviesan verdadera necesidad. Si usted es una persona que ama, le romperá el corazón decirle que no a alguien que ama y que tiene necesidad. Pero hay límites para lo posible y lo imposible de dar; diga que no cuando corresponda. Aquí no se trata de «dar de mala gana ni por obligación» (2 Corintios 9:7). Hay circunstancias en las que su corazón destrozado querría dar, pero si lo hiciera, usted quedaría completamente exhausto.

Recuerde en Éxodo 18 la historia de Moisés cuando estuvo a punto del agotamiento. Su suegro, Jetro, viendo todo lo que Moisés hacía por el pueblo, le dijo que delegara algunas tareas para poder atender mejor las necesidades del pueblo.

Aprenda cuáles son sus límites, dé según lo que «haya propuesto dar en su corazón», y dígales a las personas en necesidad a quién pueden acudir para recibir ayuda. Sienta compasión por las personas en esa situación. A veces necesitan saber que usted comprende que sus necesidades son legítimas y que realmente necesitan ayuda. Ore por ellas. Es la mejor manera de expresar su amor por las aflicciones y necesidades que lo rodean y que usted no puede remediar.

Perdón y reconciliación

Muchas personas tienen un problema para saber diferenciar entre el perdón y la reconciliación. Fracasan cuando se enfrentan a la resistencia externa porque creen que si no se entregan nuevamente a la otra persona no la han perdonado. Del mismo modo, muchas otras personas tienen miedo de perdonar porque equiparan el perdón con dejar de lado, una vez más, sus límites y entregarle el poder a la otra persona para ser lastimadas nuevamente.

La Biblia tiene dos principios claros: (1) Necesitamos perdonar siempre; pero (2) no siempre logramos la reconciliación. El perdón surge del corazón; libramos a una persona de la deuda que tenía con nosotros. Saldamos la deuda pendiente, no nos debe nada. No la condenamos. Está limpia. Se necesita solo una parte para perdonar: yo. La persona que tiene una deuda conmigo no me tiene que pedir perdón. Es la gracia obrando en mi corazón.

Esto nos conduce al segundo principio: no siempre logramos la reconciliación. Dios perdonó al mundo, pero no todo el mundo está reconciliado con él. Aunque puede haber perdonado a todos, no todas las personas han admitido su pecado y aceptado su perdón. En esto consiste la reconciliación. Basta una persona para perdonar; se precisan dos para la reconciliación.

No se entregue abiertamente a la otra parte hasta que haya visto que verdaderamente ha reconocido su parte del problema. En varias ocasiones las Escrituras mencionan la necesidad de mantener los límites con una persona hasta que reconozca lo que ha hecho y produzca «frutos que demuestren arrepentimiento» (Mateo 3:8). El verdadero arrepentimiento es más que decir «lo siento»: es cambiar de rumbo.

Necesita comunicarle claramente que si bien la ha perdonado, todavía no confía en ella porque no ha probado ser digna de confianza. No ha habido tiempo suficiente para comprobar que realmente va a cambiar.

Recuerde, su modelo es Dios. Él no esperó a que la gente cambiara su conducta antes de dejar de condenarlos. Ya no condena, pero eso no implica que tenga una relación con todas las personas. Las personas deben decidir si reconocerán su pecado y se arrepentirán, para que Dios se manifieste en ellas. La reconciliación implica dos personas. No piense que porque ha perdonado debe reconciliarse. Puede ofrecer reconciliarse, pero siempre y cuando la otra persona controle su comportamiento y produzca frutos que prueben que es digna de confianza.

Resistencia interna

Debemos tener buenos límites, no solo externos, como vimos en la sección anterior, sino también internos, para ser capaces de decir que no a la carne que quiere dominarnos. Consideremos los límites y nuestra resistencia interna al crecimiento.

Necesidades humanas

Jane estaba en terapia debido a su costumbre de elegir hombres destructivos. Tenía facilidad para enamorarse de hombres dulces y encantadores. Al principio todo era «estupendo». Parecían ser «lo que ella siempre había querido» y suplían sus carencias.

Se dejaba llevar un tiempo en ese estado y luego «se perdía» en la relación y accedía cuando hubiera preferido no hacerlo, haciendo lo que no quería hacer y dando lo que no quería dar. Se enamoraba de hombres que resultaban ser muy egocéntricos e incapaces de ver sus necesidades y respetar sus límites. No pasaba mucho tiempo antes de que se sintiera desgraciada.

Hablaba con sus amigas, las que le decían lo que ella ya sabía: ese individuo es un antipático, deberías mandarlo a paseo. Pero no actuaba conforme a su conocimiento, quedaba atrapada en la relación incapaz de dejarla. No tenía límites. No podía decir que no.

A medida que comenzamos a analizar este patrón en la vida de Jane, descubrimos que la motivación que la impulsaba a quedarse con estos hombres era su deseo de evitar la depresión que sentía cuando se separaba. Descubrimos, además, que la depresión se originaba en un enorme vacío interior que Jane tenía, nunca llenado por su padre. El padre de Jane se parecía mucho a los hombres que elegía, emocionalmente distantes e incapaces de expresarle amor. Jane estaba intentando llenar el espacio que su padre debiera haber llenado con personas destructivas que nunca satisfarían esa necesidad. La resistencia interna de Jane para fijar límites radicaba en esta necesidad del desarrollo insatisfecha en la niñez.

Dios nos ha formado con necesidades específicas que deben ser provistas por la familia que nos crió. Hemos hablado sobre ellas con anterioridad y hemos escrito en detalle sobre las mismas en otras ocasiones.[1] Cuando tenemos necesidades insatisfechas, debemos hacer un inventario de estos lugares internos quebrantados y comenzar a satisfacerlas en el cuerpo de Cristo para ser lo suficientemente fuertes para pelear las luchas de límites de la vida adulta.

Mucha de nuestra resistencia interna a la puesta de límites tiene su origen en estas necesidades del desarrollo insatisfechas. Dios nos ha conformado para que crezcamos en familias temerosas de Dios donde los padres son fieles a sus mandamientos. Nos crían, tienen buenos límites, nos perdonan y nos ayudan a entender la diferencia entre el bien y el mal, y nos fortalecen para ser adultos responsables. Pero muchas personas no han tenido esta experiencia. Son huérfanos sicológicos que necesitan ser adoptados y cuidados por el cuerpo de Cristo; en diferentes grados, esto es cierto para todos nosotros.

Dolores y pérdidas no resueltos

Mientras que la resistencia causada por «necesidades insatisfechas» se relaciona con «lo bueno», el dolor se relaciona con «lo malo». Con frecuencia, cuando una persona no puede poner límites, es porque no puede liberarse de una persona con quien está fusionada. Jane intentaba persistentemente satisfacer su necesidad de un padre cariñoso y amante. Pero para satisfacer esta necesidad, Jane tendría que liberarse de lo que nunca había tenido: el amor de su padre. Le significaría una pérdida enorme.

La Biblia está llena de ejemplos de Dios pidiéndole a las personas que «dejen atrás» los individuos y la vida perjudicial para ellas. Les pidió a los israelitas que dejaran Egipto para vivir mejor, pero muchos seguían mirando hacia atrás, aferrándose a lo que creían era mejor. Cuando Lot y su mujer se fueron de

Sodoma, se les advirtió que no miraran hacia atrás; pero ella lo hizo y se convirtió en estatua de sal.

La regla básica para la recuperación bíblica es que la vida sin Dios no vale la pena; debemos perderla, pasar por el dolor, y dejarla atrás para que él nos pueda dar cosas buenas. Tendemos a aferrarnos a la esperanza de que «algún día me amará» y seguir intentando que alguien que es incapaz de amarnos cambie. Debemos atravesar el dolor de dicho deseo y dejarlo atrás para que nuestros corazones puedan recibir lo nuevo que Dios desea para nosotros.

Muchas veces ponerle límites a alguien es arriesgarse a perder el amor por largo tiempo ansiado. Para de decirle que no a un padre controlador debemos ponernos en contacto con la tristeza de que hay algo que nunca obtendremos de ellos; en lugar de seguir esforzándonos por conseguirlo. Este esfuerzo nos mantiene alejados del dolor y nos impide progresar. Pero en esencia, el pesar consiste en aceptar la realidad de quienes son y librarnos del deseo de que sean diferentes. Y sin duda, es triste.

Jugamos a «si solo», en lugar de tener límites. Nos decimos inconscientemente: «si solo me esforzara más, en lugar de enfrentar sus exigencias perfeccionistas, él me querría»; o «si solo cumpliera sus deseos y no la hiciera enojar, ella me amaría». Dejar de poner límites para obtener amor posterga lo inevitable: conocer la verdad sobre esa persona, entristecernos cuando sepamos la verdad, liberarnos y seguir con la vida.

Consideremos los pasos que son necesarios tomar para enfrentarnos a esta resistencia interna:

1. *Reconozca que no tiene límites.* Admita que tiene un problema. Reconozca el hecho de que si usted está siendo controlado, manipulado o maltratado, el problema no es el hecho de encontrarse con una persona mala y que su desgracia sea culpa de ella. El problema es que usted no tiene límites. No culpe a otro. Usted tiene el problema.

2. *Reconozca la resistencia.* Puede pensar: «Solo necesito poner algunos límites» y así ya comenzar a mejorarme. Si fuera así

de fácil, ya lo habría hecho hace años. Confiese que no quiere poner límites porque tiene miedo. Está saboteando su libertad por causa de su resistencia interna (Romanos 7:15, 19).

3. *Procure la gracia y la verdad.* Como en todos los demás pasos del proceso, no puede enfrentar estas verdades angustiadoras en el vacío. Necesita contar con el apoyo de otros para ayudarle a reconocer su propia resistencia interna y para conseguir fuerzas para superar el pesar. El pesar es beneficioso solo si tiene lugar en una relación. Necesitamos de la gracia divina y de los demás.

4. *Identifique el deseo.* Detrás del fracaso para poner límites está el temor a la pérdida. Identifique el amor de quién tendrá que sacrificar si decide vivir. Nómbrelo. ¿A quién deberá poner sobre el altar para ofrendar a Dios? La atadura con esa persona lo mantiene atrapado. «Nunca les hemos negado nuestro afecto, pero ustedes sí nos niegan el suyo» (2 Corintios 6:12). Como los corintios que se negaban a recibir el amor de Pablo, usted está atrapado en sus «afectos»; necesita librarse de las ataduras con esas personas.

5. *Libérese.* En la seguridad de las relaciones de apoyo, enfrente lo que nunca podrá recibir de esa persona, o lo que esa persona simboliza. Será como un entierro. Deberá atravesar las etapas del pesar: la negación, la negociación, la ira, la tristeza y la aceptación. Puede no pasar por estas etapas en ese orden, pero muy posiblemente sentirá todas esas emociones. Es normal.

Júntese con las personas que lo apoyan y hábleles sobre sus pérdidas. Estos deseos son muy sentidos y pueden ser muy difíciles de afrontar; pudiera ser que necesite consultar un orientador profesional. Librarse de lo que nunca ha tenido es difícil. Pero cuando lo pierda, por fin salvará su vida. Solo Dios con su amor y el amor de su pueblo puede llenar el lugar que quedó vacío.

6. *Siga adelante.* El último paso en un proceso de aflicción tiene que ver con encontrar lo que desea. «Busquen y hallarán.» Dios tiene una vida verdadera ahí afuera esperándolo si se libera

de su vieja vida. Sin embargo, solo se puede timonear un barco en movimiento. Sea activo, comience a buscar lo que es bueno para usted.

Se sorprenderá de cuántos cambios puede hacer en su vida cuando por fin se libere de lo que nunca podrá tener. Todos sus intentos por preservar la vieja vida le demandaban mucha energía y lo exponían a mucho abuso y control. Liberarse es el camino a la serenidad. El dolor es el sendero.

Temores internos a la ira

Tres socios del equipo administrativo de una compañía se encontraban trabajando en un gran proyecto con otra empresa. En el curso de las negociaciones el presidente de la otra empresa se enojó mucho con el trío porque no querían hacer algo que él quería.

Dos de los tres socios no dormían, estaban preocupados, y se lamentaban del fracaso de las negociaciones; se preguntaban qué harían si el presidente de la otra empresa no los aceptaba más. Finalmente, citaron una reunión con el tercer socio para decidir una estrategia. Estaban dispuestos a cambiar todos sus planes para tranquilizar al hombre enojado. Cuando los dos socios le contaron al tercero sus planes de «hacer lo que pida», él simplemente los miró y dijo: «¿Cuál es el problema? Así que está enojado. ¿Qué otro tema tenemos en la agenda para tratar?»

Todos comenzaron a reírse cuando comprendieron qué tontos habían sido. Estaban comportándose como niños con un padre enojado, como si su supervivencia sicológica dependiera de la felicidad de ese presidente.

Los dos socios que habían temido la ira del otro hombre provenían de familias donde la ira se usaba para controlar; el tercer socio nunca había estado expuesto a esa táctica. Como resultado, el tercero tenía buenos límites. Lo seleccionaron para que se reuniera con el presidente de la otra empresa. Enfrentó al hombre diciéndole que si podía dejar de lado su enojo y quería trabajar con ellos, todo estaba bien. Pero que de lo contrario, ellos se irían a otra parte.

Fue una buena lección. Los primeros dos consideraban al hombre desde una perspectiva infantil y dependiente. Se comportaban como si fuera el único en el mundo de quien podían depender, y como resultado su ira los atemorizaba. El tercero tenía una perspectiva adulta y sabía que si ese hombre no se podía controlar, ellos podían seguir adelante.

Dos de estas tres personas tenían un problema interno. El mismo hombre iracundo tuvo dos respuestas diferentes. Los dos primeros se resistían a poner límites; el tercero, no. El factor determinante no radicaba en el hombre iracundo: estaba en el interior del hombre que sabía poner límites.

Si las personas iracundas le hacen perder sus límites, posiblemente todavía haya una persona iracunda en su mente a quien le teme. Necesitará superar el dolor que experimentó en el inexorable pasado. Una parte suya, dolorida y miedosa, necesita ser expuesta a la luz y a la sanidad de Dios y de su pueblo. Permita que el amor lo libere de ese padre iracundo y enfréntese a los adultos con quienes ahora debe tratar.

Necesita dar los siguientes pasos:

1. Reconozca que es un problema.
2. Háblele a otro sobre su parálisis. No trate de arreglárselas solo.
3. En sus relaciones de apoyo, encuentre el origen de su temor y empiece a reconocer en su cabeza a quién representa la persona iracunda.
4. Exprese su dolor y sus sentimientos con respecto a esos problemas del pasado.
5. Practique las técnicas para poner límites presentadas en este libro.
6. No ponga en funcionamiento el piloto automático ni renuncie a sus límites ya sea el de pelear o de ser pasivo. Tómese un tiempo y permítase un desahogo antes de

responder. Si necesita establecer un distanciamiento físico, hágalo. Pero no renuncie a sus límites.

7. Cuando esté listo, responda. Apéguese a afirmaciones de dominio propio. Manténgase firme en sus decisiones. Reitere lo que hará y lo que no hará; deje que los demás se enojen. Dígales que se preocupa por ellos; incluso puede preguntarles si puede hacer algo para ayudarlos. Pero manténgase firme con su «no».

8. Reúnase. Cuénteles lo ocurrido a las personas que lo apoyan y analice si se mantuvo firme, si perdió terreno o si atacó. Muchas veces sentirá que fue malo cuando no lo fue y necesitará verificarlo con la realidad. Quizá piense que mantuvo sus límites cuando en realidad hizo todo lo contrario. Preste atención a los comentarios de los demás.

9. Siga practicando. Ensaye, continúe aclarando y comprendiendo su pasado y pase por el dolor de sus pérdidas. Continúe adquiriendo técnicas para el presente. Después de un tiempo pensará: «Recuerdo cuando las personas iracundas me podían controlar. Pero ya traté los asuntos dentro de mí que lo permitían. Es bueno ser libre.» Recuerde, Dios no quiere que las personas iracundas lo controlen. Quiere ser su Señor, no quiere compartirlo con nadie más. Está de su lado.

Temor a lo desconocido

Otra poderosa resistencia interna para fijar límites es el temor a lo desconocido. Ser controlados por otros es una cárcel de seguridad. Sabemos dónde están todas las habitaciones. Como lo expresó una mujer: «No quería salir del infierno. ¡Conocía los nombres de todas las calles!»

Poner límites y ser más independientes es atemorizante porque implica dar un paso a lo desconocido. La Biblia tiene muchas historias sobre personas llamadas por Dios para que dejaran lo conocido y fueran a una tierra desconocida. Y les prometió que si caminaban por la fe y vivían según su camino, los conduciría a una tierra mejor. «Por la fe Abraham, cuando fue llamado para ir a un lugar que más tarde recibiría como herencia, obedeció y salió sin saber a dónde iba» (Hebreos 11:8).

El cambio causa temor. Puede ser reconfortante saber que si uno tiene miedo, posiblemente esté en el camino correcto; el camino del cambio y el crecimiento. Conozco un hombre de negocios que dice que si en algún momento del día no se siente completamente asustado, es porque no se está exigiendo demasiado. Tiene mucho éxito en lo que hace.

Los límites lo separan de lo que conoce y de lo que no quiere. Le abren un muestrario de nuevas opciones. Tendrá emociones conflictivas cuando deje de lado lo viejo y lo conocido y se aventure a lo nuevo.

Piense por un instante en el proceso del desarrollo de límites, cuando daba nuevos y audaces pasos y se le abrían mundos mayores y mejores. Cuando tenía dos años dio pasos alejándose de su mamá y su papá para explorar el mundo. Cuando tenía cinco años dejó su casa para ir a la escuela: se abrieron posibilidades de socialización y aprendizaje. Cuando fue un adolescente se alejó todavía más de sus padres a medida que surgían nuevas posibilidades y competencias. Después de graduarse de la escuela secundaria salió para la universidad o consiguió un empleo y aprendió a vivir por sí solo.

Estos pasos fueron sin duda audaces. Pero junto con el temor, usted se extendió hasta llegar a nuevas alturas, posibilidades y comprensión de Dios, de sí y del mundo. Estas son las dos facetas de la naturaleza de los límites. Puede perder algo, pero ganará una nueva vida de tranquilidad y dominio propio.

Las siguientes ideas pueden resultarle útiles:

1. *Ore*. La fe, la esperanza y la certeza de aquel que nos ama son el mejor antídoto a la ansiedad sobre el futuro. La oración nos pone en contacto con aquel en quien reposa nuestra seguridad. Descanse en Dios y encomiéndele sus pasos futuros.

2. *Lea la Biblia*. Dios en varias oportunidades nos dice en la Biblia que nuestro futuro está en sus manos y nos promete que nos guiará. La Biblia está llena de historias sobre cómo ha sido fiel a las personas y las ha guiado a lo desconocido. Cuando era estudiante en la universidad enfrentado al desconocimiento del futuro, mi versículo favorito era: «Confía en el SEÑOR de todo corazón, y no en tu propia inteligencia. Reconócelo en todos tus caminos, y él allanará tus sendas» (Proverbios 3:5-6).

Memorice pasajes de la Escritura para encontrar consuelo cuando se enfrente a lo desconocido. Servirán para recordarle que puede confiar en Dios.

3. *Perfeccione sus dones*. Los límites crean autonomía de funcionamiento. No nos podemos sentir bien con nuestra independencia si no desarrollamos destrezas y competencias. Asista a clase. Manténgase informado. Busque orientación. Consiga entrenamiento y educación. Y practique, practique, practique. A medida que perfeccione sus destrezas, tendrá menos temor al futuro.

4. *Apóyese en su grupo de ayuda*. Así como el niño cuando aprende límites necesita mirar hacia atrás y depender de su madre para obtener nuevas energías, los adultos también necesitan de un grupo de apoyo para animarlos en los cambios que están atravesando. Apóyese en ellos, obtenga fuerza del grupo. «Más valen dos que uno, porque obtienen más fruto de su esfuerzo. Si caen, el uno levanta al otro. ¡Ay del que cae y no tiene quien lo levante!» (Eclesiastés 4:9-10). Recuerde como cuando los discípulos estaban por embarcarse a lo desconocido, Jesús oró por su unidad, para que fueran uno, y se amaran mutuamente y a Dios (Juan 17).

5. *Aprenda del testimonio de los demás*. La investigación y la experiencia demuestran que es muy útil estar en contacto con otras personas que también luchan y que han pasado por las mismas circunstancias que usted. Esto es más que apoyo. Implica ser capaces de escuchar las historias de las personas que han estado en su lugar, que han sentido temor, pero que pueden dar

testimonio de que es posible vencerlo. Preste atención a sus pruebas, cómo han estado en su lugar y cómo Dios les ha sido fiel (2 Corintios 1:4).

6. *Confíe en su capacidad para aprender.* No hay nada de lo que hace en la actualidad que no haya tenido que aprender. Hubo un tiempo en que las cosas que ahora hace eran desconocidas y temibles. Así es la naturaleza de la vida. Pero es importante recordar que *usted puede aprender.* Cuando reconozca que puede aprender cosas nuevas y enfrentarse a situaciones nuevas, dejará de temerle al futuro. Las personas con temores intensos de lo desconocido tienen una enorme necesidad de «saber todo» de antemano; pero nadie sabe cómo hacer algo hasta que lo haya hecho. Hay que ir y aprenderlo. Algunas personas se tienen confianza y saben que pueden aprender, otras no. Si puede comenzar a *aprender que puede aprender*, el desconocimiento del futuro le resultará completamente distinto.

Muchas personas deprimidas sufren de un síndrome llamado «indefensión aprendida», en el que se les ha enseñado que sea lo que fuere que hagan el resultado será el mismo. Muchas familias disfuncionales atrapadas en ciclos destructivos, refuerzan este pensamiento en sus hijos. Pero cuando usted es mayor y comprende que hay opciones que sí son determinantes, no tiene por qué quedarse atrapado en la indefensión aprendida en su hogar. Puede aprender nuevos patrones relacionales y operacionales. La esencia del poder personal que Dios quiere para usted consiste en esto.

7. *Pase revista a separaciones pasadas.* En ocasiones cuando tiene que hacer un cambio o enfrentar una pérdida, se da cuenta de que siente más temor o tristeza que la aparentemente ameritada por la situación. Algunas de estas emociones demasiado intensas pueden provenir de pasadas separaciones o recuerdos de cambios.

Estas emociones pueden ser fruto de problemas no resueltos del pasado: pérdidas graves en el pasado, tales como pérdidas de amigos por mudanzas frecuentes.

Asegúrese de encontrar a alguien con sabiduría y comience a considerar si el temor y el dolor que siente al enfrentar el presente provienen de cosas no resueltas del pasado. Esto le ayudará a poner en perspectiva sus sentimientos y percepciones. Puede estar mirando al mundo a través de los ojos de un niño de seis años y no desde los treinta y cinco años que ahora tiene. Pase revista al pasado y no permita que se convierta en su futuro.

8. *Estructura*. Para muchas personas los cambios de la vida son difíciles de soportar debido a la pérdida de estructura que entrañan. Durante estos cambios solemos perder tanto la estructura interna como la externa. Aquellas cosas internas de las que dependíamos ya no están ahí, y los lugares, las personas y los horarios que nos brindaban seguridad externa han desaparecido. Esto nos puede dejar en un estado de caos.

Crear tanto una estructura interna como externa nos ayudará en este tiempo de reorganización. La creación de límites según los pasos planteados en este libro, proporcionará la estructura interna. Además, esta estructura se apuntala con nuevos valores y creencias, aprendiendo nuevos principios espirituales e información, adquiriendo nuevas disciplinas y planes y llevándolos a cabo, y contando con personas que sean sensibles a nuestro dolor. Pero mientras esté haciendo esto también necesitará firmes estructuras externas.

Asigne un tiempo cada día para llamar a un amigo, coordinar reuniones semanales con su grupo de apoyo, o incorporarse a un grupo de estudio bíblico regular, o a un grupo de autoayuda de los «Doce Pasos». En tiempo de caos necesitará contar con estructuras para orientarlo a través de los nuevos cambios. Cuando madure, y el cambio no sea tan abrumador, podrá comenzar a desprenderse de algunas de estas estructuras.

9. *Recuerde lo que Dios ha hecho*. La Biblia está llena de casos en que Dios le recuerda a su pueblo lo que ha hecho en el pasado para darle fe para el futuro. La esperanza está arraigada en la memoria. Recordamos cómo recibimos ayuda en el pasado y eso nos da esperanza para el futuro. Algunas personas tienen tan

poca esperanza porque no tienen memoria de haber sido ayuda-
das en el pasado.

Traiga a la memoria lo que Dios ha hecho y quién es. Si es cristiano desde hace mucho tiempo, medite sobre su vida y recuerde cómo él intervino, cómo lo ha librado de situaciones en el pasado, la manera que él se le ha manifestado. Escuche a los
demás. Recuerde la gracia que nos mostró en su Hijo. No lo hizo
para nada; lo hizo para nuestra redención y nuestro futuro.

Si le parece que Dios lo ha defraudado o que nunca ha hecho
nada por usted, permítale comenzar ahora. Muchas veces Dios
permitió cosas horribles por mucho tiempo antes de liberar a su
pueblo. No conocemos los tiempos de Dios, pero si usted ha comenzado su recuperación, él ya está obrando en su vida. El tiempo de su liberación está cerca. Dependa de Dios y permítale que
haga lo que ha hecho por tantas otras personas. «Así que no pier-
dan la confianza, porque ésta será grandemente recompensada.
Ustedes necesitan perseverar para que, después de haber cumplido la voluntad de Dios, reciban lo que él ha prometido» (Hebreos 10:35-36).

Falta de perdón

«Errar es humano, perdonar es divino». Y no hay estupidez
mayor que no perdonar.

El perdón es difícil. Implica dejar libre a una persona que «le
debe». El perdón es la libertad del pasado; el liberarse de la persona abusadora que lo ha lastimó.

La Biblia compara el perdonar a las personas con la liberación de una deuda legal. Cuando las personas invaden su propiedad personal incurren en una «deuda», «le deben» algo. En los
«asientos» de su alma usted lleva el registro contable de quién le
debe qué. Su madre lo controlaba y debe compensarlo. Su padre
lo dominaba y debe compensarlo. Usted está «bajo la ley», el co-
bro de estas deudas lo motiva.

Sus intentos de cobranza pueden adoptar distintas manifestaciones. Puede intentar complacerlos para ayudarlos a que le

devuelvan lo que le quitaron. Puede pensar que si hace un pequeño esfuerzo adicional, pagarán su cuenta y le darán el amor que le deben. O puede pensar que si los enfrenta lo suficiente, se darán cuenta del mal que le hicieron y arreglarán el asunto. O puede creer que si convence a varias personas de todo el mal que ha sufrido y de lo malo que fueron sus padres, la cuenta de alguna forma quedará saldada. O puede «vengarse» en otra persona, repitiendo el pecado que cometieron contra usted en otra persona, o en ellos, para igualar el partido. O podría seguir intentando convencerlos de lo malo que son. Cree que si tan solo pudieran entender, mejorarían la situación. Le pagarían lo que le deben.

No hay nada malo en querer resolver las cosas. El problema es que las cosas se solucionan solo de una manera: con gracia y perdón. «Ojo por ojo y diente por diente» no resulta. No es posible deshacer el mal que ha sido hecho. Pero puede ser perdonado y por lo tanto, inutilizado.

Perdonar significa cancelar una cuenta. Olvídese de ella. Rompa la factura. La cuenta está «anulada». Es «anular la deuda que teníamos pendiente por los requisitos de la ley. Él anuló esa deuda que nos era adversa, clavándola en la cruz» (Colosenses 2:14).

Perdonar significa que nunca obtendremos de esa persona lo que nos debe. Y eso es justamente lo que no nos gusta, porque implica pasar por el dolor de lo que nunca fue ni será: el pasado no puede cambiarse.

Para algunas personas, implica pasar por el dolor de la niñez que nunca tuvieron. Para otras, significa algo distinto; pero si nos aferramos a la demanda, no estamos perdonando, y eso es lo más destructivo que podemos hacernos.

Advertencia: *Perdonar no es lo mismo que permitir más abuso.* Perdonar se refiere al pasado. La reconciliación y los límites se refieren al futuro. Los límites protegen mi propiedad hasta que el otro se arrepienta y pueda confiar en él para permitirle que me visite nuevamente. Y si pecan, los perdonaré otra vez, setenta veces siete. Pero quiero rodearme de personas que me fallan honradamente, no de personas que de modo descarado niegan haberme lastimado y que no tienen intención de mejorar. Sería tan destructivo para mí como para ellas. Cuando las personas reconocen su pecado, aprenden de sus errores. Podemos olvidarnos de ellos. Quieren mejorar, y el perdón las ayudará. Pero si alguien solo dice que quiere mejorar y lo niega con sus acciones, sin intentar cambiar o buscar ayuda, debo mantener mis límites, incluso aunque lo haya perdonado.

El perdón me da límites porque me libera de la persona dañina, y puedo entonces actuar con responsabilidad, con inteligencia. Si no la perdono, todavía tengo una relación destructiva con ella.

Obtenga gracia divina y cancele las deudas que los demás tengan con usted. No corra detrás de un mal deudor. Déjelo ir, y vaya y consiga lo que necesita de Dios y de la gente que se lo puede dar. Así tendrá una vida mejor. No perdonar destruye los límites. El perdón los crea, porque saca la deuda pendiente afuera de su propiedad.

Recuerde una última cosa: Perdonar no es negar. Debe nombrar el pecado cometido contra su persona para perdonarlo. Dios no negó lo que hicimos contra él: lo arregló; lo nombró; nos expresó sus sentimientos al respecto; lloró y se enfureció; y luego nos liberó. Llevó todo a cabo en un contexto de relaciones. Dentro de la Trinidad, nunca estaba solo. Vaya y haga lo mismo. Cuídese de la resistencia que intentará mantenerlo en el pasado, procurando cobrar lo irrecuperable.

Perspectiva externa

Las personas tienden a buscar el problema por fuera de sí. Esta perspectiva externa lo mantiene como víctima. Implica que nunca estará bien hasta que el otro no cambie. Es la esencia de la culpa inservible. Puede sentirse moralmente superior a esa persona (así le parecerá, aunque la realidad sea otra), pero nunca solucionará el problema.

Enfrente la resistencia directamente, concentrándose en usted: usted tiene que cambiar. Es fundamental que se enfrente a sí mismo porque ese el principio de los límites. La responsabilidad comienza con una concentración interna de confesión y arrepentimiento. Debe confesar la verdad de sus caminos, de su falta de límites y volverse de esos caminos. Considere su persona y enfrente la resistencia interna de querer que el problema esté por fuera.

La culpa

La culpa es una emoción difícil porque no se trata realmente de un verdadero sentimiento como la tristeza, la ira o el temor. Es un estado de condenación interna. Es la naturaleza punitiva de nuestra conciencia caída que nos dice: «Eres malo». Jesús murió para sacarnos de ese estado y llevarnos a un estado de «no condenación». Bíblicamente, se trata de algo legal, no emocional.

La Escritura nos enseña que no estamos bajo condenación y que la culpa no debería motivar nuestra conducta. Debemos obrar por amor, y cuando fracasamos, la emoción que resulta de amar es «la tristeza que proviene de Dios» (2 Corintios 7:10), algo muy distinto de «la tristeza que proviene del mundo» que «produce la muerte».

La culpa se origina en la enseñanza recibida en las primeras etapas de nuestro proceso de socialización. Por lo tanto, nuestros sentimientos de culpa no son infalibles. Pueden surgir cuando no hemos hecho nada malo, pero hemos violado algún estándar interno que nos habían enseñado. Debemos tener cuidado cuando prestamos atención a los sentimientos de culpa para saber si hicimos algo malo porque frecuentemente, los *propios sentimientos de culpa* son malos. Además, los sentimientos de culpa no son buenos motivos después de todo. Es difícil amar desde un estado de condenación. Necesitamos sentirnos libres de condenación para sentir la «tristeza que proviene de Dios» por el dolor que hemos causado a otra persona, en lugar de qué «malos» somos. La culpa deforma la realidad, nos aleja de la verdad y nos impide hacer lo que es mejor para el otro.

Esto es muy cierto con respecto a los límites. Hemos visto reiteradamente en este libro que la Biblia nos habla de tener buenos límites, de hacer cumplir las consecuencias, de poner límites, de madurar y dejar nuestras familias de origen, y de saber decir que no. Cuando obramos de esa manera, hacemos lo correcto. Estos límites son obras de amor. Aunque pudieran ser dolorosas, son beneficiosas para los demás.

Pero nuestras conciencias caídas pueden decirnos que somos malos o que estamos haciendo algo malo cuando establecemos límites. Las personas a quienes les ponemos límites muchas veces nos dirán cosas para reforzar nuestra conciencia culpable. Si se crió en una familia que implícita o explícitamente le dijo que sus límites eran malos, sabrá a qué me refiero. Cuando se rehusa a hacer algo se siente culpable. Cuando no permite que otra persona se aproveche de usted se siente culpable. Cuando deja a su familia para tener su propia vida se siente culpable. Si no socorre a un irresponsable se siente culpable. Y así sucesivamente.

La culpa le impide hacer lo correcto y lo inmoviliza. Muchas personas no tienen buenos límites porque temen desobedecer al padre metido en su cabeza. Hay varios pasos que puede dar para evitar esta culpa, pero debe comenzar dándose cuenta de lo siguiente: la culpa es su problema. Muchas personas sin límites se quejan de «cómo fulano y mengano me hacen sentir culpable cuando les digo que no», como si esas personas ejercieran un cierto poder sobre ellas. Es una fantasía proveniente de la niñez, cuando sus padres parecían tan poderosos.

Nadie tiene poder para «hacerlo sentir culpable». Usted está en parte de acuerdo con este mensaje porque le hacen recordar intensos mensajes emocionales de sus padres que perduran en su mente emocional. Es su problema; está en su propiedad y debe tomar el control del mismo. Reconozca que ser manipulado es problema suyo y podrá dominarlo.

1. Reconozca la culpa.

2. Intégrese a su grupo de apoyo.

3. Comience a analizar el origen de los mensajes de culpa.

4. Sea consciente de su ira.

5. Perdone al controlador.

6. Ensaye poner límites con sus amigos del grupo de apoyo y luego, poco a poco, ponga límites en situaciones más difíciles. Esto lo ayudará a tener más fuerza y también obtendrá las «voces» de apoyo que necesita para rearmar su conciencia.

7. Aprenda nuevos conocimientos para su conciencia. Leer libros como este y leer lo que Dios dice sobre los límites le brindarán nuevos conocimientos que conformarán el marco estructural de su mente para reemplazar las viejas voces. Aprender los caminos de Dios puede restaurar su alma y alegrar su corazón para dejar de sentir esa culpa paternal y controladora.

8. Acepte la culpa. Puede resultar gracioso, pero para recuperarse tendrá que desobedecer a su conciencia paternal. Tendrá que hacer algunas cosas que están bien pero que lo harán sentirse culpable. No permita más que la culpa sea su amo. Establezca los límites, y luego contacte a su grupo de apoyo para que lo ayuden con su culpa.

9. No pierda el contacto con su grupo de apoyo. La culpa no se desvanece reciclando su mente. Necesita nuevos vínculos para interiorizar nuevas voces en su mente.

10. No se sorprenda con el pesar. Será triste, pero permita que otros lo amen durante el proceso. Las personas que lloran serán consoladas.

Temor al abandono: *Defenderse en el vacío*

Como hemos visto en la sección sobre el desarrollo en el capítulo 4, recuerde que los límites son posteriores al apego. Dios planificó el proceso de aprendizaje de esa manera. Los bebés deben sentirse confiados antes de aprender a poner límites para que aprender a separarse no les provoque miedo, sino que sea algo novedoso y estimulante. Los niños que tienen buenos vínculos comienzan naturalmente a poner límites y a separarse de los demás. Tienen suficiente amor dentro de sí para arriesgarse a poner límites y ser independientes.

Pero si alguien no tiene vínculos seguros, poner límites produce mucho temor. Muchas personas permanecen en relaciones destructivas por temor al abandono. Temen que si se defienden quedarán solas en el mundo. Preferirían no tener límites y algún tipo de vínculo que tener límites y estar solas.

Los límites no se construyen en el vacío. Deben estar apuntalados por fuerte enlaces con personas seguras; de lo contrario se desmoronarán. Si cuenta con un buen grupo de apoyo a donde acudir después de ponerle límites a una persona que ama, no estará solo.

Estar «arraigados y cimentados» en amor en el cuerpo de Cristo y con Dios proveerá la energía necesaria para el desarrollo, para arriesgarse a poner límites. Las personas suelen vacilar entre la complacencia y el aislamiento. Ninguna de estas dos cosas es saludable ni sustentable por mucho tiempo.

Vez tras vez hemos visto en el programa hospitalario a personas con patrones destructivos, incapaces de poner límites porque estaban trabajando en el vacío. Reiteran que la comprensión del grupo que recibieron en el programa les dio el impulso para hacer las cosas difíciles que nunca hasta ese entonces habían podido hacer.

Si fuera así de fácil, ya lo habría hecho

Este capítulo trató los problemas, el tipo de problemas que Jesús nos advirtió: «En este mundo afrontarán aflicciones, pero ¡anímense! Yo he vencido al mundo» (Juan 16:33). Cuando comienza a hacer las cosas como Dios quiere, encontrará problemas; internos y externos. El mundo, Satanás y hasta su propia carne opondrán resistencia y lo presionarán para que haga lo incorrecto.

Pero lo incorrecto no resulta. Hacer lo correcto será difícil, pero él ya nos lo advirtió: «Pero estrecha es la puerta y angosto el camino que conduce a la vida» (Mateo 7:14). Forjar una identidad divina requiere mucho valor y mucho trabajo... y muchas batallas.

Hacer frente a la resistencia es buena señal de que está haciendo lo que debe hacer. Valdrá la pena. Recuerde el mensaje claro de las Escrituras: cuando encuentre resistencias, perseverar hasta el final traerá gran recompensa, «obteniendo la meta de su fe, que es su salvación» (1 Pedro 1:9). Como lo expresó Santiago: «Considérense muy dichosos cuando tengan que enfrentarse con diversas pruebas, pues ya saben que la prueba de su fe produce constancia. Y la constancia debe llevar a feliz término la obra, para que sean perfectos e íntegros, sin que les falte nada» (Santiago 1:2-4).

Habrá resistencia, sin duda. Se lo aseguro. Si no la hubiera, ya habría establecido límites hace mucho tiempo. Pero cuando aparezca, mírela desde una perspectiva bíblica. Forma parte de una larga historia de sus hermanos y hermanas: las personas que se encontraron con muchas pruebas cuando se aventuraron en el camino de la fe, buscando una tierra mejor. El viaje estará plagado de dificultades, pero también tendrá la promesa de nuestro Buen Pastor que nos llevará en brazos si hacemos nuestra parte. Anímese.

15

Para medir el éxito con los límites

Jean estaba sentada en la cocina, con una taza de te en su mano, sorprendida. Tenía una sensación novedosa, pero placentera. Su mente recordaba lo que había acontecido esa mañana.

Su hijo Bryan de ocho años, se había despertado con sus picardías de costumbre. Refunfuñaba y lloriqueaba mientras se acercaba a la mesa de desayuno anunciando:

—No voy a ir a la escuela. ¡Nadie me va a obligar a ir!

Habitualmente, Jean hubiera intentado persuadirlo para asistir a la escuela o frustrada, lo hubiera regañado. Sin embargo, esa mañana había sido diferente. Jean simplemente le dijo:

—Tienes razón, querido. Nadie puede obligarte a ir a la escuela. Tú debes decidir si quieres ir o no. Sin embargo, si eliges no ir a la escuela, también *estarás eligiendo* quedarte en tu cuarto toda la mañana, sin televisión. Pero eso deberás decidirlo tú mismo, como lo hiciste la semana pasada.

Bryan vaciló en su rabieta. Estaba recordando que su mamá lo había obligado a quedarse en su habitación y se había quedado sin cena cuando se rehusó a poner la mesa. Por fin, dijo:

—Bueno, voy a ir... pero no me gusta nada.

—Está bien —asintió Jean—. Hay muchas cosas que no tienen por qué gustarte, como la escuela. Pero estoy segura que has hecho la decisión correcta.

Le ayudó a Bryan a ponerse la chaqueta y observó cómo se dirigía al automóvil que lo llevaría a la escuela.

No habían pasado más de diez minutos, cuando Jean recibió una llamada de su esposo, Jerry, que había salido temprano para su trabajo:

—Querida —le dijo—, me acabo de enterar que tengo una reunión después del trabajo. La última vez que llegué tarde a casa para la cena, no había comida. ¿Podrías guardarme algo de comida esta vez?

Jean se rió.

—La última vez ni siquiera me llamaste para avisarme. Te agradezco que me lo hayas hecho saber con antelación. Les daré la cena a los niños y tú y yo comeremos juntos más tarde.

Mi hijo se fue a la escuela, aunque refunfuñando. Mi esposo me llamó para avisarme sobre un cambio de planes. Estoy soñando, ¿no es cierto, Señor?

Jean no estaba soñando. Por primera vez en la vida, estaba recibiendo la recompensa de fijar y mantener límites claros en su vida. Había invertido mucho trabajo y había corrido muchos riesgos para ponerlos. Pero había valido la pena. Se incorporó y comenzó a prepararse para ir al trabajo.

Jean podía ver la prueba visible y evidente de que su trabajo con límites producía fruto en su vida. Las cosas eran diferentes. Pero, ¿cómo había llegado del punto A (sin límites) al punto B (con límites maduros)? ¿Es posible medir nuestro progreso con los límites?

Sí. Los cambios específicos, ordenados, anuncian la manifestación de límites maduros. Es provechoso ser consciente de ellos. Los siguientes once pasos le permitirán medir su progreso, para determinar en qué etapa del desarrollo se encuentra. Utilice este capítulo como una guía para dar el próximo paso en su crecimiento.

Primer paso:
Resentimiento: una señal de alerta temprana

Randy nunca se había sentido irritado con los comentarios sarcásticos de su mejor amigo Will. El resentimiento era una nueva
sensación para él. Siempre le había resultado fácil ser el blanco
de las bromas. «Randy, siempre de buen humor» podía soportar
los golpes.

Sin embargo, cuando Will se le acercó en el templo y le dijo,
delante de muchas personas: «¿Estás comprándote ropa más chi-
ca o estás engordando?» a Randy no le resultó nada gracioso. No
le dijo nada a su amigo, pero el comentario se le quedó trabado
en la mente. Se sentía avergonzado y herido. No podía deshacerse del mismo como tantas otras veces en el pasado.

Nunca he sido tan susceptible, pensó Randy. *¿Por qué estoy tan
sensible esta vez? Debo estar volviéndome muy sensitivo.*

Cuando comienza a desarrollar límites, uno de los primeros
signos en aparecer es un sentido de resentimiento, frustración, o
ira contra las violaciones solapadas y no tan solapadas a su vida.
Así como las señales del radar avisan el acercamiento de un misil
extranjero, su ira lo puede alertar de violaciones a los límites en
su vida.

Randy provenía de una familia que reiteradamente evitaba el
conflicto y los desacuerdos. La complacencia sustituía las discusiones. Cuando Randy llegó a sus treinta años, buscó terapia por
un trastorno crónico de la alimentación. Para su sorpresa, en lugar de discutir los planes de dieta y ejercicio físico, el terapeuta
le había preguntado cómo reaccionaba a las personas controladoras en su vida.

Al principio, Randy no podía recordar una persona controladora. Pero luego de pensarlo un momento, recordó a Will. Will
burlándose de él, humillándolo delante de sus amistades, dando su amistad por sentado, aprovechándose de él.

Estos recuerdos no eran meras imágenes intelectuales en su mente. Estaban cargadas de dolor, ira y resentimiento. Eran las semillas de los límites en la vida de Randy.

Las personas que no saben enojarse cuando sus derechos son violados, manipulados, o controlados tienen una verdadera incapacidad. No tienen una «luz de alerta» para advertirles de los problemas de límites. Si esta luz funcionara correctamente se debería encender rápidamente frente a un ataque. La Biblia describe la ira utilizando términos caloríficos: «Entonces el SEÑOR ardió en ira contra Moisés» (Éxodo 4:14). «Por eso se encendió la ira del SEÑOR contra esta tierra» (Deuteronomio 29:27). La ira es como un fuego que se expande desde su corazón; le advierte que hay un problema que debe enfrentar.

La incapacidad de sentir enojo, generalmente, es un indicio del temor a la independencia que acompaña decir la verdad. Tememos que decir la verdad sobre nuestra infelicidad con una persona dañará la relación. Pero cuando reconocemos que la verdad es siempre nuestra amiga, nos permitimos enojarnos.

Por lo tanto, antes de decir cualquier palabra de enfrentamiento, incluso antes de poner ese primer límite, examine su corazón. Pregúntese: «¿Tengo permiso para enojarme cuando otros me controlan? ¿Soy consciente de la violación? ¿Puedo percibir mi señal de alerta?» Si lo hace, está bien encaminado. De lo contrario es una buena oportunidad para buscar un lugar seguro donde decir la verdad. En la medida que pueda hablar francamente sobre las diferencias y desacuerdos, estará en mejores condiciones de permitir que la ira lo ayude.

Segundo paso:
Un cambio de gustos: afinidad con las personas amantes de límites

Doce meses habían transcurrido desde que Tammy y Scott cambiaron de iglesia. Estaban reflexionando sobre el último año.

Habían concurrido a la otra iglesia desde su casamiento, ya

hacía varios años. Había una comunión doctrinalmente correcta y activa. Pero uno de los problemas insalvables era la actitud de la membresía con respecto a la participación en las diversas actividades de la iglesia. Daban mucha trascendencia a asistir a todas y cada una de las reuniones, desde presentaciones especiales del coro hasta cultos nocturnos y estudios bíblicos semanales.

Cuando Scott y Tammy no podían concurrir a una de las reuniones, surgían los conflictos. Se acordaban de los viejos amigos, que aunque vivían lejos venían a visitarlos. Tammy había llamado a Janice, líder del estudio bíblico, para decirle que no podría concurrir a la reunión de esa tarde.

«Creo que tienes un problema de compromiso, Tammy», le había replicado Janice. «Si de veras te importáramos algo, estarías presente. Pero ve y haz lo que tengas que hacer.»

Tammy estaba furiosa... y dolida. Janice la avergonzaba por querer salir una noche con sus amigas. El grupo era tan incapaz de comprender la palabra no, que finalmente hizo que la pareja cambiara de iglesia.

Ahora, un año más tarde, ella y Scott están satisfechos con su decisión. Aunque su actual comunidad también es conservadora y activa, y dan mucha importancia al compromiso, no son críticos ni emiten juicios cuando los miembros necesitaban tiempo libre por alguna razón u otra.

«¡Mira qué diferencia!», le dijo Scott a Tammy. «Ayer llamé a Mark, el líder de los desayunos de oración. Acababa de llegar de un vuelo agotador de Los Ángeles. Le dije que quedaría muerto si iba al desayuno. ¿Sabes lo que me dijo? "¿Qué haces hablándome por teléfono?" me dijo. "¡Vete a la cama y ponte a roncar!" Que sean tan comprensivos es lo que me hacer querer verlos de nuevo.»

Hubo un tiempo en que Scott y Tammy pensaron que la actitud de su anterior iglesia era correcta. Ni siquiera tenían conciencia de que otros pudieran comprender su no. Ahora, un año más tarde, no podían concebir volver a la situación anterior.

Las personas con habilidades inmaduras para la puesta de límites suelen involucrarse con personas «rompe límites». Pueden ser parientes, colegas, cónyuges, miembros de la iglesia o amigos. La confusión de límites les resulta normal; tan normal que ni siquiera son conscientes de la destrucción que les provoca tanto a ellos como a otros.

Cuando las personas cuyos límites han sido lesionados comienzan a desarrollar sus propios límites, tiene lugar un cambio. Sienten afinidad hacia quienes entienden su «no» sin ser críticas, sin sentirse dolidas, sin personalizarlo, sin manipularlos ni controlarlos para atropellar sus límites. La gente sencillamente dirá: «Está bien. Te extrañaremos. Nos vemos en la próxima.»

Este cambio obedece a la manera en que Dios nos construyó. Fuimos creados libres con un cometido elemental: «Por encima de todo, vístanse de amor, que es el vínculo perfecto» (Colosenses 3:14). Esta verdad fundamental hace hincapié en lo más profundo de nuestro corazón. Cuando encontramos relaciones donde tenemos libertad para poner límites, sucede algo maravilloso. Además de ser libres para poder decir que no, encontramos la libertad para decirles a los demás que sí: de corazón, sin sentimientos contradictorios, movidos por gratitud. Sentimos afinidad hacia las personas que tienen límites, porque con ellas tenemos permiso para ser sinceros, auténticos y amantes.

Para alguien cuyos límites han sido lesionados, una persona que sabe decir no con claridad puede resultar distante y fría. Pero en la medida que los límites se hacen más sólidos, estas personas rudas y frías se convierten en personas solícitas, refrescantemente sinceras.

Necesitamos tener vínculos estrechos y significativos con personas amantes de los límites. No es posible desarrollar los límites en el vacío. A medida que establecemos vínculos con estas personas, Dios nos transmite por medio de ellas, la gracia y la fuerza para el arduo trabajo de fijar límites. Esta inclinación afectiva hacia los individuos con límites se extiende a Dios. Algunos comenzarán a descubrir que el Dios santo y justo presentado en el Antiguo Testamento no es ni tan malo ni tan aterrador. Solo tiene límites muy claros: «Mis caminos y mis pensamientos son más altos que los de ustedes; ¡más altos que los cielos sobre la tierra!» (Isaías 55:9).

Tercer paso: Unión con la familia

A medida que nuestros gustos comienzan a cambiar de relaciones con límites confusos a personas con identidades claras, comenzamos a desarrollar vínculos estrechos y significativos con personas con límites claros. Progresamos con nuestros límites en las relaciones actuales, o encontramos nuevos vínculos para cultivar, o ambas cosas. Se trata de una fase crucial en el desarrollo de límites.

¿Por qué es tan importante unirse a una familia con límites? Principalmente porque como en cualquier disciplina espiritual, los límites no pueden desarrollarse en el vacío. Necesitamos contar con personas que tengan nuestros mismos valores bíblicos para la puesta de límites y la responsabilidad, para que nos estimulen, para practicar juntos y para que estén a nuestro lado. Wayne descubrió justamente eso.

Wayne no podía creer el cambio. En los pasados meses se había dado cuenta de que no tenía límites en el trabajo. Mientras que los demás empleados se retiraban a sus hogares en hora a él se le pedía que se quedara más tiempo. Quería enfrentarse a su jefe para decirle que iba a ajustar sus límites con respecto al trabajo para que fuesen más realistas. Pero cada vez que intentaba hablar con su superior, su ansiedad lo dejaba mudo y en silencio.

Wayne estaba desilusionado, creía que nunca iba a poder desarrollar límites maduros en su trabajo. Se unió entonces a un grupo de apoyo en la iglesia. Sus relaciones con el grupo se profundizaron y comenzó a confiar en los integrantes del grupo. Por fin, pudo «llevarlos con él» emocionalmente al trabajo el día que se reunió con su jefe para arreglar el conflicto del trabajo en horas extra. La confianza y el apoyo recibido del grupo le dio a Wayne la fuerza que necesitaba para decir la verdad en su trabajo.

Jesús definió la comunión como dos o tres personas reunidas en su nombre, diciéndonos que él estaría en medio de ellas (Mateo 18:20). Su Espíritu y los recuerdos emocionales que tenemos de las personas que confían en nosotros se combinan para ayudarnos a mantener los límites firmes. ¿Por qué? Porque sabemos que en algún lugar, tenemos un hogar espiritual y emocional. No importa lo sarcástica que sea la crítica o lo grave que sea el rechazo de la persona con quien tenemos el conflicto: no estamos solos. Esto es determinante en la puesta de límites.

Cuarto paso: Atesorar nuestros tesoros

Cuando se sienta seguro de estar rodeado de personas que creen que la gracia y la verdad son buenas (Juan 1:17), sus valores comenzarán a cambiar. Comenzará a entender que hacerse responsable de su persona es saludable y comenzará a comprender que hacerse responsable de otros adultos es destructivo.

Una persona que ha sido tratada por bastante tiempo como un objeto, se considera a sí misma como propiedad de otro. No asigna valor a la mayordomía propia porque se relaciona con su persona de la misma manera que otras personas relevantes se han relacionado con ella. A tantas personas se les repite una y otra vez que cultivar y preservar sus almas es egoísta y está mal, que después de un tiempo tienen la profunda convicción de que debe ser cierto. Llegada ese caso, asignan poco valor al cuidado de sus sentimientos, talentos, pensamientos, actitudes, conducta, cuerpo, y los recursos que Dios les ha encomendado.

La Escritura nos enseña este principio: «Nosotros amamos a Dios porque él nos amó primero» (1 Juan 4:19). En otras palabras, aprendemos a amar porque hemos sido amados. La gracia que recibimos debe provenir de afuera para poder desarrollar lo que hay adentro. La otra cara de esta verdad es que no podemos amar cuando no hemos sido amados. Y para continuar con esta línea de pensamiento, no podemos valorar o atesorar nuestras almas cuando nunca han sido valoradas o atesoradas.

Este principio es clave. El sentido básico que tengamos de nuestro ser, lo que verdaderamente somos, es producto de nuestras relaciones primarias importantes. Eso explica por qué muchas personas que no fueron amadas cuando niños, de adultos, no pueden deshacerse de una profunda sensación de que no valen nada y que nadie las puede amar, aunque estén rodeadas de personas cariñosas que se esmeran por manifestarles que sí es posible amarlas.

El padre de Helen había abusado sexualmente de ella cuando era pequeña. El acoso la había traumatizado enormemente, pero ocultaba ese secreto para evitar disgustar a su familia. En su adolescencia, sin embargo, de manera no verbal, no intencionadamente, Helen comenzó a «decir la verdad» sobre su problema familiar. Se volvió sexualmente promiscua cuando era muy joven.

Como mujer adulta, Helen reflexionó en terapia sobre los tumultuosos años de su adolescencia: «Ni siquiera puedo recordar las caras de los muchachos. Todo lo que sabía era que alguien quería algo de mí, y sentía que era mi obligación otorgárselo, ¡por el simple hecho de que lo querían! Sentía que no tenía voz en el asunto.»

Helen no había sido atesorada por una de las personas que más deberían haberla atesorado y apreciado. Como resultado, ella tampoco se valoraba. Proporcionaba sus servicios sexuales a quien se los pidiera. No sabía que su cuerpo y sus sentimientos eran «una [perla] de gran valor» (Mateo 13:46) que Dios le había encomendado para proteger y cultivar.

Cuando los cristianos comienzan a valorar la mejoría, la recuperación y el conformarse a imagen de Dios (distintas maneras de expresar el mismo concepto), tiene lugar un cambio: comienzan a desear un retorno a la inversión de Dios (recuerde la parábola de los talentos en Mateo 25:14-30). Cuidar su persona adquiere importancia.

Steve se me acercó cierto día muy emocionado. Como no era muy propenso a las exteriorizaciones emocionales, presentía que algo importante estaba sucediendo. Me mostró su Biblia; había estado leyendo el pasaje de 1 Corintios 8:11: «Entonces ese hermano débil, por quien Cristo murió, se perderá a causa de tu conocimiento.»

—Algo está ocurriendo dentro de mí —me dijo—. Por años me sentía culpable cada vez que leía este pasaje. Pensaba que me condenaba por guiar a los cristianos más débiles al pecado.

—Pues sí, dice eso efectivamente —le contesté—. Pero debes haber notado otra cosa.

—Sí —dijo Steve—. Estoy entendiendo que yo también soy un "hermano por quien Cristo murió". Eso implica que tengo que ser tan cuidadoso conmigo y estar tan preocupado por mí como por los demás. No hay diferencia entre lo que Dios piensa de él y lo que piensa de mí.

Steve había aprendido un importante punto teológico. Durante años, a los cristianos se les enseña que proteger la propiedad emocional y espiritual es ser egoísta. Sin embargo, Dios pretende que las personas amen a los demás, y no es posible amar a otros si no tiene amor en su interior.

¿Ha pasado usted por la experiencia de Steve? ¿Le parece que es importante conseguir ayuda y aprender a protegerse y a tener límites bíblicos? Si le parece que no lo es, será difícil, si no imposible, llevar a cabo la ardua tarea de desarrollar buenos límites. Necesitará pasar algún tiempo junto con personas que tengan un entendimiento maduro de límites saludables y seguir su ejemplo.

El salmista ilustra este principio cuando dice: «Por sobre todas las cosas cuida tu corazón, porque de él mana la vida» (Proverbios 4:23). Cuando «vigilamos» nuestros corazones (donde albergamos nuestros tesoros), nos cuidamos. Debemos valorar nuestros tesoros lo suficiente para protegerlos. No cuidamos lo que no valoramos. ¡La seguridad en torno a un banco es mayor que la de un terreno baldío!

Confeccione una lista de sus «tesoros»: su tiempo, su dinero, sus sentimientos y sus creencias. ¿Cómo quiere que los demás los traten? ¿Cómo no quiere que sean tratados?

Paso 5: Práctica del «no» infantil

El grupo estaba en silencio. Después de muchas sesiones considerando las perspectivas, Shareen estaba a punto de ponerle un límite a otro integrante del grupo por primera vez en su vida. Orando en silencio, el grupo esperaba ver si podía decir la verdad.

Yo le había pedido a Shareen que le mencionara a uno de los integrantes del grupo una cosa que la había sacado de quicio en las últimas sesiones. Aunque estaba aterrorizada, había accedido a intentarlo. Al principio no dijo nada: era obvio que estaba juntando el coraje para hacerlo. Luego, lentamente, miró a la mujer sentada a su lado y le dijo: «Carolyn, no sé cómo decirte esto, pero te lo diré de todos modos. Me molesta cuando siempre eliges la mejor silla para sentarte en el grupo.» Inmediatamente, agachó su cabeza, esperando la objeción.

No hubo ninguna. Al menos no la que Shareen había previsto.

«Estaba esperando que me dijeras algo», le explicó Carolyn. «Te notaba distante, pero no sabía por qué. Sirve de mucho saber el porqué. Ahora me siento más unida a ti. Te has arriesgado a enfrentarme. ¿Quién sabe? ¡Pelearé a brazo partido por la silla!»

¿Cree que esto es un asunto baladí? No lo es. Había sido criada en un hogar donde la madre la hacía sentir culpable cuando ponía límites y el padre tenía ataques de rabia cuando ella no estaba de acuerdo. Shareen estaba de veras zambulléndose de cabeza. Nunca se había cuestionado los límites hasta que la ansiedad y la depresión le hicieron la vida incontrolable. El mejor lugar para que Shareen comenzara a practicar los límites era su grupo de terapia.

El crecimiento en la puesta de límites emocionales debe darse a un ritmo que guarde proporción con las lesiones del pasado. De lo contrario, usted podría fracasar estrepitosamente antes de contar con límites lo suficientemente sólidos.

—Esta cuestión de los límites no resulta —se quejó Frank durante una sesión de terapia.

—¿Por qué? —le pregunté.

—Porque tan pronto como me di cuenta de que no les ponía buenos límites a las personas, llamé a mi padre ese mismo día y le dije lo que pensaba. ¿Sabe lo que hizo? ¡Me colgó! Genial, sencillamente genial. Los límites han empeorado mi vida en lugar de mejorarla.

Frank se asemeja a un niño tan impaciente que se impacienta porque no quiere ponerle ruedas adicionales en su nueva bicicleta. Solo después de varias caídas y rodillas raspadas comienza a darse cuenta de que posiblemente se haya saltado algunas etapas en su entrenamiento.

La siguiente sugerencia puede resultarle útil para dar este paso. Pídale a su grupo de apoyo o a sus buenos amigos si le permitirán trabajar los límites con ellos. Usted apreciará su verdadero valor según cómo respondan cuando sean sinceros con ellos. Por un lado, podrán animarlo con cariño a disentir y enfrentarlos, o por otro le resistirán. De cualquier manera, usted aprenderá algo. Una buena relación de apoyo aprecia el no de todas las partes involucradas. Sus integrantes saben que la verdadera intimidad solo se construye cuando hay libertad para discrepar: «El de sabio corazón acata las órdenes, pero el necio y rezongón va camino al desastre» (Proverbios 10:8). Comience a practicar su no con las personas que lo respetarán y lo amarán por eso.

Paso 6: Regocíjese de los sentimientos de culpa

Aunque resulte extraño, un signo de que se está convirtiendo en una persona con límites suele ser una sensación de autocondenación: tiene la sensación de que al poner límites, ha transgredido algunas normas importantes. Cuando comienzan a decir la verdad sobre lo que es y lo que no es su responsabilidad bíblica, muchas personas experimentan una intensa autocrítica. ¿A qué se debe esto? Consideremos la respuesta desde el punto de vista de esclavitud y libertad.

Las personas con límites lesionados son esclavas. Luchan por tomar decisiones de acuerdo a sus valores, pero la mayoría de las veces adoptan sus decisiones en función de los deseos de quienes los rodean. Aun cuando estén rodeadas por personas que valoran los límites y las apoyan, todavía tienen dificultad para poner límites.

La culpa la tiene una conciencia débil, o un juez interno muy severo, no bíblico, y excesivamente activo. Si bien necesitamos a nuestro «evaluador» interno para ayudarnos a distinguir el bien del mal, muchas personas cargan con una conciencia extremadamente autocrítica y equivocada. Piensan que son transgresores cuando no es así.

Por causa de este juez excesivamente activo, las personas cuyos límites han sido lesionados suelen tener mucha dificultad para poner límites. Se preguntan: «¿No estaré siendo muy severo?» y «¿Cómo que no puedes ir a la fiesta? ¡Qué egoísta!»

Imagínese el estrago que provoca esta persona cuando finalmente pone un límite o dos, aunque sea algo muy pequeño. La conciencia sube de revoluciones porque se desobedecen sus exigencias nada realistas. Es una rebelión contra los límites pertinentes que amenazan al control paternal de la conciencia. Ataca el alma con brío, esperando derrotar a la persona para que se someta nuevamente a sus engañosos debes y no debes.

Entonces, de una manera graciosa, activar una conciencia hostil es una señal de crecimiento espiritual, un indicio de que usted puede estar protestando contra restricciones no bíblicas. Si la conciencia permaneciera en silencio y no le mandara estos mensajes de culpa del tipo «¿Cómo pudiste?», pudiera implicar que todavía sigue esclavo de su padre interno. Por eso le animamos a regocijarse en la culpa. Significa que está progresando.

Séptimo paso: Práctica del «no» adulto

Piense un minuto en esta pregunta: ¿Quién es su «rompe límites» principal? ¿A qué persona allegada le resulta más difícil ponerle límites? Quizá piense en más de una persona. Este paso trata esas relaciones extremadamente complicadas, conflictivas e inquietantes. Rectificar esas relaciones tiene que ser una meta primordial para convertirse en una persona con límites.

Se trata del séptimo paso y no del segundo, para resaltar la importancia que tiene el asegurarnos de ya haber hecho nuestras tareas preliminares y prácticas. Poner límites fundamentales a las personas importantes de nuestra vida es el fruto de mucho trabajo y madurez.

Es importante no confundir nuestras metas aquí. Con frecuencia, los cristianos cuyos límites han sido lesionados piensan que el objetivo debiera ser poner límites en algunas áreas importantes para normalizar sus vidas nuevamente. Pueden estar pendientes del día en que «le pueda decir que no a mamá», o cuando «pueda ponerle límites al consumo de alcohol de mi marido». Si bien estos enfrentamientos son muy importantes (Jesús los mencionó en Mateo 18:15-20), no son la meta culminante del aprendizaje de límites.

Nuestra meta indefectible es la madurez: la capacidad de tener éxito en nuestro trabajo y amar bien como ama Dios. Esa es la meta de ser semejantes a Cristo:

> Queridos hermanos, ahora somos hijos de Dios, pero todavía no se ha manifestado lo que habremos de ser. Sabemos, sin embargo, que cuando Cristo venga seremos semejantes a él, porque lo veremos tal como él es. (1 Juan 3:2)

Poner límites es un elemento clave para la madurez. No podemos amar hasta que tengamos límites, de lo contrario, amaríamos por complacencia o por culpa. Tampoco podemos ser efectivamente productivos en el trabajo si no tenemos límites; estaríamos tan ocupados con las agendas de otros que seríamos indecisos e inestables (Santiago 1:8). La meta es tener una estructura de carácter con límites y con la facultad de poner límites a nuestra persona y a otros cuando sean pertinentes. Tener límites internos es el resultado de tener límites en el mundo: «Porque cual es su pensamiento en su corazón, tal es él» (Proverbios 23:7, Reina Valera).

Damos este paso cuando desarrollamos una estructura de carácter bien definida, sincera y centrada en la meta. Para entonces, después de mucho trabajo y práctica, ya nos habremos preparado debidamente para esos «no» fundamentales e inquietantes.

En ocasiones, un «no» fundamental precipitará una crisis. Una persona importante en su vida puede enojarse, o lastimarlo o ser abusadora. La verdad expondrá las divisiones en las relaciones. Los conflictos y desacuerdos ya existen. Los límites lo único que hacen es sacarlos a la superficie.

Confeccione en oración una lista de sus relaciones más significativas. Agregue a esa lista los tesoros específicos que están siendo violados en esas relaciones. ¿Qué límites específicos necesita poner para proteger esos tesoros?

Octavo paso:
Regocíjese en la ausencia de sentimientos de culpa

En el sexto paso explicamos cómo una conciencia excesivamente activa y débil muy posiblemente opondrá una severa resistencia a los primeros pasos en una existencia con límites. Con trabajo persistente y buen respaldo, sin embargo, la culpa disminuirá. Podremos «guardar, con una conciencia limpia, las grandes verdades de la fe» (1 Timoteo 3:9), con más eficiencia.

Ahora, una vez que haya cambiado su alianza espiritual y emocional, puede dar este paso. Ya no escucha a su padre interno, sino que responde a los valores bíblicos de amor, responsabilidad y perdón. Ha interiorizado estos valores en su corazón después de experimentar muchas, muchas relaciones con personas que entienden estos valores. El corazón no solo recurre a su conciencia crítica para su propia evaluación: depende de las emociones que recordamos de personas amantes y sinceras.

Evelyn sabía que algo había cambiado en su interior cuando se enfrentó a su esposo con respecto a sus andanadas de crítica. «Se acabó, Paul», le dijo sin levantar la voz. «Si no puedes hablarme más amablemente en diez segundos, me voy a pasar la tarde a casa de mi amiga Nan. Tú eliges, porque hablo muy en serio.»

Paul, ya pronto para lanzar otro ataque verbal, cerró su boca. Él también sentía que Evelyn estaba hablando en serio esta vez. Se sentó en el sillón y esperó a ver qué haría ella ahora.

Lo que sorprendió a Evelyn fue no sentir sus propias recriminaciones después de haber puesto límites. Habitualmente ella pensaba: «No le diste muchas oportunidades a Paul», o «Debes dejar de ser tan susceptible», o «Pero él trabaja tanto, y es tan bueno con los niños».

Su grupo había dado resultado; su práctica había dado fruto; y su conciencia había comenzado a madurar.

Noveno paso: Amar los límites ajenos

Un cliente me preguntó en cierta ocasión: «¿Habrá alguna manera en que pueda ponerle límites a mi esposa; pero que ella no me ponga límites a mí?» Si bien admiré su sinceridad, la respuesta obvia es negativa. Si pretendemos que los demás respeten nuestros límites, necesitamos respetar los límites ajenos por diversos motivos.

Amar los límites ajenos nos enfrenta con nuestro egoísmo y omnipotencia. Cuando estamos interesados en proteger los tesoros de otras personas, estamos luchando contra el egocentrismo que forma parte de nuestra naturaleza caída. Nos concentramos más en los demás.

Amar los límites ajenos aumenta nuestra capacidad para cuidar a otros. No es difícil amar los aspectos agradables de otras personas. Sin embargo, es otra historia cuando nos encontramos con la resistencia, el enfrentamiento o la autonomía de los demás.

Podemos tener un conflicto, o no obtener algo que queremos del otro.

Cuando sabemos amar y respetar los límites ajenos, conseguimos dos cosas. En primer lugar, sentimos un sincero aprecio hacia la otra persona, porque no ganamos nada con su no. ¡Solo le ayudamos a que nos prive mejor!

Amar los límites ajenos presenta una segunda ventaja porque nos enseña a tener empatía. Nos muestra que necesitamos tratar a los demás como nos gustaría que nos trataran a nosotros: «En efecto, toda la ley se resume en un solo mandamiento: "Ama a tu prójimo como a ti mismo"» (Gálatas 5:14). Deberíamos defender el «no» de los demás de la misma manera que defendemos nuestro «no», aun si nos cuesta algo.

Décimo paso:
Libertad de nuestro «no» y nuestro «sí»

«Te amo, Peter», le dijo Sylvia a su novio, mientras cenaban. Era un momento importante. Peter le acababa de proponer matrimonio. Ella se sentía atraída hacia él; parecían ser muy compatibles en muchas maneras. Había solo un problema: solo habían estado saliendo unas pocas semanas. Para los gustos de Sylvia, la propuesta impulsiva de Peter la presionaba un poco.

«Y aunque te amo», continuó Sylvia, «necesitamos pasar más tiempo saliendo juntos antes de comprometernos. Entonces, como no te puedo decir que sí, te digo que no.»

Sylvia muestra el fruto de los límites maduros. Como no estaba segura, dijo que no. Las personas con habilidades para poner límites poco desarrolladas hacen todo lo contrario: dicen que sí cuando no están seguras. Más tarde, cuando se han comprometido con los planes de otra persona, se dan cuenta de que hubieran preferido no estar en esa situación. Pero para entonces, ya será demasiado tarde.

Trabajé un tiempo como padre en un hogar infantil. Durante el adiestramiento para vivir bajo el mismo techo con varios adolescentes activos, un experto profesional nos dijo: «Tienen dos posibilidades para comenzar con los muchachos: primero, les pueden decir que sí a todo. Luego, cuando les comiencen a poner límites, ellos se resentirán y se rebelarán. De lo contrario, pueden comenzar poniendo límites claros y estrictos. Una vez que se acostumbren a su estilo, pueden aflojarlos. Ellos los amarán para siempre.

No cabe duda que el segundo método es mejor. No solamente porque aclaró los límites a los muchachos, sino porque me enseñó a liberar mi propio «no». El principio subyacente en esta pauta es que nuestro «no» es tan libre como nuestro «sí». En otras palabras, cuando frente a una solicitud, usted es tan libre para rehusarse como para acceder y decir que sí, va camino de la madurez de límites. No hay conflicto, no tiene que recapacitar ni titubear para usar una palabra u otra.

Piense por un instante cuándo fue la última vez que alguien le pidió un favor. Puede haber sido por parte de su tiempo que no estaba seguro de querer acceder. Suponga que la persona que se lo pidió no es egoísta, ni manipuladora ni controladora. Las personas razonables pueden pedir favores razonables de vez en cuando.

Volviendo al punto, a usted le pidieron algo que no estaba seguro de que pudiera dar. No estaba seguro de poder hacerlo «con alegría» en su corazón (2 Corintios 9:7). Confronte lo que sucedió después con esta pauta de límites en particular. Posiblemente usted hizo una de las siguientes cosas:

1. Como no estaba seguro, dijo que sí.
2. Como no estaba seguro, dijo que no.

¿Cuál de estas respuestas es más madura? En la mayoría de los casos, la segunda. ¿Por qué? Porque dar de nuestros recursos es más responsable que prometer lo que quizá no podamos brindar. Jesús dijo que debemos «calcular el costo» de nuestros empeños:

Supongamos que alguno de ustedes quiere construir una torre. ¿Acaso no se sienta primero a calcular el costo, para ver si tiene suficiente dinero para terminarla? Si echa los cimientos y no puede terminarla, todos los que la vean comenzarán a burlarse de él, y dirán: «Este hombre ya no pudo terminar lo que comenzó a construir.» (Lucas 14:28-30)

Las personas cuyos límites han sido lesionados prometen y luego hacen una de las siguientes cosas: (1) hacen el bien con resentimiento: o (2) no cumplen con lo prometido. Las personas con límites desarrollados, sin embargo, hacen el bien libremente y con alegría; o no hacen ninguna promesa.

Cumplir con responsabilidades cargadas de culpa o ser complacientes puede ser muy caro, doloroso e inconveniente. Aprenda la lección: no prometa demasiado sin haber hecho previamente sus cálculos espirituales y emocionales.

Onceno paso: Límites maduros: el establecimiento de metas valiosas

Ben colocó su lapicera en el escritorio y miró a su mujer, Jan, con satisfacción. Habían pasado todo el día analizando el año transcurrido y haciendo planes para el siguiente. Esta tradición anual la habían venido desarrollando durante los últimos años. De esa manera, sentían que la vida tenía dirección, un propósito.

Antes de comenzar a fijar las metas juntos, la vida había sido un caos. Ben era controlador e impulsivo. Nunca habían podido ahorrar mucho dinero debido a su costumbre de gastar el dinero. Si bien ella era cuidadosa con el dinero, Jan había sido complaciente y nunca lo había enfrentado. Por consecuencia, cuanto más gastaba Ben, más se retraía ella y se ocupaba fuera de la casa como voluntaria.

Finalmente, después de mucho trabajo con los límites con una terapeuta matrimonial, Jan comenzó a poner límites a la conducta descontrolada de Ben. Se volvió más franca, menos resentida y con menos necesidad de culpar a otros. Ben, por su parte, comenzó a desarrollar su sentido de responsabilidad hacia su familia. Hasta sentía más ternura hacia su esposa, ¡aun cuando ella le había echado en cara varias veces su irresponsabilidad!

Ben sonrió.

—Querida —le decía—, hemos hecho un giro de ciento ochenta grados con respecto al año anterior. Ahorramos un poco de dinero. Logramos algunas metas financieras. Estamos siendo más francos entre nosotros. Nos queremos más. Y ¡tú no te estás escapando y ayudando a cuanta comisión de la ciudad necesite un voluntario!

Jan le respondió:

—Es que ya no necesito hacerlo. Tengo lo que quiero en casa contigo, con los niños, en nuestro grupo de apoyo en la iglesia y en los ministerios en que trabajamos. ¿Sabes qué? Vamos a planificar lo que queremos hacer; con nosotros, con el Señor, con nuestro dinero y con nuestros amigos; y ¡para que el año próximo sea todavía mejor!

Ben y Jan estaban cosechando el fruto de años de trabajo. Sus facultades maduras para poner límites producían toda clase de beneficio. Al fin de cuentas, la meta culminante del aprendizaje de límites es ser libres para proteger, cultivar y desarrollar la vida que Dios nos ha encomendado. Poner límites es señal de madurez, de proactividad, de iniciativa; es tener control de nuestras vidas.

Las personas con límites maduros no son frenéticas, apuradas, ni descontroladas. La vida tiene una dirección, van con rumbo seguro hacia sus metas personales. Planifican por adelantado.

La recompensa a sus límites inteligentes es el gozo de ver sus deseos cumplidos. Su inversión en los años de vida que Dios le ha dado es redituable. Son semejantes a la reflexión de Pablo al final de su vida:

El tiempo de mi partida ha llegado. He peleado la buena batalla, he terminado la carrera, me he mantenido en la fe. (2 Timoteo 4:6-7)

Pero, ¿acaso la vida no interrumpe el proceso de la persona con límites maduros? ¿No tendré pruebas, complicaciones y personas que me quieran en su camino y no en el camino de Dios? Sin duda. Los tiempos son ciertamente malvados. Habrá todo tipo de resistencias a nuestros límites y metas.

Pero la persona con límites maduros lo sabe, lo anticipa, lo prevé. Y él o ella sabe que de ser necesario, hay un «no» esperando dentro de su corazón, listo para ser utilizado: no para atacar ni para castigar, sino para proteger y cultivar el tiempo, los talentos y los tesoros que Dios nos ha encomendado durante los setenta años de vida en este planeta (Salmo 90:10).

16

Un día en una vida
con límites

¿Recuerda a Sherrie del primer capítulo? Su día transcurría a tropezones, de manera accidental, fuera de control. Suponga ahora que Sherrie ha leído este libro. Ha decidido reestructurar su vida con límites claros, como los que hemos reseñado. Su día ahora se caracteriza por la libertad, el dominio propio y la intimidad. Demos un vistazo a su vida con límites.

6:00 a.m.

Sonó el despertador. Sherrie se extendió y lo apagó. *Apuesto a que puedo vivir sin este timbre*, pensó. Hace cinco minutos que estoy despierta. Dormir siete u ocho horas había sido una de sus ilusiones; siempre le había parecido una fantasía irrealizable teniendo una familia.

Sin embargo, comenzó a hacerse realidad. Los niños se acostaban más temprano ahora que ella y Walt habían comenzado a ponerles mejores límites con sus horarios. Ella y Walt tenían hasta unos minutos para descansar tranquilos antes de acostarse.

Sin embargo, la meta de poder dormir no había sido gratuita. Tomemos, por ejemplo, la otra noche cuando la madre de Sherrie nuevamente la había visitado de sorpresa, sin aviso. Esta vez, llegó justo cuando Sherrie tenía que ayudar a Todd, su hijo, con un proyecto para la fiesta de ciencias.

Fue una de las cosas más difíciles que Sherrie tuvo que decir: «Mamá, me gusta que me visites, pero este es un mal momento. Estoy ayudando a Todd a terminar su proyecto del sistema solar y necesito atenderlo. Si quieres, puedes venir y mirar, o también puedo llamarte mañana y vernos en otro momento.»

La mamá de Sherrie no lo había tomado nada bien. El síndrome del martirio había irrumpido con toda su fuerza: «Es como siempre lo supuse, querida. ¿Quién podría tener ganas de pasar un rato con una vieja solitaria? Bueno, me iré para casa y me quedaré sola, como todas las noches.»

En otros tiempos, Sherrie se hubiera doblegado ante esa arremetida maestra de «las culpas». Sin embargo, Sherrie, después de mucha práctica en el grupo de apoyo, decidióp cómo manejar las visitas inesperadas de su madre. Y ya no se sentía culpable. Su madre estaría bien al día siguiente, y Sherrie habría tenido una buena tarde.

6:45 a.m.

Sherrie se puso su nuevo vestido. Le quedaba perfecto. Usaba dos tallas menos que hace dos meses. *Gracias, Señor, por los límites a mi persona*, oró. Su programa de dieta y ejercicio físico al fin daba resultado, no porque aprendiera secretos sobre la comida y el ejercicio, sino porque ahora comprendía que cuidar de su cuerpo no era egoísmo, sino buena mayordomía. Dejó de sentirse culpable de dejar de hacer otras cosas para dedicarse a su cuerpo. Estar en forma hacía de ella una mejor esposa, madre y amiga. Y se quería más.

7:15 a.m.

Amy y Todd terminaron de desayunar y llevaron sus platos al fregadero para enjuagarlos y colocarlos en el lavavajillas. Ayudar con las tareas del hogar se había convertido en una costumbre tranquila para todos los integrantes de la familia. Por supuesto,

Walt y los niños se habían resistido pero entonces Sherrie dejó de prepararles el desayuno hasta que consiguió que la ayudaran a levantar la mesa. Había sucedido un milagro con los niños y Walt. Habían entendido que «si no trabajo, no como».

Más satisfacción le daba ver cómo los niños no se retrasaban y estaban listos incluso antes de que los pasaran a recoger para llevarlos a la escuela. Era increíble: las camas estaban tendidas, los deberes escolares terminados, los bocadillos para el almuerzo listos.

Por supuesto, el camino para llegar a ese lugar había sido escarpado. Al comienzo, Sherrie había llamado a los padres que recogían a sus hijos para que no los esperaran más de sesenta segundos, y que si no estaban listos que se fueran a la escuela sin ellos. Y así lo hicieron. Cuando Amy y Todd perdieron su viaje a la escuela, acusaron a Sherrie de traicionarlos y humillarlos. «¡No te importan nuestros sentimientos!» Palabras rudas para una madre que está aprendiendo a poner límites.

Sin embargo, con una vida de oración ferviente y un buen grupo de apoyo, Sherrie hizo valer sus límites. Después de unos días de tener que caminar hasta la escuela y llegar varias horas tarde, los niños habían comenzado a poner sus despertadores.

7:30 a.m.

Sherrie se maquilló sentada frente a la cómoda. No estaba acostumbrada a esto después de tantos años de pintarse los ojos mirándose en el espejo retrovisor. Pero disfrutaba la tranquilidad. Salió para su trabajo unos minutos antes.

8:45 a.m.

Entró a la sala de conferencias de McAllister Enterprises, donde trabajaba como supervisora de consultores de modas (había sido ascendida por su «liderazgo eficaz»), y echó un vistazo a su reloj. La reunión estaba por comenzar, y ella la presidía.

Echó un vistazo alrededor de la sala y se dio cuenta de que tres personas clave todavía no habían llegado. Tomó nota para hablar con dichos colegas. Es posible que tuvieran problemas de límites y ella les podría ayudar.

Sherrie sonrió. Recordaba los días, no mucho tiempo atrás, cuando hubiera estado muy agradecida que alguien en el trabajo la hubiese ayudado con los mismos problemas. *Gracias, Señor, por una iglesia que enseña el punto de vista bíblico de los límites*, oró. Comenzó la reunión a tiempo.

11:59 a.m.

Sonó su línea telefónica y atendió:

—Sherrie Phillips —dijo, esperando que contestaran.

—Sherrie, ¡Gracias a Dios que te encuentro! ¡No sé que hubiera hecho si ya hubieras salido a almorzar!

Esa voz era inconfundible. Pertenecía a Lois Thompson. Lois no la llamaba con tanta frecuencia últimamente. No la llamaba casi nunca desde que Sherrie le había planteado el desequilibrio en su relación. Se había enfrentado con Lois, mientras tomaban un café juntas:

—Lois, parece que siempre tienes ganas de hablar conmigo cuando algo te aflige. Me parece bien. Pero cuando yo tengo dificultades no puedo contar contigo, o estás distraída o no te interesa el tema.

Lois había protestado y le había dicho que eso no era cierto.

—Soy de verdad tu amiga, Sherrie —le dijo.

—Supongo que ya pronto lo sabremos. Necesito saber si nuestra amistad está basada en lo que hago por ti o si es una verdadera amistad. Quiero que sepas que estaré poniendo algunos límites entre nosotras. En primer lugar, no siempre voy a dejar de hacer todo lo que esté haciendo para dedicarme a ti, Lois. Te amo, pero sencillamente no puedo aceptar la responsabilidad de tus penas. Y en segundo lugar, habrá momentos en que realmente esté muy apenada, y te llamaré para pedirte tu apoyo. En realidad no sé si me conoces o si sabes el dolor que tengo. Así que ambas necesitamos averiguarlo.

En el transcurso de los siguientes meses, Sherrie averiguó muchas cosas sobre esa amistad. Descubrió que cuando no podía consolar a Lois durante una de sus urgencias crónicas, Lois se retraía, dolida. Descubrió que cuando Lois estaba bien no se acordaba a Sherrie. Lois nunca la llamaba para preguntarle cómo andaba. Y descubrió que cuando llamaba a Lois para contarle sus problemas, Lois solo podía hablar de ella.

Fue triste descubrir que una relación que tenían desde la niñez no había madurado hasta convertirse en un vínculo recíproco. Lois sencillamente no podía abandonar su egocentrismo para querer comprender el mundo de Sherrie.

Pero volvamos a la conversación telefónica. Sherrie le contestó:

—Lois, me alegra que hayas llamado, pero ya estoy en la calle. ¿Quieres que te llame más tarde?

—Pero necesito hablarte ahora —contestó bruscamente.

—Lois, llámame nuevamente si lo deseas. Te doy otras horas mejores.

Se dijeron adiós y colgaron. Quizá Lois la llamara nuevamente, y quizá no. Lo más factible era que todas las demás amistades de Lois estaban ocupadas y que el nombre de Sherrie era el siguiente en la lista de personas para llamar. *Bueno, qué lástima que Lois no está contenta conmigo,* pensó Sherrie. *Pero la gente posiblemente tampoco estuviera contenta con Jesús cuando se alejó para estar con su Padre. Cuando me atribuía responsabilidad de los sentimientos de Lois estaba intentando poseer algo que Dios nunca me había dado.* Con ese pensamiento, salió a almorzar.

4:00 p.m.

La tarde de Sherrie pasó sin incidentes. Salía de su oficina cuando su asistente, Jeff Moreland, le hizo señales para que se detuviera.

Sin detenerse, Sherrie le dijo: «Hola, Jeff. Déjame una nota ¿quieres? Necesito salir en treinta segundos.» Frustrado, Jeff se fue a escribirle el mensaje.

¡Qué cambio en los últimos meses! Nunca hubiera imaginado que de ser su asistente ahora era su jefe. Sin embargo, cuando había comenzado a poner límites en el trabajo y a dejar de cumplir las obligaciones de Jeff, la productividad de Jeff había disminuido dramáticamente. La irresponsabilidad de Jeff y su incompetencia para llevar a término las tareas se habían hecho patentes. Sus supervisores recién entonces se dieron cuenta de que él era el problema.

Descubrieron que Sherrie era la fuerza propulsora del departamento de diseño. Era ella quien hacía que las cosas marcharan. Jeff recibía el crédito por todo el trabajo; él dejaba que ella lo hiciera mientras él se pasaba todo el día conversando por teléfono con sus amigos.

Los límites de Sherrie habían cumplido su cometido: exponer la irresponsabilidad de Jeff. Habían dejado en claro dónde estaba la falla. Y Jeff había comenzado a cambiar.

Al principio, se enojó y se sintió dolido. Había amenazado con renunciar. Pero, finalmente, todo se tranquilizó bastante. Jeff estaba siendo hasta más cumplidor y más diligente. Ser relegado lo había despertado de la modorra: ahora podía comprender que se había estado aprovechando de los demás.

Sherrie y Jeff todavía tenían sus problemas. A él le resultaba difícil entender que ella le dijera que no; a Sherrie le resultaba difícil soportar el resentimiento. Pero de ningún modo cambiaría estos problemas por los que tenía la Sherrie que no ponía límites.

4:30 p.m.

La sesión con la maestra de cuarto grado de Todd transcurrió bien. Por un lado, Walt estaba presente, acompañando a Sherrie. Saber que contaba con el respaldo de Walt era muy importante. Pero más importante era saber que el laborioso trabajo de límites que Sherrie y Walt estaban haciendo con Todd en casa, estaba dando fruto.

—Sra. Phillips —dijo la maestra—, debo admitir que tomé a Todd con algunas reservas, después de hablar con la Sra. Russell, su maestra de tercer grado. Pero hay una mejoría significativa en la capacidad de su hijo para responder a los límites.

Walt y Sherrie se miraron y sonrieron.

—Créame —le dijo Walt—, que no hubo una fórmula mágica. Todd odiaba realizar sus deberes escolares y aceptar responsabilidad por algunas tareas de la casa, nosotros no le importábamos. Pero el estímulo continuo y las consecuencias parecen haber ayudado.

La maestra estuvo de acuerdo.

—Sin duda que han ayudado. No quiero decir que Todd sea un ángel complaciente (siempre dirá lo que piensa), y creo que eso es bueno en un niño. Pero no es ninguna lucha conseguir que se comporte. Hasta ahora está haciendo un buen año. Gracias por su apoyo como padres.

5:15 p.m.

Sherrie luchaba contra el tránsito de la hora pico, y se sintió extrañamente agradecida. *Puedo usar este tiempo para agradecer a Dios por mi familia y mis amigos; y planificar un fin de semana entretenido para todos.*

6:30 p.m.

Amy entró a la sala familiar justo en hora. «Mamá, es la hora de mamá y su hija», dijo. «Vamos afuera.»

Dejando la casa, comenzaron su caminata antes de la cena, daban una vuelta a la manzana. La mayor parte del tiempo Sherrie escuchaba mientras Amy conversaba sobre la escuela, los libros, y las amigas. Todas las cosas que tanto había anhelado conversar con su hija. La caminata era siempre demasiado corta.

No había sido siempre así. Después de que un terapeuta cristiano había visto a Amy y a su familia con respecto a su retraimiento, él había notado que el mal comportamiento de Todd monopolizaba la atención de la familia. Como Amy no causaba problemas, Sherrie y Walt le dedicaban menos tiempo.

Poco a poco, se había retraído. Sencillamente no había nadie en la casa que le pudiera dar algo. Su habitación era su mundo.

Al advertir el problema, Sherrie y Walt habían hecho esfuerzos especiales para asegurarse de estimular a Amy a hablar sobre sus asuntos, aunque no fueran de índole similar a las crisis de Todd.

Con el tiempo, como un capullo que se abre al sol, Amy volvió a vincularse con sus padres. Estaba relacionándose con ellos como cualquier niña normal. El trabajo con los límites que Sherrie y Walt hacían con Todd era también parte del proceso de recuperación de Amy.

7:00 p.m.

Estaban por la mitad de la cena cuando sonó el teléfono. Después del tercer timbre, atendió el contestador. «Sherrie, es Phyllis, de la iglesia. ¿Podrías darnos una mano para el retiro del mes que viene?»

El contestador había sido la respuesta a las interrupciones a la hora de la cena. El límite de la familia era «ninguna conversación telefónica hasta que acabemos de cenar». Y el tiempo compartido alrededor de la mesa se vio enriquecido.

Sherrie tomó nota mentalmente para llamar a Phyllis más tarde y excusarse. Walt y ella se iban a ir solos por el fin de semana durante esos días. Los ayudaba a seguir de luna de miel.

Es interesante notar que al comienzo del trabajo con los límites, Sherrie comenzó a comprometerse menos con las actividades de la iglesia, para poner en orden su vida caótica. Ahora, sin embargo, sentía más deseo de involucrarse en un par de ministerios para los que se sentía llamada. *Es como consolar de la misma manera que he sido consolada*, pensó. Pero se daba cuenta de que posiblemente nunca estuviera tan disponible para Phyllis como Phyllis quería. Pero eso era algo entre Phyllis y Dios. Sherrie no tenía parte en ese asunto.

7:45 p.m.

Los niños y Walt levantaron la mesa. ¡No se querían volver a perder la cena de mañana, como se habían perdido los desayunos!

9:30 p.m.

Los niños estaban acostados y sus deberes escolares terminados. Hasta habían tenido un tiempo para jugar antes de acostarse. Walt y Sherrie se sentaron a tomar una taza de café. Hablaron tranquilamente sobre el día que habían tenido. Se rieron de sus metidas de pata, se compadecieron de sus fracasos, planificaron el fin de semana y hablaron sobre los niños. Se miraron a los ojos, contentos de estar juntos.

Era un verdadero milagro. Uno que les había costado mucho. Sherrie había estado en terapia, además de integrarse a un grupo de apoyo en la iglesia. Le había llevado su tiempo dejar su actitud de «amar a Walt para evitar su ira». Había tenido que practicar mucho poner límites con personas seguras antes de enfrentar a su marido.

Y había sido un tiempo espantoso. Walt no sabía qué hacer con una esposa que ponía límites que le decía: «Solo para que estés enterado. Me duele y me aparta de ti cuando me criticas cruelmente en público. Si sigues haciéndolo, te enfrentaré inmediatamente, y me volveré a casa en taxi. No seguiré viviendo una mentira. A partir de ahora, me protegeré.»

Aquí teníamos una esposa que ya no asumía más la responsabilidad de las rabietas y el retraimiento de Walt, que le decía: «Si no me quieres hablar de tu tristeza, me alejaré. Estaré con unas amigas si quieres hablar.» Fue una adaptación difícil, porque Walt estaba acostumbrado a que Sherrie le desatara la lengua, lo tranquilizara y le pidiera perdón por ser imperfecta.

Aquí teníamos una esposa que enfrentaba su distanciamiento emocional, diciéndole: «Cuando busco intimidad, tú eres mi preferido. Te amo y quiero que ocupes el primer lugar en mi corazón. Pero si no quieres pasar tiempo íntimamente, pasaré ese tiempo con grupos de apoyo, en la iglesia y con los niños. Pero no me quedaré más encerrada, mirándote mirar la televisión. Tendrás que hornearte tus propias palomitas de maíz.»

Él la había amenazado. Se había enfadado. Se había retraído.

Pero Sherrie se mantuvo en sus trece. Con la ayuda de Dios, de sus amigos, de su terapeuta y de su grupo de apoyo en la iglesia, había aguantado las explosiones de Walt. Él había comenzado a experimentar lo que era no tenerla alrededor y debajo de sus pies todo el tiempo.

La extrañaba.

Por primera vez, Walt estaba de veras experimentando su dependencia de Sherrie, cuánto la necesitaba, cómo se divertía cuando estaba rondando, y poco a poco, comenzó a enamorarse de nuevo de su esposa: esta vez de una esposa con límites.

Ella también cambió. Sherrie dejó de hacerse la víctima con Walt. Se dio cuenta de que lo culpaba menos, estaba menos resentida. Sus límites la habían ayudado a desarrollar una vida plena que no necesitaba a Walt para ser lo perfecta que ella deseaba que fuera.

No era un matrimonio ideal. Pero ahora era más estable, como un ancla en la tormenta. Ahora se asemejaban más a un equipo, con amor mutuo y responsabilidad mutua. No le temían al conflicto, se perdonaban sus equivocaciones, y se respetaban los límites recíprocamente.

10:15 p.m.

Recostada en la cama, Sherrie se acurrucó junto a Walt, y reflexionó sobre los últimos meses de su trabajo con límites: plácida y agradecida por esta segunda oportunidad que Dios le había dado.

Recordó un pasaje de la Escritura, uno que había leído varias veces y que conocía bien. Eran las palabras de Cristo en el sermón de la montaña:

> Dichosos los pobres en espíritu porque el reino de los cielos les pertenece. Dichosos los que lloran, porque serán consolados. Dichosos los humildes, porque recibirán la tierra como herencia. (Mateo 5:3-5)

Siempre seré pobre en espíritu, pensó; pero mis límites me ayudan a encontrar tiempo para recibir el reino de los cielos. Siempre lamentaré las pérdidas que sufrí en esta vida, pero poner límites me ayuda a encontrar el consuelo que necesito de Dios y de los demás. Siempre seré mansa y humilde, pero ser independiente me permite tomar la iniciativa para heredar la tierra. Gracias, Señor. Gracias por la esperanza que me has dado. Gracias por guiarme y guiar a quienes amo por tu camino.

Nuestra oración es que sus límites bíblicos lo conduzcan a una vida de amor, libertad, responsabilidad y servicio.

Dr. Henry Cloud
Dr. John Townsend
Newport Beach, California 1992.

Por información sobre libros, grabaciones, seminarios, conferencias y referencias para orientación, llame al 800-676-HOPE.

Cloud-Townsend Communications
2372-A Bristol
Newport Beach, CA 92660

Notas

Capítulo 3: Problema de límites

1. Puede encontrarse una introducción a las cuatro categorías en el libro de Dave Carder, Earl Hensling, John Townsend, Henry Cloud, y Alice Brawand, *Secrets of Your Family Tree* [Secretos de su árbol genealógico], Moody Press, Chicago, 1991, pp. 176-79.

Capítulo 4: El desarrollo de los límites

1. Esta estructura fue desarrollada por Margaret Mahler, y descrita en su libro juntamente con Fred Pine y Anni Bergman, *The Psychological Birth of the Human Infant* [El nacimiento sicológico del bebé humano], Basic Books, Nueva York, 1975. Una investigadora, Mahler observó cómo estos conceptos bíblicos operan en la revelación general.

2. Por más información sobre la perspectiva bíblica del apego y los vínculos afectivos, véase los capítulos 3 y 5 de Henry Cloud, *Changes That Heal* [Cambios para la sanidad], Zondervan, Grand Rapids, 1992 y los capítulos 4 y 13 de John Townsend, *Hiding from Love* [Esconderse del amor], NavPress, Colorado Springs, 1991.

Capítulo 6: Mitos comunes sobre los límites

1. Francis Brown, S.R. Driver, y Charles A. Briggs, A Hebrew and English Lexicon of the Old Testament [Terminología hebrea e inglesa del Antiguo Testamento], Clarendon Press, Oxford, 1977, (p. 60 del original en inglés); Merrill C. Tenney, ed., *The Zondervan Pictorial Encyclopedia of the Bible* [Enciclopedia bíblica ilustrada Zondervan], Vol. 1, Zondervan, Grand Rapids, 1977 (pp. 166-68 del original en inglés).

2. Dr. James Dobson, *El Amor Debe Ser Firme*, Editorial Vida, Miami, FL, 1990

Capítulo 11: Los límites y el trabajo

1. James Bramlett, *How to Get a Job* [Cómo conseguir trabajo], Zondervan, Grand Rapids, 1991.

Capítulo 12: Los límites y su persona

1. R. Laird Harris, Gleason L. Archer, y Bruce K. Waltke, eds., *Theological Workbook of the Old Testament* [Libro práctico de teología del Antiguo Testamento], Moody, Chicago, 1980 (p. 329 del original en inglés).

2. Véase el capítulo 8, «Helpful Hiding: Dealing with Suffering» [Escondite beneficioso: Para enfrentar el sufrimiento] del libro de John Townsend, *Hiding from Love: How to Change the Withdrawal Patterns That Isolate and Imprison You* [Esconderse del amor: Cómo cambiar los patrones de retraimiento que lo aíslan y lo tienen cautivo], NavPress, Colorado Springs, 1991.

Capítulo 14: Espere encontrar resistencia

1. Véase de Henry Cloud, *Changes That Heal: Understanding Your Past to Ensure a Healthier Future* [Cambios para la sanidad: Comprender el pasado para asegurar un futuro más saludable], Zondervan, Grand Rapids, 1992; y John Townsend, *Hiding from Love: How to Change the Withdrawal Patterns That Isolate and Imprison You* [Esconderse del amor: Cómo cambiar los patrones de retraimiento que lo aíslan y lo tienen cautivo], NavPress, Colorado Springs, 1991.

Nos agradaría recibir noticias suyas.
Por favor, envíe sus comentarios sobre este libro
a la dirección que aparece a continuación.
Muchas gracias.

Vida@zondervan.com
www.editorialvida.com